A Ciência no Cotidiano

LEN FISHER

A Ciência no Cotidiano

Como aproveitar a ciência nas atividades do dia-a-dia

Jorge Zahar Editor
Rio de Janeiro

Tradução: Helena Londres
Capa: Sérgio Campante

Título original:
How to Dunk a Doughnut
(The Science of Everyday Life)

Tradução autorizada da primeira edição inglesa
publicada em 2002 por Weidenfeld and Nicolson,
de Londres, Inglaterra

Jorge Zahar Editor Ltda.
rua México 31 sobreloja
20031-144 Rio de Janeiro, RJ
tel.: (21) 2240-0226 / fax: (21) 2262-5123
e-mail: jze@zahar.com.br
site: www.zahar.com.br

CIP - Brasil. Catalogação-na-fonte
Sindicato Nacional dos Editores de Livros, RJ.

Fisher, Len
F565c A ciência no cotidiano: como aproveitar a ciência nas atividades do dia-a-dia / Len Fisher: tradução, Helena Londres. — Rio de Janeiro: Jorge Zahar Ed., 2004.

Tradução de: How to dunk a doughnut: (the science of everyday life)
Apêndices
ISBN: 85-7110-814-5

1. Ciência — Obras populares. I. Título.

CDD 500
04-2160 CDU 50

SUMÁRIO

INTRODUÇÃO

Os cientistas, assim como os carrascos, estão em desvantagem social, em virtude de sua profissão. As pessoas mostram uma curiosidade natural pelo trabalho que eles fazem e pela motivação que os leva a executá-lo. Mas também têm medo de perguntar sobre os detalhes. O medo, no caso dos cientistas, é de que os curiosos não entendam a resposta e ele acabe fazendo papel de bobo. O temor é tamanho que, ao descobrirem que sou cientista, os convidados de uma festa em geral voltam-se para a minha mulher e perguntam a ela o que eu faço, em vez de perguntarem diretamente a mim.

Este livro é dirigido para essas pessoas, e também para aquelas que desejem saber o que os cientistas realmente fazem. Aqui "a ciência do familiar" é vista como chave para abrir as portas da ciência, para mostrar como os cientistas se sentem e observar pelo lado de dentro o que eles fazem, por que fazem e como se desincumbem de suas tarefas. Já apliquei esse tipo de abordagem com algum sucesso na publicidade, em campanhas projetadas para mostrar que a ciência pode ser aproveitada em muitas atividades do dia-a-dia, como, por exemplo, encharcar um biscoito no café, descobrir a melhor maneira de usar molho num assado, fabricar e arremessar bumerangues dentro de casa e empregar a física para melhorar o desempenho sexual. O amplo interesse do público por essas histórias encorajou-me a escrever este livro, no qual revelo o que se esconde por trás desses atos. Também aproveito para englobar a aplicação da ciência à prática de mergulhar um biscoito no chá, fazer compras, executar tarefas domésticas, praticar esportes, tomar banho e fazer sexo — ou seja, as principais atividades de um dia comum.

A ciência pode acrescentar muito às tarefas do dia-a-dia, mas também ganhou bastante com o estudo desses atos corriqueiros. Entre as conquistas estão o princípio da convecção do calor, descoberto pelo anglo-americano conde Rumford, depois que queimou a boca com uma torta de maçãs quente; a primeira medição de uma molécula, feita por Benjamin Franklin após observar o efeito da água suja sobre as ondas no rastro de um navio; e a primeira estimativa da variação de forças entre moléculas, derivada de considerações sobre a absorção de líquidos por materiais porosos.

Cada capítulo foi elaborado em torno de uma atividade conhecida e introduz um conceito científico importante, fundamental para essa atividade. Entremeadas com as histórias da ciência estão histórias dos cientistas que incluem muitos de meus contemporâneos, além de alguns nomes famosos do passado. Esses últimos já não podem impedir que eu conte casos a respeito deles. A maior parte dos contemporâneos presenciou os fatos que descrevo e gentilmente absteve-se de fazer censuras.

A ciência do familiar é uma das maneiras mais eficazes de apresentar a ciência a não-cientistas. Michael Faraday, o descobridor da eletricidade, estava entre os primeiros no ramo há cerca de 150 anos, com suas conferências populares sobre "A história química de uma vela", com um público formado pela elite da moda na cidade de Londres. Desde então, muitos outros o seguiram, inclusive eu.

Nem todo mundo aprovou. Alguns de meus colegas acham que, ao relatar experiências sobre uma coisa tão corriqueira como encharcar um biscoito ou uma rosquinha em chá ou café, estou correndo o risco de banalizar a ciência. Outros censuraram-me por levar a ciência a áreas que eles julgam não ter relação com ela. Um editor de jornal chegou até a me descrever como "o tipo de especialista que não consegue olhar para um prato de filé com fritas sem logo atirar um naco no primeiro tubo de ensaio, anotando em seguida os resultados". O editor não gostou de eu ter tratado a absorção do molho de um assado como tema de observação científica, mas sem querer acertou na mosca ao descrever o que é a ciência. A tarefa dos cientistas é tentar compreender o mundo, e essa compreensão pode vir tanto do pequeno e insignificante como da contemplação de grandes temas. Muitos artistas, escritores e filósofos também encontraram significado em certos aspectos aparentemente mundanos da vida.

Os cientistas vêem o mundo à sua volta em termos científicos, independentemente de tempo, lugar ou avaliação social. Isso pode produzir alguns comportamentos pouco convencionais. O físico James Prescott Joule, do século XIX, escolheu uma pitoresca cachoeira para passar a lua-de-mel, opção ditada antes pela ciência do que pelo amor, e levou consigo um termômetro para medir a temperatura da água e confirmar sua teoria sobre o calor. Quando um ex-colega meu foi colhido por uma tempestade, sua reação racional científica foi tirar toda a roupa e "pendurar-se para secar" em cima do aquecedor do laboratório, posição na qual quase matou de susto uma faxineira desavisada.

Neste livro o leitor vai conhecer muitos cientistas (em sua maioria vestidos) de ontem e de hoje, com formações culturais diferentes e, muitas vezes, aspirações científicas e sociais bem díspares. No entanto, todos compartilham o ponto de vista de que o belo da natureza é acentuado pelo conhecimento científico, e que esse conhecimento tem sua própria beleza particular, seja ela relativa aos fenômenos em grande escala, seja na intimidade dos detalhes corriqueiros. Acima de tudo, quero compartilhar essa beleza dos detalhes.

Não poderia ter feito este livro sem a ajuda de muitos de meus amigos e colegas cientistas, que gastaram tempo para discutir os assuntos, ler os rascunhos de cada capítulo e lançar mão de suas próprias especialidades para corrigir os erros e acrescentar esclarecimentos. Os que contribuíram em maior grau (em ordem alfabética) foram Marc Abraham, Lindsay Aitkin, Bob Aveyard, Peter Barham, Geoff Barnes, Gary Beauchamp, Tony Blake, Fritz Blank, Stuart Burgess, Arch Corriher, Terry Cosgrove, Neil Furlong, John Gregory, Simon Hanna, Michael Hanson, Robin Heath, Roger Highfield, Philip Jones, Harold McGee, Eileen McLaughlin, Mervyn Miles, Emma Mitchell, David Needham, Jeff Odell, Jeff Palmer, Alan Parker, Ric Pashley, Bob Reid, Harry Rothman, Sean Slade, Burt Slotnick, Elizabeth Thomas, Brian Vincent e Lawrence West. Outros nomes igualmente importantes virão sem dúvida à minha memória assim que o livro tiver ido para o prelo.

Gostaria de agradecer especialmente à minha agente, Barbara Levy, e aos meus editores, Peter Tallack e Richard Milner, por me encorajarem nessa aventura e depositarem tanta confiança na minha capacidade de levá-la a cabo. Mais especialmente, gostaria de agradecer à minha mulher, Wendy, que leu e releu os rascunhos de todos os capítulos para proveito do eventual leitor, e cujos comentários perspicazes contribuíram para eliminar pontos obscuros e melhorar a leitura.

O livro foi deliberadamente projetado para que cada capítulo possa ser lido tanto isolada como seqüencialmente, como uma história. Além disso, há inúmeros desvios fascinantes, anedotas divertidas e pequenos pontos de interesse acrescentados aos capítulos. Para não quebrar o fluxo da história, organizei esses tópicos sob a forma de notas, algumas delas espalhadas pelos capítulos, mas a maior parte reunida no final do livro. Aí o leitor encontrará conselhos sobre a melhor maneira de comer pimentas ardidas, as regras da "Corrida Emu pelo riacho Mudgeeraba" e da Associação de Arremesso de Bumerangue, e o motivo pelo qual um estado norte-americano tentou processar outro por roubo de chuva. Essas e outras curiosidades fazem parte do livro, tanto quanto os capítulos principais, e espero que o leitor tenha a mesma satisfação ao lê-las quanto eu ao descobri-las e escrever sobre elas.

Nunney, Somerset,
março de 2002

capítulo 1

Como um cientista cozinha um ovo?

O ovo solitário, no suporte azul-escuro com um aro dourado no topo, foi cozido por três minutos e um terço. Era um ovo marrom, pintado, muito fresco, posto por galinhas *marans* francesas de propriedade de uns amigos da May, que morava no campo. Bond não gostava de ovos brancos e, sofisticado como era em diversas pequenas coisas, divertia-o afirmar que existia o ovo quente perfeito.[1]

Ian Fleming, *Moscou contra 007*

A energia, acreditamos agora, é o que há de supremo no Universo. Apresenta-se sob diversas formas — calor, luz, microondas, eletricidade e daí por diante. Todas essas formas têm algo em comum: podem ser utilizadas para mover coisas.

Isso aplica-se até à culinária doméstica, em que a energia (geralmente sob a forma de calor) acrescentada aos alimentos executa sua tarefa movendo as moléculas da comida, que se mexem e rearrumam para tornar o prato mais digerível e de textura mais palatável. Esse processo foi assunto de uma reunião muito interessante a que compareci na Sicília, onde cientistas e *chefs* trabalharam em conjunto para estabelecer os melhores métodos de fornecer calor e energia às partes certas do alimento. Este capítulo apresenta a história dessa reunião e a história da energia propriamente dita. Para os leitores de olho no lado prático, fornece também as regras científicas para a melhorar o cozimento de um ovo.

James Bond não é o único *gourmet* a buscar o ovo quente perfeito. Se tivesse dirigido seu Bentley *coupé* cinza 1930, motor 4.5 turbinado, montanha acima, pelas estreitas curvas da estrada que corta o flanco oriental do monte San Giuliano, na Sicília, o ronco trepidante dos dois canos de descarga teria ecoado pelas antigas muralhas da aldeia de Erice, conhecida à boca pequena como o antigo quartel-general da Máfia. Hoje em dia Bond teria encontrado um tipo de máfia diferente — o tipo gastronômico, um grupo internacional de *chefs* e cientistas que se reúne a cada dois anos no Centro de Cultura Científica Ettore Majorana para pesquisar métodos de usar a ciência na ampliação dos horizontes da gastronomia. Lá, no ano de 1977, Bond teria encontrado a solução para sua busca.

Bond estaria com 79 anos de idade; dez anos mais novo que Nicholas Kurti,[2] o ex-professor de física em Oxford que inspirou essas reuniões. Nicholas, aos 89 anos, ainda buscava novos desafios com uma energia que era uma homenagem à sua dedicação de vida inteira aos prazeres da mesa. Viajei com ele pela Inglaterra e, ofegante no rastro de sua figura franzina e calva enquanto corríamos pelo saguão do aeroporto de Milão, para pegar nossa conexão para Palermo. Sua progressão não parecia retardada pela mochila cheia de pares termelétricos e registradores para acompanhar as mudanças nos alimentos à medida que eram cozinhados. Nicholas gostava de declamar que "sabemos mais a respeito da distribuição da temperatura na atmosfera de Vênus do que no interior de um suflê", e essa reunião era uma oportunidade para equilibrar as coisas.*

Não era a primeira tentativa de Nicholas para combinar ciência com culinária. Ele foi um dos primeiros cozinheiros a aparecer na televisão, apresentando-se já em 1969, num programa ao vivo chamado *O físico na cozinha*,[3] no qual apresentava algumas alternativas surpreendentes aos métodos tradicionais de cozimento. Por exemplo, usou uma seringa hipodérmica para injetar conhaque em tortas quentes de frutas picadas para evitar mexer na crosta. Demonstrou, também, uma técnica original para fazer suspiros, colocando porções em um recipiente para fazer vácuo e ligando a bomba. A mistura cresceu produzindo suspiros tão firmes e quebradiços quanto os preparados no forno, mas que levaram um quarto do tempo para serem feitos e derretiam na boca.

Nicholas era físico de baixas temperaturas, famoso por ter batido em certa ocasião o recorde da mais baixa temperatura já obtida em laboratório. Sua fama entre os cientistas mostrou-se útil na hora de promover uma série de encontros sobre a ciência da gastronomia, concebidos como resultado de uma conversa entre a professora de culinária anglo-americana Elizabeth Thomas e um cientista italiano, casualmente presente numa reunião com o marido de Elizabeth no Centro Ettore Majorana, um conjunto de mosteiros convertidos em centro de convenções em Erice, sobre um tema inteiramente diferente. O diretor gostou da idéia e logo convidou Elizabeth para organizar o evento. Ela sugeriu que Nicholas, um velho amigo e figura proeminente em muitos encontros em Erice, era a conexão científica ideal. O único problema era o título. Uma série sobre "A ciência da culinária" parecia um

* Nicholas Kurti, CBE, FRS, morreu em novembro de 1998, logo depois de seu nonagésimo aniversário. Este capítulo é dedicado à sua memória.

tanto destoante num local usado para abrigar discussões sobre questões importantes como "Emergências planetárias" e "A matemática da democracia". Nicholas, sempre pragmático, sugeriu o título mais impressionante, "Gastronomia molecular e física", e assim nasceu a série de reuniões em Erice.

O Centro Majorana acabou se revelando um ambiente excelente. A sala de eventos, com cerca de 40 lugares (o limite superior para nossas reuniões), fica num dos lados de um pátio com chão de pedras. No lado oposto fica a velha cozinha do mosteiro, agora modernizada, de modo que as idéias surgidas no decorrer da reunião ou as propostas anteriores a ela possam ser experimentadas. O título também acabou sendo adequado, e tem sido amplamente adotado fora dos limites de Erice. O bom é que reflete com exatidão a nossa abordagem da gastronomia, que é nos concentrarmos não na experiência gastronômica total (isso é responsabilidade do *chef*), mas no que está acontecendo com o alimento no plano molecular. O problema de produzir um ovo quente perfeito, por exemplo, é convencer as moléculas da proteína albumina, que parecem fios, a se emaranharem, deixando ao mesmo tempo as moléculas semelhantes na gema em seu estado original, não emaranhado. A questão central é exatamente como fazer isso; não apenas cozinhar o ovo (que nem estava na pauta quando começamos nossa reunião de 1977), mas cozinhar em geral.

O transporte de calor é uma questão de física, mas suas leis são tão simples que não há necessidade de saber muita física para compreendê-las. Para entender como as leis se aplicam a problemas práticos da culinária, no entanto, é necessário entender como o calor afeta o sabor e a textura dos alimentos, e isso, por sua vez, significa entender o que *é* o calor. Para atrapalhar qualquer comunicação fácil entre *chefs* e cientistas, a natureza verdadeira do calor não é prontamente compreensível em termos de senso comum. Era hora de dar uma breve lição de história. Por sorte, o alimento apareceu sob uma forma inesperada e até divertida.

Até meados do século XIX acreditava-se que o calor era um fluido concreto. Tratava-se de uma visão perfeitamente razoável, sensata, uma vez que o calor claramente conseguia "fluir" de lugares mais quentes para os mais frios, e é difícil imaginar que isso possa acontecer, a não ser que o calor seja um fluido concreto. O fluido tinha até um nome — "calórico" —, e acreditava-se que "a sensação de calor era causada pelas partículas do calórico ao passarem pelo nosso corpo".[4] A imagem aceitável do calor como "calórico" explicava muitos dos fatos conhecidos. O acréscimo de calórico a um pedaço de carne crua iria, do mesmo modo, produzir um material diferente: a versão cozida.

Embora o calórico tivesse subsistido até meados do século XIX, seu dobre de finados soou uns 50 anos antes, executado pelo aventureiro norte-americano Benjamin Thompson,[5] homem cujas vidas pessoal e científica foram influenciadas por encontros pouco comuns com a comida. Aos 20 anos de idade, e no comando das tropas britânicas durante a Guerra da Independência americana, seus soldados usaram as lápides de um cemitério para construir um forno de pão. Alguns dos pães foram distribuídos pelos membros da comunidade local, infelizmente com os epitáfios de seus entes queridos assados de trás para a frente nas crostas. Depois disso, "foi considerado prudente que ele, o mais cedo possível, buscasse uma oportunidade de deixar o país".[6] Mudou-se então para a Inglaterra, onde seu talento para a promoção pessoal mostrou-se tal que se tornou subsecretário de Estado em quatro anos, e *fellow* da Royal Society por sua pesquisa sobre a pólvora, armas de fogo e sinalização naval.

Ao transferir-se para a Europa continental, recebeu o título de conde de Rumford, membro do Sacro Império Romano, e tornou-se ministro da Guerra para a Bavária. Foi nessa condição que passou a se encarregar do arsenal de Munique, quando fez as famosas observações que levaram à sua devastadora rejeição do "calórico".[7] Em suas próprias palavras:

> Empenhado ... na supervisão da perfuração produzida por canhões, fiquei assombrado com o grau muito considerável de calor que um canhão de bronze assimila, num tempo curto, ao ser perfurado; e com o calor ainda maior (bem maior que o da água fervendo, como descobri experimentalmente) das lascas metálicas. [8] ... a fonte do calor gerado pela fricção, nesses experimentos,[9] parece *inesgotável.* Não é preciso acrescentar que, qualquer coisa que um corpo *termicamente isolado* ... consiga continuar a fornecer *sem limites,* não pode, com certeza, ser *uma substância material*; e parece-me extremamente difícil, se não bastante impossível, formar qualquer idéia distinta de qualquer coisa, capaz de ser excitada e comunicada nesses experimentos, a não ser o MOVIMENTO.

O conceito de Rumford, de calor como movimento, é agora corriqueiro entre os cientistas. Por exemplo, pensamos o efeito do calor sobre um alimento geralmente em termos de aumento da mobilidade das moléculas do alimento, que conseqüentemente reordenam-se e se rompem. As longas moléculas de albumina na clara de um ovo cozido, por exemplo, que existem como esferas frouxamente entrelaçadas à temperatura ambiente, desenrolam-se e movem-se à medida que o ovo fica mais quente, acabando por se emaranhar e criar uma rede tridimensional que prende a água na clara do ovo, fazendo com que ela de líquida passe a sólida, e de transparente a opaca. Atualmente dispõe-se de simulações por computador demonstrando esses rearranjos moleculares em detalhes gráficos. Entretanto, não há número de detalhes gráficos que responda a uma questão fundamental. O calor é uma coisa. O movimento parece ser outra inteiramente diferente. Como podem as duas coisas estar relacionadas?

A solução para este problema exige um salto da imaginação pelo menos tão brilhante quanto o necessário para o desenvolvimento da mecânica quântica ou da teoria da relatividade. No entanto, embora todos tenham ouvido falar de Einstein, poucos sabem quem foi Julius Mayer,[10] o frustrado físico alemão que relacionou calor e movimento por meio do conceito de *energia.*

A história completa dos esforços desesperados de Mayer para fazer com que suas idéias fossem aceitas, culminando numa tentativa de suicídio, é apresentada no apêndice 1 deste livro. Basta dizer aqui que suas idéias acabaram sendo aceitas, ainda que o crédito muitas vezes vá para outras pessoas e a idéia de "energia" agora sustente toda a ciência.

O que é "energia"? Por sorte a definição dos cientistas é muito próxima do uso cotidiano da palavra. De modo simples, "energia" é qualquer coisa que possa ser utilizada para trabalho físico, isto é, para movimentar alguma coisa. Quanto mais energia tivermos, mais coisas podemos mover, e a distâncias maiores. Um feixe de luz, por exemplo, pode ser usado para fazer girar um moinho minúsculo, conhecido como radiômetro de Crooke. A luz, portanto, é uma forma de energia, assim como o calor, a eletricidade, o magnetismo e a gravidade também são formas de energia, todos podendo ser usados para impulsionar tipos diferentes de máquinas. O próprio movimento é uma forma de energia, uma vez que um objeto em movimento pode ser usado para mover outro. A energia do movimento tem seu próprio nome — energia *cinética.* Quando aquecemos comida, como Nicholas Kurti destacou, a energia cinética aumentada das moléculas individuais do alimento faz com que elas trabalhem mais para vibrar, se contorcer e tentar se livrar de suas amarras; assim, acabam por sofrer mudanças que em geral tornam os alimentos mais palatáveis.

O conceito de calor como a energia do movimento molecular[11] nos explica muitos eventos na culinária que teriam sido um enigma para os adeptos do "calórico". Se é verdade que "calórico" + "comida crua" = "comida cozida", o acréscimo de calórico a qualquer temperatura deveria acabar cozinhando a comida. No entanto, um ovo pode ser deixado numa água a 50°C durante horas sem que a clara coagule, ao passo que, se a temperatura for elevada a 70°C, a clara vai endurecer dentro de um quarto de hora; um tempo que se reduz aos clássicos três minutos se a temperatura for elevada a 100°C, temperatura da água fervente.

Esse efeito da temperatura — inexplicável se for usada a sensata imagem antiga do "calórico" — é facilmente responsabilizado por usar o conceito de calor como energia do movimento de moléculas. As moléculas fibrilares da albumina na clara do ovo apresentam a estrutura de uma bola frouxamente enrolada (conhecida tecnicamente como enrolamento aleatório). Essa estrutura é mantida pelas forças fracas de atração entre aquelas partes da cadeia molecular que se cruzam próximas umas das outras. A estrutura é dinâmica: flutua e oscila enquanto é bombardeada de todos os lados pelas moléculas de água em volta dela. À medida que a temperatura é elevada, a energia das moléculas que oscilam aumenta de modo correspondente, bem como a energia da vibração interna da própria cadeia da albumina. Atinge-se então um ponto em que essa energia é suficiente para quebrar as ligações fracas que mantêm a estrutura coesa. Isso acontece a uma temperatura bastante precisa (cerca de 68°C). Abaixo disso, não há cozimento que rompa a estrutura. Acima dela, as moléculas da albumina se desdobram e ficam livres para se embaralhar com outras moléculas de albumina, do mesmo modo desenroladas, criando uma nova estrutura — uma rede tridimensional.

Resta apenas esclarecer um aspecto sobre essa (ligeiramente simplificada) imagem — a diferença entre os termos "calor" e "temperatura". Einstein, ao escrever em 1938, afirmou que "esses conceitos já eram conhecidos de todos", mas Einstein estava errado.[12] A maioria das pessoas alheias à ciência (e um número surpreendente dentro dela) ainda teria dificuldades para explicar a diferença entre calor e temperatura. Tivemos então que esclarecer essa diferença nas nossas discussões de culinária. Com o conceito de energia na barriga, o esclarecimento (apresentado por Nicholas) levou uns 30 segundos. A diferença, como apontou Nicholas, é muito simples. *Calor* se refere à energia *total*. A *temperatura* de um material, por outro lado, é uma medida prática da energia *média* por molécula no material.[13] Na cozinha, a energia total dada ao prato que está sendo cozido depende do dispositivo de cozimento. Placas aquecidas e grelhas transferem a energia calorífica numa taxa mais ou menos constante para um ajuste específico fixado, de modo que a quantidade passada ao prato vai depender do tempo e do ajuste. Os fornos de microondas liberam energia em explosões intermitentes de potência, com os tempos relativos de "ligado" e "desligado" determinados pelos ajustes fixados. A quantidade de energia efetivamente absorvida pelo alimento depende do grau de umidade nele presente e de sua posição no campo de microondas espacialmente desigual no forno. O efeito da quantidade total de energia fornecida sobre a temperatura depende da quantidade de alimento presente (quanto mais comida, mais moléculas), do tipo de alimento e de como a energia calorífica é distribuída dentro da comida. É mais a temperatura que a quantidade total de energia calorífica acrescentada, no nível molecular, que determina o que acontece no alimento cozido. Um efeito (geralmente sem importância) advém do fato de que moléculas mais energéticas, como pessoas mais energéticas, precisam de mais espaço, empurrando-se entre si para obtê-lo, razão pela qual os materiais se expandem à medida que a temperatura aumenta (isto é, o líquido num termômetro). Quando ela aumenta, as moléculas também mudam de formato, transferem-se para outros lugares, quebram-se e juntam-se quimicamente com outras moléculas. Todas essas mudanças (ver apêndice 2) alteram o sabor e a textura dos alimentos. O objetivo do cozimento é dirigir essas mudanças de maneira gastronomicamente apropriada.

O principal problema na culinária é como conseguir a distribuição de temperatura apropriada no alimento. Há leis físicas simples que podem ser usadas para prever a distribuição da temperatura. A nossa meta na reunião de 1977 era descobrir se essas leis funcionavam na prática durante o cozimento, ou se alguns tipos de alimentos poderiam ter, armazenadas, algumas surpresas desagradáveis.

Os dois processos possíveis pelos quais a energia calorífica pode ser transportada são a *condução* e a *convecção*. Todos os materiais conduzem calor; a diferença entre "condutores" e "isolantes térmicos" reside apenas na velocidade com que o fazem. A carne, por exemplo, é um isolante térmico quase tão eficiente quanto a borracha numa roupa de mergulho, mas sua baixa condutibilidade de calor é suficiente para permitir que o centro alcance uma temperatura razoável durante o cozimento.

Se o material quente num alimento puder se mover, a convecção também é possível. Embora a idéia agora pareça familiar (como nos aquecedores por convecção), ela foi um fato descoberto pelo conde Rumford há pouco mais de 200 anos, depois de outro desafortunado encontro com comida:

> Ao jantar, muitas vezes observei que alguns pratos especiais mantêm a temperatura por muito mais tempo que outros, e que as tortas de maçã ... permaneceram quentes por um período de tempo surpreendente ... sempre que queimei a boca com elas, ou vi outras pessoas terem o mesmo infortúnio, sem tentar, mas em vão, descobrir de alguma maneira os motivos responsáveis ... por esse fenômeno surpreendente.[14]

Doze anos mais tarde ele teve um encontro semelhante com uma sopa grossa de arroz, que lhe trouxeram quente, mas que ele deixara de lado durante uma hora. A primeira colherada, retirada de cima, estava fria e desagradável. A segunda, mais do meio, queimou-lhe a boca. Rumford ainda estava intrigado. Sua perplexidade devia-se ao fato de que, na época, a água era tida como bom condutor de calor. Por que, então, esses pratos cheios de água não esfriavam mais depressa? Como acontece com freqüência em questões culinárias, o álcool acabou fornecendo a resposta. O álcool estava no imenso (10cm) bulbo de um termômetro especialmente construído, cuja temperatura Rumford fizera se elevar bastante durante um experimento, e que depois deixara no parapeito de uma janela para esfriar. Para sua grande surpresa, viu "toda a massa de líquido numa movimentação muito rápida, correndo célere em duas direções opostas, *para cima* e *para baixo* ao mesmo tempo". Examinando mais cuidadosamente, descobriu que "a corrente ascendente ocupara o *eixo* [central] *do tubo*, e a descendente corria pelos *lados do tubo*". Esse processo, que Rumford chamou de *convecção*, é corriqueiro no cozimento. Quando a água é aquecida numa panela, por exemplo, a parte que está no fundo sobe para o topo e é substituída por um fluxo de água fria, que é outra vez aquecida, por sua vez, de modo que há uma circulação contínua de água levando calor para todas as partes da panela (Figura 1.1)

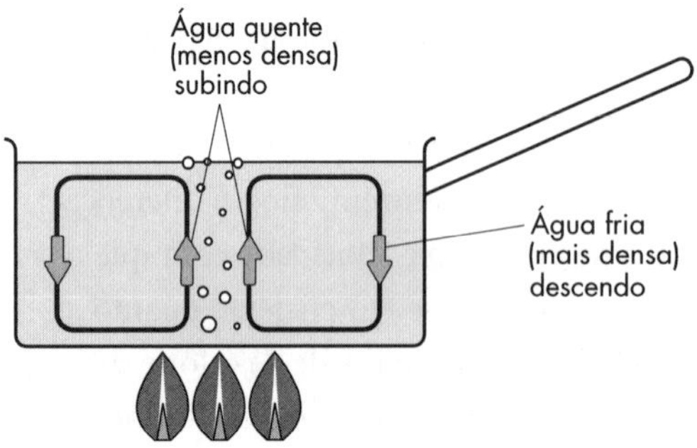

Figura 1.1: **Como funciona a convecção**
O movimento da água numa panela

Como forma de transporte de calor, a convecção é muito mais eficiente que a condução. Achava-se que a água era boa condutora apenas porque ninguém antes de Rumford reconhecera que a convecção existia. Ele adivinhou que a água na verdade é má condutora de calor, e que seus problemas com as tortas de maçãs e sopas de arroz ocorreram porque o movimento livre da água tinha sido de algum jeito impedido nesses pratos. Para comprovar sua suposição, deliberadamente impediu a convecção em duas panelas de água quente dissolvendo amido em uma delas e introduzindo um edredom na segunda. Descobriu que a água nessas panelas esfriou muito mais devagar que a água quente numa panela à qual nada tinha sido acrescentado para atrapalhar o processo de convecção. Rumford especulou (corretamente) que, em alimentos como maçãs cozidas e sopa grossa de arroz, as correntes de convecção são retardadas ou bloqueadas pela presença de fibras e substâncias dissolvidas que são liberadas durante o cozimento. A camada superficial pode esfriar, mas o material quente, no interior, não consegue ser transportado para a superfície por convecção.

Do mesmo modo, é provável que a convecção seja bloqueada num ovo que está sendo cozido, pois tudo indica que os gradientes de densidade induzidos pelo calor na clara não são suficientemente grandes para provocar um movimento considerável de material tão viscoso. A convecção é ainda menos provável em alimentos como legumes ou carne assada, em que a água é mantida presa numa matriz de fibras. No entanto, mesmo lenta, a condução talvez seja o meio de transporte de calor predominante nesses alimentos. A desvantagem disso, do ponto de vista de um *chef*, é que a carne e os grandes pedaços de legumes levam um tempo relativamente longo para cozinhar. A vantagem está em que esses alimentos (uma vez cozidos) retêm o calor durante muito tempo. Outra vantagem é que suas regras básicas são fáceis de se anotar. Nem sempre, porém, essas regras são fornecidas em livros de receitas ou então os *chefs* não acreditam nelas.

Veja o simples caso de um pedaço grande e plano de carne, como por exemplo um bife, cozido numa grelha vertical de modo a ser aquecido igualmente dos dois lados. Se a espessura da carne for dobrada, qual será o efeito no tempo de cozimento? A unanimidade dos *chefs* (não os de Erice) deu a resposta errada.[15] Muitos acharam que não precisaria nem do dobro do tempo para cozinhar a parte mais grossa. A resposta correta, comprovada experimentalmente, é que o tempo de cozimento será *quatro vezes* maior se a definição de "cozido" for "alcançar a mesma temperatura no centro". Esse é um exemplo do fato de que a transferência de calor por condução em geral segue a "regra dos quadrados". Para que o calor atinja uma distância duas vezes maior é preciso quatro vezes mais tempo.

"Por que uma regra de quadrados?", perguntaram os *chefs* em Erice. A resposta está no modo pelo qual a energia cinética é transferida entre moléculas no alimento.

O processo começa no cozimento, quando a energia calorífica atinge a superfície do alimento, aumentando a energia cinética das moléculas da superfície. Essas moléculas então passam parte dessa energia adiante, para suas vizinhas menos energéticas, por um efeito de "reação em cadeia". A energia continua a passar adiante para outras moléculas, como numa corrida de revezamento. As regras que comandam esse processo são estatísticas e baseiam-se na idéia de que a energia tem a mesma probabilidade de se transmitir em qualquer direção, de modo que a equação é a mesma que descreve a difusão aleatória de moléculas num líquido (ver capítulo 2). Essa equação mostra que o tempo gasto pela energia calorífica para percorrer uma dada distância por condução é função do quadrado dessa distância. Para percorrer duas vezes a distância, ela leva em média quatro vezes mais tempo.

As equações da transferência de calor por condução foram elaboradas pelo matemático francês Jean-Baptiste Fourier, um dos *savants* que acompanharam Napoleão ao Egito em 1798.[16] A regra dos quadrados é uma solução para a equação de Fourier, adaptada para alimentos de forma plana, em que a largura é muito maior que a espessura. Será que funcionaria para alimentos como um assado, de feitio irregular? Há todos os motivos para crer que sim. As soluções da equação de Fourier para outras formas que não uma placa plana são complicadas, mas todas contêm um termo no qual o tempo é função do quadrado da distância.

A teoria, no entanto, não substitui a experimentação, sobretudo no que diz respeito à culinária. Resolvemos, em Erice, verificar a teoria com um assado legítimo, amorosamente preparado pelo *chef* Fritz Blank, proprietário do famoso restaurante Deux Cheminées na Filadélfia. Minha tarefa era bordar o assado com finos fios de pares termelétricos, inseridos de modo a monitorar as mudanças de temperatura em diferentes profundidades da carne. Os fios desses pares termelétricos arrastaram-se pela cozinha, do forno até um registrador de vários canais, onde Fritz e eu nos sentamos, observando enquanto sorvíamos uma reflexiva taça de vinho. Duas horas mais tarde, a parte central do assado atingira o valor prescrito por Fritz, de 45°C, fazendo com que as conferências fossem esquecidas, enquanto os conferencistas juntavam-se a nós, ansiosos por uma prova. Fritz, porém, insistiu para que o assado ficasse descansando durante 40 minutos para "assentar". Eu não conseguia entender a razão para esse folclore do *chef*, embora logo fosse saber por quê. Esse descanso me deu a oportunidade de continuar monitorando a temperatura do assado à medida que ele esfriava, ao mesmo tempo que analisava os dados obtidos até então. Se a "regra dos quadrados" se sustentasse, um gráfico que registrasse o quadrado da distância pelo tempo para atingir qualquer temperatura dada seria uma linha reta. Quando vi os resultados achei que a taça de vinho tinha se justificado. As temperaturas na carne, durante o processo de assar, seguiram direitinho a regra dos quadrados.

Nesse ínterim, o assado tinha uma pequena surpresa guardada para nós. Os pares termelétricos perto da superfície mostraram que a temperatura começara a cair assim que o assado foi retirado do forno. Os pares mais perto do centro, no entanto, mostravam a temperatura *ainda subindo*! A temperatura no centro continuou subindo durante os 40 minutos seguintes, acabando por alcançar os 55°C apropriados para alguma coisa entre ao ponto e bem-passado. Será que a carne, então, desobedece às leis de condução?

Logo vi que a responsabilidade era das próprias leis de condução de calor. O centro do assado, mais frio, é rodeado por carne mais quente, mesmo depois de o assado ter sido retirado do forno. A camada de temperatura mais alta estará em algum lugar entre a parte de fora e o meio, e o calor fluirá dessa camada para as mais frias, o que significa que fluirá tanto para fora como para dentro da carne. Análises posteriores mostraram que a velocidade com que esse processo ocorre ajusta-se perfeitamente ao previsto pela equação de Fourier. Mostraram também que o costume do *chef* de deixar assados grandes "descansarem" antes de levá-los à mesa tem uma base científica muito sólida. O centro da carne continua cozendo, e o perfil da temperatura também se horizontaliza, de modo que a carne fica cozida com ainda maior uniformidade. O mesmo acontece se a carne for assada por tempos mais longos e a temperaturas mais baixas. Mas como conseguimos isso se quisermos usar temperaturas mais altas para que a superfície fique dourada, proporcionando aquelas adoráveis sensações de textura crocante e sabor?

A resposta é simples. Comece com o forno bem alto e logo em seguida diminua bastante essa temperatura. É isso que os *chefs* profissionais, como Fritz, fazem quando não estão colaborando com experimentos. A regra dos quadrados ainda se aplica, embora os tempos reais sejam diferentes por causa das temperaturas mais baixas do forno. Na verdade, a regra dos quadrados é uma boa orientação para diversos alimentos. As diferenças entre os tempos de cozimento baseados na regra dos quadrados e os calculados a partir de métodos tradicionais, como "20 minutos para cada meio quilo mais 20 minutos", ou "25 minutos por meio quilo mais 25 minutos" são interessantes:[17]

Tabela 1.1: **Tempos calculados para cozinhar uma peça de rosbife ao ponto, na perfeição, num forno a 190°C**

Peso da peça (kg)	Tempo (min) "regra dos quadrados"*	Tempo da sra. Beeton (20min/500g+20min)	Tempo da minha mãe (25min/500g+25min)
0,1	30	48	61
0,2	47	53	66
1	140	88	110
1,5	181	110	138
2	219	132	165

*Adaptado dos cálculos originais de Peter Barham em *The Science of Cooking.*

A regra tradicional inevitavelmente superestima os tempos de cozimento para pedaços menores de carne e subestima os tempos exigidos para cozinhar peças maiores. Haverá um ponto de cruzamento no qual as duas regras concordam exatamente para um dado peso de carne, em geral o peso com o qual o autor que recomenda aquela regra específica está acostumado a cozinhar. A concordância entre as duas regras para uma variedade de pesos em cada lado desse "ponto de cruzamento" é razoável. Há uma interessante razão matemática para o âmbito dessa concordância, sendo que o problema principal para o cozinheiro prático é que os tempos de cozimento calculados divergem mais rapidamente para pesos abaixo do ponto de cruzamento do que para pesos maiores.

Os grandes *chefs* são peritos em calcular os tempos de cozimento e como esses tempos variam com o peso sem recorrer à "regra dos quadrados", da qual suas estimativas em geral se aproximam bastante. A regra para o cozinheiro doméstico inteligente é: pratique até produzir o resultado perfeito e anote o peso do pedaço e o tempo. Depois use a regra dos quadrados para alterar os tempos de cozimento para peças de pesos diferentes. Isso parece muito simples mas esconde uma armadilha. A regra dos quadrados aplica-se a diâmetros, não a pesos. A conversão é complicada, a não ser que se tenha jeito para matemática. Em termos matemáticos, o tempo de cozimento aumenta com o quadrado do diâmetro da peça, mas com uma potência de 2/3 para o peso. A conversão é factível, mas matematicamente complicada, de modo que é melhor esquecê-la, a não ser que você seja exímio com uma calculadora. Em vez disso, acrescente apenas 50% ao tempo do cozimento se você dobrar o peso; e proporcionalmente menos ou mais, conforme o caso (por exemplo, se o aumento de peso for de 50%, acrescente 25% ao tempo de cozimento). Essa aproximação simples é surpreendentemente exata, como os testes com os números na Tabela 1.1 deixam evidente. É provável que seja a regra que os *chefs* de primeira linha intuitivamente criaram para si próprios.

A regra dos quadrados que se aplica a tantos alimentos deveria ser aplicada aos ovos quentes — e se aplica. Não precisamos fazer o experimento em Erice, no entanto. Richard Gardner,[18] professor de biologia celular na Universidade Oxford, já o realizara nove anos antes ao tentar entender por que seu filho de dois anos, Mathew, conseguia comer a gema de um ovo quente recém-aberto, mas fugia da clara até que ela tivesse esfriado. Estimulado pela curiosidade científica, o professor Gardner introduziu dois pares termelétricos num ovo, um na clara e outro na gema, e pôs o ovo para cozinhar. Ele não interpretou os dados obtidos em termos da regra dos quadrados, mas nós podemos fazê-lo, uma vez que publicou seus resultados numa extraordinária antologia sobre comidas e bebidas da Fellows and Foreign Members of the Royal Society. O editor da antologia era (é claro!) Nicholas Kurti.

Um gráfico dos resultados é mostrado na Figura 1.2. A sinuosidade inferior (A) na curva da temperatura da clara é um artifício que surge do se mudar o par termelétrico depois de terem começado as medições. A sinuosidade superior (B), no entanto, tem um significado real. Ocorre à temperatura (e tempo) em que a clara se firma, e essa coagulação gasta energia; portanto, a temperatura da clara se mantém constante (se a energia está entrando por condução com a mesma velocidade com que está sendo usada para rearrumar as moléculas) ou até cai (se for preciso mais energia para rearrumar as moléculas de albumina do que a energia posta à disposição pela condução).

O professor Gardner deixou o ovo cozinhar por 30 minutos, procedimento apropriado para quem gosta de ovo muito duro, e também para um cientista interessado em testar a aplicação da regra dos quadrados, que fornece um excelente ajuste aos dados do professor Gardner. O preparo de um perfeito ovo quente no café da manhã, no entanto, exige que o cozimento seja interrompido num tempo muito mais curto. Na verdade, se o professor Gardner tivesse retirado o ovo depois de três minutos e meio (o momento depois da segunda sinuosidade) e o tivesse aberto imediatamente, o ovo estaria perfeitamente cozido (supondo que o par termelétrico na clara estivesse medindo a temperatura num ponto muito próximo à gema). Sabemos que o ovo estaria perfeitamente quente porque, na temperatura em que a clara endurece, a gema ainda está mole. Isso deve-se ao fato de que cada uma das moléculas de proteína da gema está enrolada em torno de um minúsculo grumo de óleo. Liberar a proteína da superfície de óleo requer mais energia do que desenrolar uma molécula de albumina no ambiente aquoso da clara — as moléculas das proteínas da gema não estão livres para se mover e se emaranhar até que a gema atinja uma temperatura mais alta que a da clara. A gema, de fato, só endurece a uma temperatura acima de 68°C, de modo que o problema do cozimento de um ovo torna-se uma questão de fazer com que a clara fique acima de 63°C, ao mesmo tempo que se mantém a gema abaixo de 68°C.

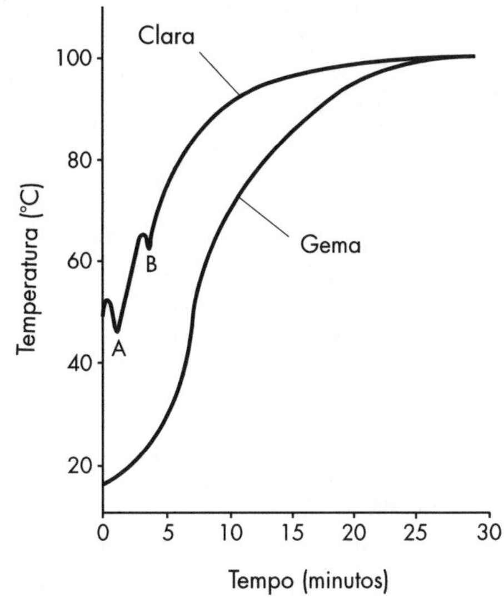

Figura 1.2: **Temperatura interna de um ovo durante o cozimento**

(Redesenhado a partir de "On boiling eggs" de Richard Gardner, em Kurti, N. e G., orgs., But the Crackling is Superb.*)*

Para o cozinheiro que não disponha de um par termelétrico, fica um pouco mais difícil calcular o tempo. A regra dos quadrados nos permite calcular a duração de tempo exigida, que é assombrosamente sensível ao tamanho do ovo em questão. Os cálculos foram efetuados pelo doutor Charles Williams,[19] da Universidade de Exeter, em 1998. Ele apresentou seus resultados sob a forma de uma equação, a partir da qual calculei os números da tabela na página seguinte.

Esses números mostram que James Bond tinha razão — desde que as galinhas *marans* francesas ponham pelo menos alguns ovos com 39 milímetros de diâmetro, e que esses ovos tenham sido mantidos à temperatura ambiente. Bond, obsessivo como era, é claro que teria consigo um aro de metal com 39 milímetros de diâmetro e só teria usado ovos que passassem justo por esse anel, de modo que um tempo de cozimento de três minutos e um terço teria sido perfeito. Para ovos médios conservados à temperatura ambiente, coloque-os diretamente na água fervendo e cal-

Tabela 1.2: **Tempos calculados para cozer o ovo perfeito**

Diâmetro do ovo no ponto lateral mais largo (mm)		Tempo de cozimento (minutos)	
		Temperatura inicial 20°C	Temperatura inicial 4°C
Pequeno	39	3,34	3,75
Pequeno	40	3,5	4,0
Médio	42	3,9	4,4
Médio	44	4,25	4,8
Médio	46	4,6	5,2
Grande	48	5	5,7
Grande	50	5,5	6,2

cule um tempo de cozimento de cerca de quatro minutos. Os tempos serão mais curtos caso se deixe o ovo "descansar" antes de ser aberto, uma vez que o centro continuará cozinhando mesmo depois de o ovo ter sido retirado da água fervente, do mesmo modo como o centro de um assado continua cozinhando depois de ter sido retirado do forno.[20] Esse tipo de procedimento preparará um ovo com uma textura mais delicada, com a clara menos borrachuda, uma vez que terão sido formados menos cruzamentos nas ligações entre as moléculas da albumina. Um método sofisticado de lidar com o problema, inventado por Fritz Blank e usado em seu restaurante, é cozinhar o ovo por durante um tempo menor do que o normal e depois rolá-lo em cima de gelo picado enquanto a parte de dentro continua cozinhando, de modo que o calor residual interno continue cozinhando o centro sem cozinhar demais a parte de fora da clara — impedindo que ela fique com uma textura borrachuda. Entretanto, como Nicholas chamou a atenção, sempre há uma maneira melhor. Sua posição, mais tarde elaborada por Hervé This numa carta à revista *New Scientist*, baseava-se no conhecimento de que a clara endurece a uma temperatura mais baixa que a gema. Só é preciso, então, que o ovo seja cozido num líquido cujo ponto de ebulição esteja entre as duas temperaturas estabelecidas. A clara vai acabar endurecendo, mas as gemas, nunca. E o ovo pode ficar cozinhando pelo tempo que se queira.

Quem dispuser dos recursos de um laboratório científico poderá alcançar a temperatura apropriada (entre 63°C-68°C) aquecendo a água sob pressão reduzida. Isso exige aparelhos sofisticados (e caros), além das medidas de segurança apropriadas. A alternativa é usar um líquido inteiramente diferente, cujo ponto de ebulição esteja entre 64-66°C. Existem alguns líquidos assim. Um deles, comum em laboratórios químicos, é o metanol (também conhecido como álcool de madeira), que tem seu ponto de ebulição em 64,6°C. Porém, restam alguns problemas. O primeiro é o gosto que o metanol provavelmente passará para o ovo através da casca porosa. O segundo é a disponibilidade — o álcool de madeira está disponível para cientistas, para fins de pesquisa. Mas o uso comercial é sobretudo como adulterante venenoso de álcoois metilados. O terceiro problema apresenta a maior dificuldade. O vapor do metanol é altamente inflamável e capaz de incendiar até mesmo uma placa elétrica. A conclusão é que há um método ideal, científico e garantido de cozinhar o ovo perfeito, mas, seja lá o que você fizer, não tente em casa. James Bond poderia ter se dado bem abafando as chamas com uma das superengenhocas especiais que, sem dúvida, levava na mala de seu Bentley. Poderia até ter conseguido usar o ovo flamejante como um coquetel-molotov. Para uma experiência gastronômica adequada, no entanto, é melhor que nós, pessoas comuns, nos mantenhamos numa combinação de água e aritmética simples.

capítulo 2

A arte e a ciência da absorção

Um dos principais problemas que os cientistas encontram para compartilhar com o público mais amplo a visão que formam sobre o mundo é o abismo entre os diversos tipos de conhecimento. Não é preciso ser escritor para ler e compreender um romance, ou saber pintar para apreciar um quadro, pois tanto a pintura quanto o romance refletem a nossa experiência comum. Entretanto, algum conhecimento sobre o que seja a ciência é pré-requisito para sua compreensão, para sua apreciação, uma vez que a ciência baseia-se parte em conceitos cujas particularidades a maioria das pessoas desconhece.

Essas particularidades começam com o comportamento de átomos e moléculas. A noção de que tais coisas existem é bastante familiar hoje, embora isso não tenha impedido que um de meus convidados, durante um jantar, exclamasse efusivamente:

"Oh, você é cientista! Não sei muito sobre ciência, mas sei que os átomos são feitos de moléculas!"

O comentário fez com que eu me desse conta de como podia ser difícil, para pessoas que não passam a vida profissional lidando com a matéria no nível atômico ou molecular, visualizar como átomos e moléculas propriamente se apresentam e comportam em seu mundo em miniatura.

Algumas das primeiras descrições desse comportamento vieram de cientistas que tentavam compreender as forças que sugam líquidos para dentro de materiais porosos. Uma das manifestações mais comuns desse efeito é o café sendo "puxado" por uma rosquinha que nele se mergulha, ou o chá impregnado em um biscoito. Assim, fiquei encantado quando uma firma de publicidade inglesa me pediu ajuda na divulgação da ciência que há nesse mergulho da rosquinha no café, pois isso me deu oportunidade de explicar parte do comportamento de átomos e moléculas no contexto de um ambiente familiar, e mostrar como os cientistas fazem quando estão diante de um problema novo.[1]

Fiquei menos encantado ao ganhar o sarcástico "Prêmio IgNobel" pelos meus esforços. Metade desses prêmios é concedida, todos os anos, à "ciência que não pode ou não deve ser reproduzida". A outra metade destina-se a projetos que "estimulam o interesse do público pela ciência". Infelizmente, e para confusão de muitos jornalistas, os organizadores, na Universidade Harvard, não se dignam a dizer quem entra em que categoria.

Foi um prazer, no entanto, receber cartas de crianças que se entusiasmaram com a publicidade que cercava tanto o prêmio como meu projeto. Um aluno norte-americano pediu minha ajuda para aprofundar seu trabalho de ciência do colégio, no qual estudava a diferença entre rosquinhas e biscoitos. Mais tarde me comunicou com orgulho que recebera um "A" por esses esforços.

Este capítulo conta a história do "projeto da capilaridade" e da ciência a ele subjacente, usada para atacar problemas que vão desde a extração de petróleo de jazidas subterrâneas até o modo como a água chega às folhas das árvores.

As rosquinhas devem ter sido projetadas para serem mergulhadas no café. A rosca, como o pão, mantém-se coesa por uma rede elástica da proteína glúten.[2] O glúten pode esticar e até romper-se quando a rosca é mergulhada no café quente, mas não incha nem se dissolve quando o líquido é sugado para dentro da rede de orifícios e canais sustentados pelo glúten. Isso significa que a pessoa pode levar o tempo que quiser, fazendo uma pausa apenas para deixar o excesso de líquido escorrer de volta para dentro da xícara, antes de erguer a rosquinha até a boca. O único problema é a escolha da rosca, assunto para o qual a ciência tem alguns conselhos surpreendentes a oferecer, como mostrarei adiante.

As pessoas que gostam de comer biscoitos embebidos no chá ou no café enfrentam um desafio muito maior. Se a mais recente pesquisa de mercado for digna de confiança, uma entre cinco vezes em que se mergulham biscoitos no café termina em desastre, com a pessoa pescando pedaços encharcados no fundo da xícara. O problema para os mergulhadores sérios é que o chá ou o café quente dissolvem o açúcar, derretem a gordura e incham e amolecem os grãos de amido do biscoito. Assim, ele acaba desabando sob seu próprio peso.

Será que a ciência pode fazer alguma coisa para levar o zeloso mergulhador de biscoitos à paridade com o mergulhador de rosquinhas? Será que a ciência, que acrescentou essa margem a mais de realização tanto para atletas como para astronautas, pode ser usada para otimizar o encharcamento de biscoito e assim salvar aquele mergulho vital?

Essas perguntas foram-me apresentadas por uma agência de publicidade que queria promover a "Semana nacional dos biscoitos". Sendo eu uma pessoa que utiliza a ciência subjacente a atividades e objetos corriqueiros para torná-la mais acessível ao público, fiquei muito contente ao tentar fazer "a física da absorção do biscoito". Parecia uma boa oportunidade para produzir uma pesquisa divertida que mostrasse como a ciência realmente funciona, além de produzir alguma publicidade na mídia em prol tanto da ciência quanto dos anunciantes.

Os anunciantes esperavam nitidamente um grande interesse por parte do público. Só subestimaram o grau desse interesse. A reportagem sobre "mergulho de biscoitos" que acabou saindo na imprensa britânica espalhou-se rapidamente pelo mundo, chegando inclusive aos programas matinais da televisão norte-americana, na qual participei de uma douta discussão sobre os problemas próprios de quem gosta de comer roscas e biscoitos embebidos em café. Surpreendentemente, a extensão do interesse público pela possibilidade de compreender a ciência ficou visível quando falei sobre a física da absorção no caso de biscoitos numa mostra de ciência num anfiteatro em Sydney, na Austrália. A mesa telefônica da Triple Rock, a estação de rádio de rock, recebeu *sete mil* telefonemas em 15 minutos.[3]

Os anunciantes tinham seus próprios preconceitos sobre como a ciência funciona. Queriam nada menos do que uma "descoberta" que atraísse as manchetes dos jornais. Anunciantes e jornalistas não são os únicos a pensar na ciência em termos de "descobertas". Até alguns cientistas pensam assim. Logo depois da fundação da Royal Society em 1660, Robert Hooke foi designado "curador de experimentos" e encarregado da tarefa de efetuar "três ou quatro experimentos consideráveis" (isto é, descobertas) todas as semanas, demonstrando-os aos *fellows* da Sociedade.[4] Com essa pressão, não admira que Hooke seja descrito como um indivíduo irritadiço, com os cabelos pendendo em cachos desgrenhados sobre uma fisionomia abatida. Ele realmente fez diversas descobertas, inaugurando muitas, mas aperfeiçoando poucas. Tive de dizer aos anunciantes em questão que Hooke pode ter conseguido realizá-las, mas eu não. Em geral a ciência não funciona dessa maneira.

Os cientistas não se dispõem a fazer descobertas, mas a descobrir histórias. As histórias são sobre como as coisas funcionam. Algumas vezes podem resultar num bocado de conhecimento inteiramente novo, ou numa nova maneira de se encarar a natureza das coisas. Mas não com muita freqüência.

Achei que com a ajuda de meus amigos e colegas da física e ciência dos alimentos haveria uma boa chance de descobrir uma história sobre encharcamento de biscoitos, mas era muito pouco provável que isso fosse resultar numa "descoberta". Para alegria dos anunciantes, eles aceitaram minhas razões e pusemos mãos à obra.

A primeira pergunta que fizermos foi: "Sob o ponto de vista de um físico, qual a aparência de um biscoito?". Essa é uma típica pergunta de cientista, a ser entendida assim: "Como simplificar esse problema para que possamos resolvê-lo?". O tipo de abordagem às vezes leva a extremos, como aconteceu com o famoso físico a quem pediram que calculasse a velocidade máxima possível de um cavalo de corrida. A resposta dele, de acordo com a anedota, foi que poderia fazer o cálculo, mas só se lhe permitissem supor que o cavalo era esférico. A maioria dos cientistas não chega a esse ponto para reduzir problemas complicados a formas passíveis de solução, mas todos fazemos alguma coisa parecida — o mundo é simplesmente complicado demais para ser compreendido de uma só vez. Os críticos nos chamam de reducionistas, mas não importa do que nos chamem, o método funciona. Francis Crick e James Watson, descobridores da estrutura do DNA,[5] não deram com essa estrutura olhando para as complicadas células vivas cujo destino é dirigido pelo DNA. Pelo contrário, eles retiraram todas as proteínas e as outras moléculas que constituem a vida e examinaram o DNA sozinho. Os biólogos, durante os 50 anos que sucederam a essa descoberta, aos poucos puseram as proteínas de volta para descobrir como as células de verdade usam a estrutura do DNA, mas não teriam sabido como era essa estrutura se não tivesse havido a abordagem reducionista original.

Resolvemos ser reducionistas com relação aos biscoitos, tentando compreender a reação deles à absorção em termos físicos simples e deixando as complicações para mais tarde. Ao examinarmos um biscoito num microscópio, ele parece constituir-se de um conjunto tortuoso de orifícios, cavidades e canais interconectados (do mesmo modo que as rosquinhas). No caso do biscoito, os canais estão presentes porque consistem em grânulos secos de amido, colados de modo imperfeito com açúcar e gordura. Para um cientista, o problema de mergulhar um biscoito em café ou chá é descobrir como o líquido quente penetra nesses canais e o que está se passando quando isso acontece.

Pensando nessa imagem de mergulho, reuni-me com alguns de meus colegas do Departamento de Física da Universidade de Bristol e passei a examinar a questão experimentalmente. Mergulhamos biscoitos nas nossas bebidas, solenes, marcando quanto tempo levava para eles se desmancharem. Essa era uma ciência *baconiana*, batizada em homenagem a sir Francis Bacon,[6] o cortesão elisabetano que declarou que a prática científica não passava da coleta de um número suficiente de fatos e elaborar um modelo.

A ciência *baconiana* nos fez perder muitos biscoitos, mas não forneceu uma abordagem científica para isso. O *serendipity* — o feliz acaso, a arte de fazer descobertas afortunadas — veio em meu socorro quando resolvi tentar segurar um biscoito na horizontal, pondo apenas um dos lados em contato com a superfície do chá. Fiquei surpreso ao descobrir que assim o biscoito batia o recorde anterior de longevidade, multiplicando-o quase por quatro.

Os cientistas, do mesmo modo como os fãs de esportes, estão muito mais interessados no excepcional do que no rotineiro. As ocasiões de maior entusiasmo em ciência se dão quando alguém produz uma observação que não pode ser explicada por regras já estabelecidas. É aí que a "ciência normal" sofre o que Thomas Kuhn chamou de "mudanças de paradigma",[7] e todas as idéias anteriores têm de ser readaptadas à luz do novo conhecimento. A demonstração de Einstein, de que a massa m é, na verdade, uma forma da energia E, estando as duas ligadas pela velocidade da luz c na fórmula $E = mc^2$, é um exemplo clássico de mudança de paradigma.

Essas mudanças muitas vezes surgem de observações inesperadas, mas que precisam de verificação. Quanto mais inesperada a observação, mais rigoroso tem de ser o teste. Nas palavras do famoso imunologista e ensaísta britânico sir Peter Medawar: "Afirmações extraordinárias exigem comprovações extraordinárias."[8] Ninguém vai rejeitar a física moderna inteira só porque alguém afirmou que a "levitação" é possível ou porque um mágico entortou colheres na televisão. Por outro lado, se o fato da levitação for comprovado, ou se as colheres puderem realmente ser entortadas sem que uma força lhes tenha sido aplicada, então a física terá de aceitar a derrota e reconsiderar os fatos.

A resistência do biscoito ao mergulho horizontal dificilmente exigiria uma mudança de paradigma. Para que um evento raro aconteça, a nova observação deve ser inexplicável pelas atuais regras conhecidas. Mais importante ainda, o efeito observado tem de ser verdadeiro, e não resultado de uma circunstância isolada.

Uma coisa que convence os cientistas de que o efeito é real é sua possibilidade de reprodução — encontrar o mesmo resultado quando o teste é repetido. A resistência do biscoito poderia ser excepcional porque ele foi mais bem assado do que os outros que experimentamos, ou por qualquer outra razão que não o método de mergulho. Repetimos a experiência com outros tipos de biscoito. O resultado foi sempre o mesmo — aqueles que eram mergulhados pela técnica "horizontal" duravam muito mais que os mergulhados pelo método convencional. Parecia que a chave era mesmo o método.

Qual seria a explicação? Uma possibilidade era a difusão, processo pelo qual cada molécula individual do líquido que está penetrando anda de lugar em lugar de modo aleatório, explorando os canais e cavidades do biscoito sem nenhum método ou modelo aparente que explique esse caminho. O movimento é parecido com o de um bêbado indo para casa depois de sair do boteco, sem saber que direção tomar.[9] Cada passo é um deslocamento aleatório, que pode ser para a frente, para trás ou para os lados. A complicada estatística desse movimento (chamada de processo estocástico) foi calculada por matemáticos. Mostra que a provável distância entre o bêbado e o boteco depende da raiz quadrada do tempo. Para simplificar, se ele gastar uma hora para se afastar 1,6km do bar, a probabilidade é de que leve quatro horas para se afastar 3,2km.

Se a mesma matemática for aplicada ao fluxo de líquido nos canais aleatórios dos materiais porosos, como os biscoitos, então o biscoito mergulhado pelo nosso método acidental levaria quatro vezes mais tempo para ficar completamente encharcado do que um biscoito mergulhado "normalmente". A razão para isso é que, no mergulho normal, basta o líquido atingir o centro do biscoito para que este fique completamente encharcado, uma vez que o líquido é absorvido dos dois lados. Se o biscoito for posto na horizontal, por cima da xícara, o líquido tem de percorrer o dobro da distância (isto é, de um lado do biscoito ao outro) antes de o biscoito ficar inteiramente molhado, o que leva quatro vezes o tempo, segundo os matemáticos da difusão (Figura 2.1).

O cientista norte-americano E.W. Washburn encontrou um fator semelhante ao estudar a capilaridade do papel mata-borrão — uma placa de fibras de celulose, também cheia de canais aleatórios. Os experimentos de Washburn, efetuados há cerca de 80 anos, são exemplos de simplicidade.[10] Ele marcou uma folha de mata-borrão com linhas a intervalos iguais e depois mergulhou-a verticalmente em tinta (mais fácil de ver do que água), com as linhas acima e paralelas à superfície do líquido, e com uma linha exatamente na superfície. Depois mediu o tempo que a tinta levou para alcançar as linhas sucessivas, descobrindo que demorava quatro vezes mais para chegar à segunda linha do que à primeira, e nove vezes mais para chegar à terceira.

Tentei repetir os experimentos de Washburn com uma série de biscoitos diferentes fornecidos pelo meu patrocinador comercial. Mergulhei-os verticalmente no chá quente, cada um marcado em intervalos de 5mm, e, com um cronômetro, medi o tempo que o líquido levou para subir. Resultado: os biscoitos comportaram-se de modo muito semelhante ao mata-borrão no que diz respeito à absorção de líquido.

Figura 2.1: **Como mergulhar um biscoito no café**

Diagrama da esquerda: Desastre — um biscoito mergulhado da maneira "convencional", com o líquido sendo absorvido pelos dois lados. Diagrama da direita: Triunfo — um biscoito mergulhado da maneira "científica". O líquido demora quatro vezes mais para ser absorvido na espessura do biscoito, que fica intacto enquanto a superfície superior estiver seca.

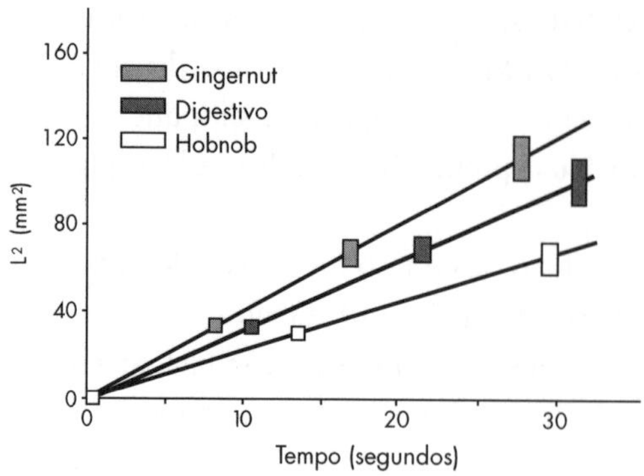

Figura 2.2: **Distância (ao quadrado) da penetração de chá quente em diversos biscoitos McVitie segundo o tempo**

Os retângulos representam medidas individuais, sendo que os comprimentos dos lados vertical e horizontal representam a margem de erro na medida da (distância)^2 ou do tempo, respectivamente.

Exatamente o quão semelhante tornou-se óbvio quando lancei os resultados num gráfico. Se a distância penetrada segue a lei da difusão, então um gráfico do quadrado da distância percorrida contra o tempo deveria ser uma linha reta.[11] Se levou 5 segundos para que o líquido subisse 4mm, deveria levar 20 segundos para o líquido subir 8mm. E assim aconteceu, até os 30 segundos, depois do que a parte encharcada do biscoito caiu no chá (Figura 2.2).

Esses resultados parecem muito convincentes. A coincidência numérica com a previsão é uma das coisas que mais impressionam os cientistas. A teoria geral da relatividade de Einstein, por exemplo, previa que a gravitação do Sol curvaria raios de luz de uma estrela distante que passassem perto dele em 1,75 segundo de arco (cerca de cinco décimos de milésimos de um grau). Os astrônomos agora descobriram que as previsões de Einstein estavam corretas, com uma variação de 1%. Se a astrologia conseguisse fazer previsões tão precisas como esta, até os físicos poderiam acreditar nela.

Esse ainda não é o final da história. Na verdade, mal está começando. Embora os resultados experimentais tenham seguido o modelo de comportamento previsto pelo modelo da difusão, um raciocínio mais detalhado sugeriu que a difusão era uma explicação pouco provável. Ela se aplica a situações em que um objeto (seja ele um bêbado ou uma molécula num líquido) tem a mesma oportunidade de se mover em qualquer direção, o que parece pouco provável para líquidos absorvidos por um biscoito, uma vez que a saída fica bloqueada pelo líquido que está chegando. Os modelos de difusão, no entanto, não são os únicos a prever experimentalmente modelos observados de comportamento. Washburn deu uma explicação diferente, baseada nas forças que os materiais porosos exercem nos líquidos para absorvê-los.

O processo de absorção é chamado de ascensão por capilaridade e já era conhecido dos antigos egípcios, que usavam o fenômeno para encher suas canetas de junco com tinta feita de carvão, água e goma arábica. A questão de como a

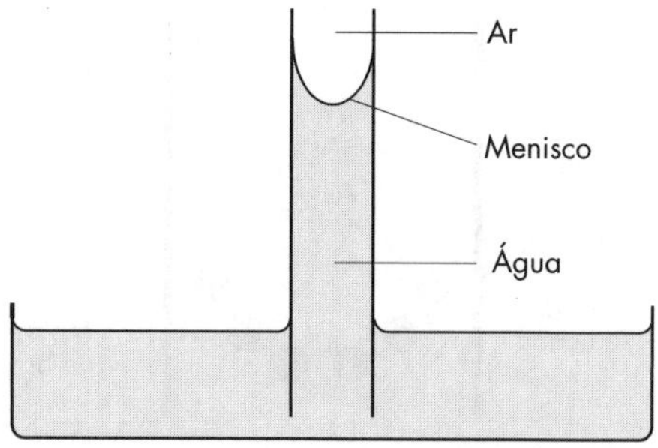

Figura 2.3: Ascensão de água em um tubo de vidro estreito

ascensão capilar é acionada, no entanto, só foi pensada pela primeira vez há 200 anos, quando dois cientistas, um inglês e um francês, cada qual por seu lado, fizeram a pergunta: "O que está provocando a sucção?" O inglês, Thomas Young, era o caçula de dez filhos de uma família quacre de Somerset. Aos 14 anos já tinha aprendido sozinho sete línguas, inclusive hebraico, persa e árabe. Tornou-se médico clínico e deu contribuições importantes para a nossa compreensão de como o coração e os olhos funcionam, mostrando que haveria três tipos de receptores no fundo do olho (atualmente os chamamos cones) para permitir a visão em cores. Indo além, apresentou a teoria de que a própria luz tinha característica ondulatória. Nas horas vagas estabeleceu as bases para o seguro de vida moderno e chegou perto de resolver os enigmas dos hieróglifos da pedra de Rosetta. O francês marquês de Laplace também tinha origens rurais (o pai dele era fazendeiro na Normandia), e seus talentos também apareceram cedo. Acabou conhecido como "o Newton da França" por causa de sua incrível obra em dez volumes chamada *Mécanique céleste*. Nessa obra mostrou que os movimentos dos planetas eram estáveis diante de perturbações. Em outras palavras, uma mudança na órbita de um planeta, como a que poderia ser causada por uma colisão com um meteorito, só causaria pequenos ajustes nas órbitas dos demais, e não jogá-los catastroficamente fora de sincronia.

Young e Laplace calcularam independentemente a teoria da ascensão capilar — no caso de Laplace, como um improvável apêndice de sua obra sobre o movimento dos planetas.[12] Os dois observaram que, quando água é sugada para dentro de um tubo de vidro estreito pela ação da capilaridade, sua superfície da água é encurvada. A superfície líquida encurvada é chamada de menisco, e se o vidro estiver perfeitamente limpo, o menisco parecerá apenas tangenciar a superfície do vidro (Figura 2.3).

A idéia brilhantemente simples de Laplace (e Young) foi que a coluna de água estaria sendo suspensa nas beiradas pelo menisco. Mas o que estaria causando essa suspensão? Só poderia ser a parede do tubo, com as moléculas do vidro atraindo as moléculas de água mais próximas. Mas como uma atração horizontal poderia causar uma elevação vertical? Laplace concluiu que cada molécula de

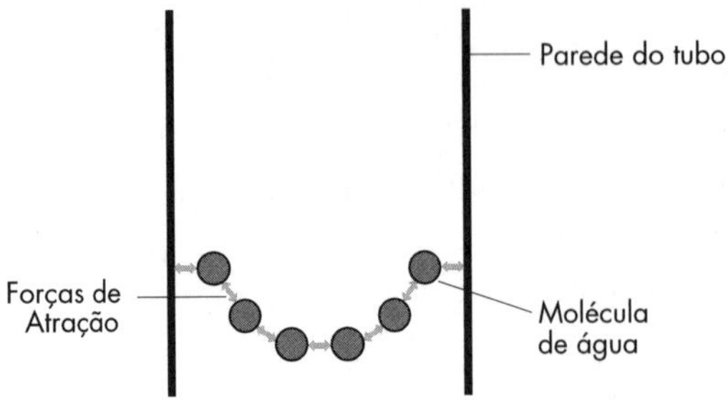

Figura 2.4: **Forças entre moléculas num menisco**

As moléculas (círculos) são mantidas unidas por forças de atração (setas). As moléculas próximas às paredes do tubo também são submetidas a forças de atração entre elas e as paredes.

água da superfície é atraída, em primeiro lugar, para suas vizinhas mais próximas, de modo que a superfície inteira fica como uma rede de cordas, em que cada nó é uma molécula de água e os segmentos de corda entre elas representam as forças que mantêm as moléculas unidas (Figura 2.4).

Uma rede pendente de cada uma das extremidades afunda no centro. Uma imagem simplista da ascensão capilar é que a coluna de água está sendo suspensa de modo semelhante. Mais exatamente, as forças locais de atração molecular tendem a reduzir a superfície do líquido à menor área possível. Se a superfície for curva, sua tendência a encolher (conhecida como tensão superficial) produz uma diferença de pressão entre os dois lados, exatamente como a superfície esticada da borracha de um balão cria uma pressão interna alta. É a diferença de pressão no menisco que motiva a ascensão capilar.

Laplace conseguiu usar essa imagem de atração molecular local para formular uma equação que delineia a forma de um menisco com tal exatidão que desde então ela nunca mais precisou ser modificada. Ao pensar sobre o fenômeno corriqueiro da ascensão capilar ele também, inesperadamente, encontrou resposta para uma das maiores indagações da ciência na época: "Até que ponto se estendem as forças entre átomos ou moléculas? Serão elas forças de longo alcance, como a força de um ímã sobre uma agulha, ou a força da gravidade entre o Sol e a Terra? Ou serão de alcance muito curto, de modo que apenas os átomos da vizinhança são afetados?" Laplace mostrou que só forças de alcance muito curto poderiam explicar a forma de um menisco e a existência da tensão superficial.[13] Sabendo o número de moléculas existente num determinado volume de um líquido, ele conseguiu inclusive fazer uma estimativa verossímil do alcance real das forças intermoleculares. Seus experimentos mostram que a ciência do cotidiano é mais do que uma via para tornar a ciência acessível ou para ilustrar princípios científicos.[14] Muitos dos próprios princípios surgiram dos esforços para se compreender coisas do dia-a-dia, como a queda de uma maçã, o formato e a cor de uma bolha de sabão, ou a absorção de líquido por um material poroso. Os cientistas, ao explorar essas questões aparentemente mundanas, descobriram algumas das leis mais profundas da natureza.

Laplace e Young mostraram que a relação entre a curvatura da superfície, a tensão superficial e a pressão no menisco era extremamente simples — a diferença de pressão no menisco em qualquer ponto é exatamente duas vezes a tensão superficial dividida pelo raio médio de curvatura naquele ponto.[15] Essa relação, que hoje tem o nome dos dois, mostra (por exemplo) que a ação capilar sozinha não consegue erguer uma coluna de água além de 14mm num tubo com raio de 1mm. À medida que o raio do tubo se torna menor, a água consegue subir proporcionalmente mais alto. Para um tubo mil vezes mais estreito, a água consegue subir mil vezes mais alto.

Esses canais minúsculos estão presentes nas folhas das árvores. A natureza dá um exemplo espetacular com a sequóia gigante, encontrada na cordilheira de Serra Nevada, na Califórnia. A copa frondosa do exemplar mais conhecido, a "General Sherman", eleva-se 83m acima dos turistas que passam por perto. O suprimento de água para as folhas é sugado do solo por capilaridade. Os meniscos dessas imensas colunas de água residem nas folhas, e um cálculo rápido mostra que os canais capilares contendo os meniscos não podem ter mais de 0,2 micrômetro de largura — cerca de 1/250 do diâmetro de um fio de cabelo humano. A pressão nesses meniscos ínfimos consegue sustentar uma coluna contínua de água, e há muitas delas nos feixes de tubos chamados xilemas, que percorrem o tronco, abaixo da casca. Se a coluna de líquido for interrompida, no entanto, aparece uma câmara de compressão num ponto em que o tubo é muito mais largo e no qual o novo menisco não consegue sustentar uma coluna tão alta de líquido. Essas interrupções são eventos freqüentes — a ocorrência de cada nova interrupção é assinalada por um "clique" que pode ser ouvido com um estetoscópio. Uma vez rompida a coluna, aparentemente ela não se recupera. Por fim, de acordo com a teoria aceita, todas as colunas se romperão e a árvore morrerá. No entanto, árvores maciças continuam a crescer, algumas vezes por milhares de anos, apresentando aos botânicos e biofísicos um problema que está longe de ser resolvido.

A equação de Young-Laplace, entretanto, fornece a única explicação razoável para a absorção da água pelas árvores. Aplica-se do mesmo modo à absorção do café pelas rosquinhas, uma vez que o café se mantém no lugar na matriz porosa pela pressão no menor dos poros do menisco, no nível superior do café, do mesmo modo como a água é mantida no xilema de uma árvore pela pressão do menor dos poros do menisco nas folhas. Isso leva à conclusão paradoxal de que as roscas de textura mais fina conseguiriam reter mais café que suas primas de textura mais grosseira, caso ambas tenham o mesmo volume de poros.

A equação de Young-Laplace tem sido aplicada a diversas questões práticas sérias, como prevenir a ascensão de umidade em construções e a extração de petróleo de rochas porosas, além de questões ligeiramente menos sérias, como mergulhar biscoitos e roscas no café. Ela nos diz até que distância os líquidos irão subir por um tubo ou penetrar num material poroso, mas não diz a que velocidade. Essa informação é uma peça-chave quando se trata de embeber o biscoito no café. Foi dada pelo médico francês Jean-Louis-Marie Poiseuille, que clinicava em Paris nos anos 1830. Poiseuille estava interessado na relação entre a taxa de fluxo do sangue e a pressão nas veias e nas artérias. Ele foi o primeiro a medir a pressão sanguínea usando um manômetro de mercúrio, técnica usada pelos médicos até os dias de hoje. Poiseuville mediu a velocidade com que o sangue e outros líquidos conseguiam fluir por tubos de diferentes diâmetros sob pressões que havia medido em pacientes vivos e verificou que a taxa de fluxo dependia não apenas da pressão, mas também do diâmetro do tubo e da viscosidade do líquido (ou seja, sua resistência ao fluxo: o mel, por exemplo, é muito mais viscoso que a água). A contribuição de Poiseuille à ciência foi descrever a dependência da taxa de fluxo do diâmetro do tubo e da viscosidade do líquido por meio de uma equação bastante simples (cujos detalhes estão nas notas deste capítulo).

A equação de Poiseuille pode ser combinada com a de Young-Laplace para determinar as taxas de ascensão capilar. Washburn foi o primeiro a fazer isso, produzindo uma equação que calcula a distância a ser percorrida por um líquido sugado para dentro de um tubo cilíndrico por capilaridade num dado tempo.[16] A equação real é:

$$\frac{L^2 = \gamma \times \mathrm{R} \times t}{2\eta},$$

onde L é a distância que o líquido percorre no tempo t, R é o raio do tubo e γ (tensão superficial) e η (viscosidade) são números que dependem da natureza do líquido. A equação muito simples de Washburn indica um efeito igualmente simples — dobrar a distância do percurso demora quatro vezes mais, e triplicá-la, nove vezes mais; exatamente o resultado experimental que Washburn obteve para o mata-borrão, e eu para os biscoitos.

Na ausência dos efeitos da gravidade (que são desprezíveis tanto para a experiência de Washburn quanto para a minha), a equação de Washburn é extremamente acurada, como descobri ao estudá-la há uns 20 anos como parte da minha tese de doutoramento. Ao medir o tempo do fluxo de líquido por tubos de vidro (alguns deles 20 vezes mais finos que um fio de cabelo humano) concluí que a equação está correta para diâmetros de tubo com até três micrômetros. Esses tubos, no entanto, são bastante diferentes do interior de mata-borrões ou biscoitos. Parece não haver uma razão teórica para que uma equação desenvolvida para uma situação muito simples deva se aplicar a uma bagunça tão complicada. E continua não havendo. Ninguém que eu conheça sabe por que um líquido atraído pela capilaridade para um conjunto tortuoso de canais interconectados deve seguir a mesma dinâmica simples que um líquido atraído para dentro de um único tubo cilíndrico. A única coisa que podemos dizer é que muitos materiais porosos comportam-se dessa maneira. A equação do "caminhar do bêbado", que prevê uma relação semelhante entre a distância percorrida e o tempo gasto, pode ter um papel a desempenhar. Apesar dos vastos estudos de modelos computacionais, continuamos sem uma resposta completa e satisfatória.

O que sabemos é que a equação de Washburn funciona. Não é a única a funcionar quando não deve. A equação que descreve como um fio fino de água pingando de uma torneira se parte em gotículas, por exemplo, tem sido aplicada com muito sucesso para descrever a divisão de um núcleo atômico durante a desintegração radioativa. Isso não quer dizer que um núcleo atômico seja igual a uma gotícula de água em outros aspectos, como um biscoito ou um pedaço de mata-borrão não são exatamente um tubo delgado. Acontece, simplesmente, que uma equação deduzida para uma situação idealizada também se aplica, na prática, a situações mais complicadas, e daí pode ser usada para orientar e fazer previsões nessas circunstâncias. Tais equações chamam-se "semiempíricas" e surgem freqüentemente quando os cientistas estão aflitos para compreender um fenômeno complexo. Sua utilidade máxima é no estágio intermediário da compreensão de um problema. Ao aparecer uma explicação mais completa, as equações semiempíricas em geral são descartadas, embora algumas vezes conservem algum valor como instrumento de ensino.

A equação de Washburn aplicada a tubos cilíndricos tem uma sólida base teórica. Aplicada a biscoitos ou a mata-borrões, no entanto, é semiempírica. Para usá-la nessas circunstâncias é preciso que possamos interpretar R. R é o raio, mas de quê? O melhor que podemos fazer é interpretá-lo como um raio "efetivo", um tipo de raio médio de todos os poros e canais. Pode-se tentar calcular o valor desse raio efetivo medindo tantos canais quantos forem possíveis num microscópio e fazendo a média, mas há um modo mais simples, usando o gráfico experimental para a aborção do café pelo biscoito. A inclinação do gráfico pode ser usada para calcular o raio efetivo *via* a equação de Washburn. Porém, quando tentei o cálculo, o resultado parecia não fazer sentido.

Os raios de verdade dos canais nos biscoitos mergulhados, calculados segundo a equação de Washburn, foram 68, 88 e 110 nanômetros para as marcas Hobnobs, Digestive e Ginger Nuts, respectivamente. Esses raios são muito pequenos. Os diâmetros calculados são centenas ou até milhares de vezes menores que o tamanho dos orifícios que podem ser vistos ao microscópio num biscoito seco, que são mensuráveis em micrômetros (um micrômetro é mil vezes maior do que um nanômetro). O que está acontecendo, então? A resposta parece ser que a estrutura de um biscoito umedecido é muito diferente daquela do biscoito seco. Num biscoito seco, o amido está sob a forma de grânulos encolhidos, secos. Esses grânulos são bem minúsculos. No arroz, por exemplo (que é quase amido puro), há milhares de grânulos minúsculos em cada grão visível isolado. Quando esses grãos entram em contato com a água quente eles incham dramaticamente, absorvendo água com tanta avidez como um atleta durante uma maratona. Por acaso, meus colegas e eu estudamos o processo de inchamento,[17] que é muito importante na preservação, processamento e reconstituição de alimentos amiláceos. Mantivemos grânulos isolados de amido de batata suspensos em água enquanto aumentávamos gradualmente a temperatura do líquido, observando o que acontecia num microscópio. Por volta dos 60°C os grânulos repentinamente aumentavam o volume em até 70 vezes, produzindo o que mais tarde descrevi numa entrevista como as menores panquecas de batata do mundo.

Os grânulos de amido nos biscoitos incham de modo parecido quando estes são mergulhados em chá quente. Os grânulos enrugados, inchados, tornam-se muito moles, uma das razões por que um biscoito encharcado incha e acaba por se desintegrar (o outro motivo é que a "cola" de gordura e açúcar entre os grãos se derrete e dissolve). Os grânulos que estávamos estudando ficaram tão moles que se conseguia sugá-los por tubos de vidro cujos diâmetros eram três vezes menores. Essa capacidade de deformação parece ser a explicação para os valores extremamente baixos dos raios efetivos dos canais, calculados a partir da equação de Washburn para biscoitos encharcados — os grãos amolecidos espremem-se uns contra os outros, como fãs de rock num concerto, só deixando intervalos mínimos. Na prática, tudo bem. Quando os poros se mantêm em seu tamanho original de "biscoito seco", a equação de Washburn prevê que um biscoito se encharcaria completamente de chá ou café numa fração de segundo; encharcar um biscoito, ao contrário de uma rosquinha, levaria uma fração de segundo.

Enquanto tal, a equação de Washburn não apenas explica por que os biscoitos molhados pelo método científico, do "lado chato", demoram um tempo quatro vezes maior para desmanchar do que quando aplicado o método convencional — também usado para prever quanto tempo um biscoito agüenta sem desmanchar por aqueles que preferem uma abordagem mais tradicional. Basta um pressuposto — que o biscoito não vai se desmanchar se uma camada fina permanecer seca e suficientemente forte para sustentar o peso da parte molhada. Mas que grau de finura essa camada poderia ter? Só havia uma maneira de descobrir, e essa seria medindo a tensão da quebra de biscoitos desbastados para ficarem mais finos. Ralei então uma série de biscoitos na esteira lixadora do Departamento de Física, processo que me cobriu de migalhas e divertiu muito a equipe da oficina, mais acostumada a manufaturar peças de precisão para instrumentos astronômicos.

Biscoitos inteiros secos, descobri, conseguem agüentar até dois quilos de peso ao serem presos horizontalmente por uma das extremidades, com o peso colocado na outra extremidade. Os biscoitos secos afinados eram resistentes em proporção ao seu peso, podendo ser reduzidos a 2% de sua espessura original e ainda assim terem força suficiente para sustentar o peso de outro biscoito saturado (entre 10 e 20g, dependendo do tipo de biscoito). Agora bastava apenas calcular o tempo durante o qual os biscoitos poderiam ser mergulhados, ao mesmo tempo que ainda deixavam uma camada fina seca, seja no plano médio de um biscoito para um mergulho convencional ou na superfície superior para um biscoito mergulhado "cientificamente". O cálculo foi feito com muita facilidade usando a equação de Washburn mais os valores dos raios efetivos dos canais para os diversos biscoitos. Para a maior parte dos biscoitos, a resposta é entre 3,5 segundos e cinco segundos para um mergulho convencional, e entre 14 e 20 segundos para um mergulho "científico".

Será que ainda haveria alguma coisa a considerar? O único aspecto que ficou faltando foi examinar especificamente o processo de quebra. A física de como os materiais (inclusive os biscoitos) se quebram é bastante complicada. O conceito subjacente, no entanto, é relativamente simples (como o são muitos dos conceitos científicos — a arte está em determinar em detalhes as suas conseqüências). Ou seja, quando aparece alguma rachadura, toda a tensão[18] se concentra na ponta aguda dela — assim como toda a pressão dolorosa se concentra na ponta do salto quando alguém de salto agulha pisa no seu pé. Se a tensão for suficiente para iniciar uma rachadura, será suficiente também para terminar a tarefa. É por isso que materiais quebradiços (inclusive os biscoitos secos) rompem completamente, depois de iniciada a quebra. A tensão necessária para iniciar uma rachadura depende do grau de espessura da ponta da rachadura.[19] Quanto mais aguda a ponta, menos tensão será necessária, do mesmo modo como uma pessoa leve usando um salto agulha pode produzir tanta dor quanto uma pessoa mais pesada usando um salto mais largo.

Portanto, tudo indica que até o arranhão mais ínfimo é potencialmente capaz de sofrer uma quebra catastrófica, não importando o quão resistente seja o material, desde que a ponta do arranhão seja aguda o suficiente.

Até o final da Segunda Guerra Mundial os engenheiros sabiam por experiência que havia alguma coisa de errado com essa teoria, ou então um sabotador poderia ter feito a Tower Bridge desabar no Tâmisa arranhando-a com um alfinete. Embora a prática mostrasse que isso não era possível, os engenheiros ainda superdimensionavam maciçamente as estruturas como pontes e navios — só para garantir. Mesmo assim houve ocasiões em que a teoria predominou. Um desses exemplos foi quando se instalou mais um elevador de passageiros no navio *White Star Magestic* em 1928. As tensões concentradas no ângulo reto do novo vão quadrado no convés onde o elevador estava situado causaram uma rachadura no convés e pelo lado do navio, onde inopinadamente atingiu uma vigia (gerando uma beirada um tanto mais arredondada), caso contrário o navio com três mil passageiros teria se perdido em algum lugar entre Nova York e Southampton. Em outros casos, como o do USS *Schenectady*, os navios foram literalmente rasgados ao meio (Figura 2.5).

Figura 2.5: **Formação de rachadura em grande escala: o desastre do *Schenectady***

Em janeiro de 1943 o navio-tanque com um dia de idade *SS Schenectady* T2 tinha acabado de atracar depois de testes no mar, quando houve um enorme clangor; o vaso fraturou de alto a baixo, dobrando-se, de modo que a proa e a popa foram parar no fundo do rio, ao mesmo tempo que o centro ergueu-se inteiramente para fora d'água. Fotografia reproduzida com permissão do B.B. Rath, Instituto de Pesquisa Naval.

Agora os ângulos são arredondados sempre que possível para evitar os efeitos da concentração de tensão. Além disso, compreendemos melhor os mecanismos que impedem que pequenas rachaduras aumentem, o que envolve aplicação de material plástico (como a plasticina) na beirada da rachadura, de modo que ela fique ligeiramente arredondada e menos aguda. O processo pode ser reforçado pela incorporação de tampões de rachaduras. Estes são componentes moles num material misto (composto), cuja função é impedir que as rachaduras se expandam. Quando uma rachadura atinge uma partícula do tampão, este "cede", fazendo com que a beirada da rachadura passe de aguda para cega e reduzindo a concentração de tensão para um nível abaixo do limite de segurança. Em suma, o melhor tampão de rachadura é um buraco redondo, como a vigia no *Magestic*.

Os compostos modernos, como os usados na fabricação de motores a jato, contêm rotineiramente "tampões de rachaduras". Os biscoitos também são compostos e contêm tampões de rachaduras. Nesse caso eles são substâncias naturais como o açúcar, o amido e (especialmente) a gordura, que, embora sólidas, ainda assim "cedem". Por isso, a maioria dos biscoitos é incrivelmente robusta até se tornar adelgaçada demais. Nesse ponto, passa a dominar o grau de "granulosidade" do biscoito. Quando a espessura de um biscoito atinge o diâmetro dos grãos individuais, a separação de dois grãos quaisquer é suficiente para revelar o espaço vazio de que ele também é feito, e o biscoito desmancha.

Há uma solução até mesmo para esse problema — um tampão de rachaduras bidimensional. Esse tampão de rachaduras é o chocolate, um material que "cede" ligeiramente quando se tenta quebrá-lo e que pode ser (e é) muitas vezes usado para cobrir parte ou toda a superfície de um biscoito.

Nossa recomendação final aos anunciantes foi que a física básica tem a resposta final para o mergulho perfeito dos biscoitos no café ou chocolate. Essa resposta é usar um biscoito com um dos lados revestido de chocolate, manter o lado do chocolate para cima ao mergulhá-lo pelo método dos físicos, e medir o tempo do mergulho, de modo que a camada fina do biscoito que fica por baixo do chocolate se mantenha seca.

Para minha grande surpresa, o episódio foi avidamente absorvido pela mídia, tendo a equação de Washburn como peça central.[20] A idéia de aplicar uma equação a uma coisa tão caseira teve um grande sucesso com os jornalistas. Aqueles que publicaram a equação tomaram um cuidado enorme para escrevê-la corretamente; alguns chegaram mesmo a telefonar várias vezes para confirmar. Só um deles não confirmou e a escreveu errado, provocando a seguinte carta: "Caro senhor, acho que há alguma coisa errada com sua equação. Por favor, mande-me alguns biscoitos por eu ter notado isso. Chao Quan (12 anos)." Infelizmente, quando a carta chegou, meus colegas e eu já tínhamos comido todos os biscoitos.

Por que uma equação com 80 anos de idade viria a se tornar a matéria de reportagens nos jornais? Atendendo a um convite da revista *Nature*, eu tentei encontrar uma resposta.[21] A minha conclusão foi:

> Esse entusiasmo jornalístico com uma equação contraria o conselho habitual dado pelos editores aos autores — qualquer equação a mais reduz pela metade as vendas de um livro popular de ciência. Por que seria assim? Permitam-me que sugira uma resposta relevante para a divulgação de ciência. Os cientistas são vistos por muita gente como os herdeiros do antigo poder das chaves, os donos e controladores do saber aparentemente proibido. As equações são uma chave para esse conhecimento. O entusiasmo dos jornalistas ao adquirirem o controle de uma chave foi certamente um fator primordial na promoção indulgente da matéria. Ao tornar acessível a equação de Washburn, proporcionei a jornalistas pouco familiarizados com ciência a chave para abrir a caixa de Pandora.

A ciência da absorção pode parecer trivial, e num determinado sentido é. As perguntas dos cientistas muitas vezes assemelham-se à curiosidade despreocupada de uma criança, o tipo de coisa que já devíamos ter superado ao atingirmos o estágio adulto para que pudéssemos nos concentrar em coisas mais sérias, como ganhar dinheiro ou declarar guerras. Para mim e para outros cientistas, no entanto, perguntar "por quê?" é uma das coisas mais sérias que podemos fazer. Às vezes tentamos justificar o fato com resultados práticos. Para mim isso é um grande erro, seja o resultado o pouso do homem na Lua ou encontrar a melhor maneira de mergulhar um biscoito no café. O motivo real pelo qual os cientistas perguntam "por quê?" reside no fato de eles compartilharem com o resto da comunidade a mais básica das aspirações humanas — o desejo de compreender o mundo e seu funcionamento. Como membros de uma espécie pensante, todos temos essa aspiração e a expressamos cada vez que questionamos as crenças religiosas, nossos relacionamentos com outras pessoas ou sentimentos de qualquer tipo. Os cientistas encontram um entusiasmo parecido ao se dedicarem a uma área particular da grande tela da vida — o comportamento do mundo material.

Compensando a estreiteza de nossa bússola, os cientistas chegaram mais longe na compreensão do mundo material do que os psicólogos, filósofos e teólogos em sua tentativa de compreender as pessoas e seus relacionamentos umas com as outras ou com o mundo. Já aconteceu muitas vezes (como foi o caso de Laplace) de as perguntas sobre fenômenos corriqueiros produzirem respostas para outras, e eventualmente mais importantes, questões. Neste livro, a ciência do cotidiano é usada para abrir portas para não-cientistas; muitas vezes já abriu portas também para os cientistas.

capítulo 3

O tao das ferramentas

Um dos grandes problemas que eu enfrentava quando estudava ciências na escola era querer compreender a base lógica das idéias que me apresentavam. Este parece exatamente o tipo de questão que um cientista deveria ter, mas muitas das idéias mais fundamentais nos eram apresentadas como fatos a serem aceitos e reproduzidos. Meus contemporâneos mais bem-sucedidos adotaram essa abordagem, saíram-se bem e, no devido tempo, tornaram-se professores e até vice-reitores universitários. Enquanto isso, eu gastava horas tentando descobrir de onde vieram coisas como a equação de Schrödinger (que domina toda a mecânica quântica), ou como surgiu o conceito de energia.

Acabei percebendo que a equação de Schrödinger era um grande chute, talvez o mais brilhante da história da ciência, e que o conceito de energia ampliou-se gradativamente com as investigações acerca da natureza do calor. Ao examinar mais de perto, no entanto, descobri que a energia sempre tinha sido definida em termos de sua capacidade de executar trabalho físico. Assim sendo, o trabalho era um conceito ainda mais fundamental do que a energia. De onde veio esse conceito? Levei 35 anos para rastreá-lo, e a resposta foi um choque completo. A definição de "trabalho", a quantidade mais fundamental na ciência, veio inteiramente da intuição. Não sabemos sequer intuição de quem. Sabemos, porém, que essa definição pode ser empregada para calcular como melhor utilizar as ferramentas que supostamente nos poupam trabalho. Elas não poupam, é claro. O que as ferramentas fazem é tornar o trabalho possível, mudando o equilíbrio entre a força que precisamos para executá-lo e a distância na qual temos de mudar o ponto de aplicação dessa força para executar determinada tarefa. Este capítulo descreve como surgiu tal princípio e como as pessoas, desde Arquimedes, o usam para alcançar objetivos que vão desde içar uma galera romana da água até remover pregos recalcitrantes da madeira-de-lei. O mesmo princípio pode ser aplicado para elaborar a maneira mais eficiente de se utilizarem as ferramentas. Como o leitor descobrirá, nem sempre essa é a maneira adotada por curiosos e artesãos.

É melhor pregar um prego num pedaço da madeira com uma série de pancadas leves do que com alguns golpes fortes? Ao se retirar um prego com o dorso de um martelo, será que ajuda colocar um pequeno bloco de madeira por debaixo da cabeça do martelo? Será que as chaves de fenda compridas são mais fáceis de manusear que as mais curtas, mas com a mesma largura de ponta? Quão afiado um formão deve de ser? A partir da experiência prática, as respostas a essas perguntas são: sim, sim, sim e muito. Há uma maneira certa e uma errada de usar as ferramentas; uma maneira eficaz e uma ineficaz; um modo que torna o trabalho mais fácil e outro que o torna mais difícil.

A experiência prática está codificada em livros, como o clássico *Woodworking Tools and How to Use Them*,[1] de Morgan, que devorei ansiosamente quando era jovem, em parte na esperança de mostrar ao meu pai que alguns aspectos no seu ensino do trabalho com madeira tinha sido errados. Para tristeza dos meus objetivos juvenis, as regras eram exatamente como ele as havia formulado (mais tarde descobri que também lera o livro de Morgan). No entanto, em lugar algum os livros disseram *por que* as regras eram como eram. Nisso eles diferiam de outros livros que estavam dando forma à minha vida futura — os livros populares de ciências, que perguntavam *por que*, e não *como*. O mundo retratado nesses livros me parecia um mundo mais importante, dizendo respeito a coisas realmente significativas e distantes do banalmente prático. Eu não me dera conta de como os dois mundos alimentam-se reciprocamente e como são ambos parte do mundo maior, interconectado, do conhecimento.

Eu não era o primeiro a cometer esse engano. Arquimedes, nascido cerca de 300 anos antes de Cristo, compartilhava o meu conceito errôneo de que as coisas práticas eram muito menos importantes que as idéias. Embora ele tenha inventado muitos dispositivos práticos, raramente achou que fossem suficientemente importantes a ponto de descrever seus detalhes para a posteridade. Em virtude disso, não deixou qualquer descrição da primeira ferramenta manual projetada segundo princípios científicos.

Para uma ferramenta manual, ela era um pouco grande; grande o suficiente, de fato, para içar uma galera romana da água e expelir como poeira seus amedrontados marujos. Apesar do tamanho, no entanto, ainda assim cabia na definição de ferramenta do *Oxford Dictionary* como "um implemento mecânico para se trabalhar em alguma coisa, ... mantido e operado diretamente pela mão, mas também incluindo algumas máquinas simples". A ferramenta a que nos referimos, em especial, provavelmente exigia um bom punhado de mãos para operá-la. Sabemos pelos registros históricos que tinha a forma de uma alavanca assimétrica, montada no muro da cidade natal de Arquimedes, Siracusa, como proteção contra frotas romanas invasoras. O braço da alavanca deve ter sido como um longo tronco de árvore. A extremidade curta ficava inclinada sobre o mar, com um gancho em forma de garra preso a ela. Quando o gancho fisgava qualquer parte de um navio, equipes de homens ou animais, pressionando o braço longo da alavanca para baixo, conseguiram suspender inteiramente a embarcação de dentro d'água. O dispositivo era tão eficaz, de acordo com o escritor grego Plutarco, que bastava os romanos atacantes avistarem um pedaço de madeira projetando-se por sobre a muralha para dar meia-volta e se dirigir para alto-mar (Figura 3.1).

A grande máquina de Arquimedes funcionou logo de primeira porque ele compreendeu não apenas *como* as alavancas funcionam (os egípcios antigos já sabiam isso), mas *por que* elas funcionam desse jeito. Ele produzira a lei da alavanca anos antes e a descrevera num livro intitulado *Sobre balanças ou alavancas*, obra infelizmente perdida. Mas, do ponto de vista matemático, como Arquimedes teria feito, a lei simplesmente declara que o produto da carga pelo comprimento do braço da ala-

Figura 3.1: **Reconstituição hipotética da alavanca de içar navios de Arquimedes**

vanca é o mesmo para as duas cargas. Um autor ainda mais antigo, misteriosamente conhecido como pseudo-Aristóteles,[2] descobriu intuitivamente a lei e a apresentou sob forma mas compreensível: "... o peso movido está para o peso que o move, assim como o comprimento do braço que sustenta o peso está na ordem inversa do comprimento do braço da alavanca mais próximo à força aplicada."

Descobri o princípio da alavanca experimentalmente, como muitas outras crianças, quando percebi que conseguia suspender o peso do meu pai numa gangorra, desde que ele se sentasse suficientemente perto do meio, enquanto eu me sentava numa das extremidades. Ele pesava três vezes mais que eu, de modo que eu tinha de me sentar três vezes mais afastado do meio (Figura 3.2).

Logo aprendi a aplicar o princípio da alavanca a outras situações, inclusive na memorável ocasião em que usei um dos afiados formões do meu pai como pé-de-cabra para abrir uma tampa muito apertada de um vidro de doces.

Com o passar do tempo aprendi que há outras formas de alavanca, como o carrinho de mão. Minha dura tentativa, aos 12 anos de idade, de usar um desses carrinhos para mover uma carga de cimento molhado levou a mãe de um amigo a gritar, alarmada: "Oh, Lenny, não faça isso; você vai estourar uma válvula *kafoops*!". O princípio da alavanca, no entanto, funcionou direitinho, e não estourei nenhuma válvula *kafoops*, seja lá o que fosse isso (Figura 3.3).

Só depois de entrar para o ginásio é que aprendi a matemática muito simples subjacente ao uso das alavancas, e me dei conta de que aquilo podia ser usado para calcular previamente, como fizera Arquimedes, onde pôr o fulcro e como projetar uma alavanca para executar determinada tarefa. Agora uso esse conhecimento no projeto e construção de ferramentas científicas de medição para a minha própria pesquisa e de outras pessoas. Apenas recentemente, no entanto, comecei a cogitar se poderia aplicar esses e alguns outros princípios físicos igualmente simples para melhorar minha eficiência no uso de ferramentas manuais para enfrentar tarefas domésticas simples.

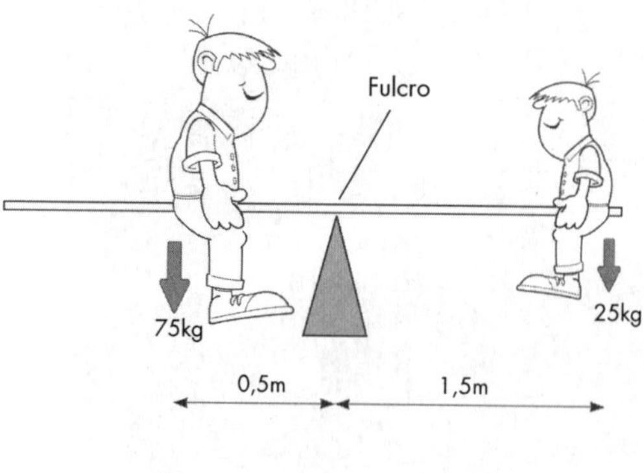

Figura 3.2: **Equilíbrio numa gangorra**

O fulcro, ou ponto de equilíbrio, é o ponto em torno do qual ocorre a rotação. Tecnicamente uma gangorra é uma *alavanca de primeira ordem*, uma vez que as cargas estão em lados opostos do fulcro.

O estímulo para a idéia foi uma conversa durante o café matinal no Departamento de Física da Universidade de Bristol, onde levantei a questão de por que chaves de fenda de cabo longo parecem mais fáceis de usar do que as mais curtas com a mesma largura de ponta. É uma típica pergunta "por quê?" de cientista. Ao contrário da crença popular, não há um caminho lógico, rigoroso, prescrito para se encontrar a resposta "científica" para uma pergunta dessas. É muito mais uma questão de estilo, e os cientistas individuais seguem uma entre três abordagens amplas. A primeira é descobrir uma resposta baseada em princípios fundamentais, sem aceitar ou sequer importar-se com o que outros possam ter dito antes. Alguns dos cientistas mais conhecidos do público, como Arquimedes, Newton e Einstein, trabalharam dessa maneira. Os que são capazes disso tendem a ser os provocadores da comunidade científica, respeitados e algumas vezes temidos por seus colegas.

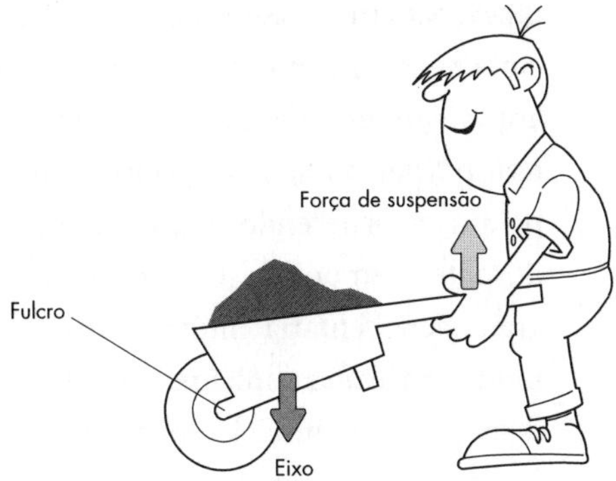

Figura 3.3: **O carrinho de mão**

Tecnicamente, um carrinho de mão é uma alavanca de *segunda ordem,* uma vez que a carga e a força de suspensão estão do mesmo lado com relação ao fulcro, estando a força de suspensão dele mais afastada que a carga.

Um deles foi John Conrad Jaeger, co-autor australiano de um famoso manual de matemática aplicada. Um amigo meu presenciou quando Jaeger estava na platéia de um seminário dado por um aluno que terminara seu doutorado na Universidade da Tasmânia. Foi no início da era dos computadores, e o aluno relatava seu sucesso ao usar um computador para resolver um problema particularmente complicado. Meu amigo descreve como o aluno terminou o seminário com um floreio, ao produzir a solução completa do problema, e depois ficou de pé ao lado do orientador, curtindo a adulação. Jaeger perguntou se podia ir ao quadro-negro, ainda coberto com as equações do aluno. Pegando um pedaço de giz, começou a resmungar: "O limite dessa função é tal e tal; a expressão é aproximadamente essa; esses dois termos se anulam..." Depois de um minuto, mais ou menos, apresentou a solução para o problema, olhou para os resultados do aluno e disse: "É, está certo", e sentou-se.

A ciência dificilmente conseguiria sobreviver sem indivíduos como Jaeger, que têm a capacidade de ir direto ao centro de um problema. Já tive o privilégio de trabalhar com algumas dessas pessoas durante minha carreira científica. Uma delas foi um matemático que conseguia resolver problemas que eu sequer sabia como começar. Pelo menos eu entendia as respostas, já que tinha obtido um diploma em matemática pura. Imprudentemente, um dia revelei esse fato, no que então ele se virou, olhou para mim assombrado e disse: "Você?!" Em Bristol eles foram mais educados, embora igualmente diretos, quando levantei o problema da chave de fenda. Meu argumento era que as chaves de fenda mais compridas deviam ser mais fáceis de usar porque podiam ser ligeiramente inclinadas sem que a ponta saísse da fenda do parafuso, fornecendo assim maior força à alavanca. Meu colega Jeff Odell calculou, durante o tempo que levou para dar um gole no café, que uma inclinação de alguns graus acrescentaria muito pouco à força rotacional, comentando que, de todo modo, a alavanca tinha pouco a ver com o caso. "Uma chave de fenda segura com firmeza", comentou ele, "não passa da extensão do braço. A única coisa que conta é a soltura do antebraço. As chaves mais longas provavelmente são mais fáceis de usar porque os cabos são maiores e mais fáceis de se agarrar sem escorregar."

Depois dessa, eu não tinha outra opção senão partir para a experimentação. Os resultados serão apresentados mais adiante, neste capítulo. Esse é o método que tenho usado com maior freqüência durante minha carreira científica e que me inseriu definitivamente na segunda categoria de cientistas — aqueles que têm primeiro o instinto de medir alguma coisa e depois pensam nos resultados.

O meu exemplo predileto desse estilo de enfrentar as questões científicas é o de lorde Rutherford, o generoso neozelandês que dominou a física inglesa no início do século passado. Rutherford[3] estava estudando partículas alfa — partículas pesadas, carregadas positivamente, que são emitidas de alguns materiais radioativos como mísseis e que viajam numa fração considerável da velocidade da luz. Ele mais tarde lembrou: "Um dia, Geiger [seu braço-direito e inventor do contador Geiger[4]] chegou para mim e disse: 'Você não acha que o jovem Marsden,[5] que eu estou treinando em métodos radioativos, deveria começar uma pequena pesquisa?'. Eu já tinha pensado a mesma coisa, de modo que respondi: 'Por que não deixá-lo ver se alguma partícula alfa consegue ser espalhada passando por um ângulo grande [de um delgado pedaço de folha de ouro]?'"

Aparentemente era uma experiência maluca, sem qualquer possibilidade real de sucesso. Na época, acreditava-se que os átomos eram como minúsculos bolos de frutas individuais, sendo que os elétrons, de carga negativa (as passas), distribuíam-se aleatoriamente numa nuvem esférica de carga positiva (o bolo). As partículas alfa, rápidas, deveriam passar direto através de um material construído de átomos desse tipo, sem maiores dificuldades que as encontradas por uma bala de rifle através de um bolo de verdade. No entanto, quando Marsden tentou a experiência, muitas das partículas foram desviadas significativamente de suas trajetórias, e algumas foram mesmo refletidas de volta na direção da qual tinham vindo. De acordo com Rutherford, aquele foi "certamente o evento mais inacreditável que presenciei na vida. ... Foi quase tão incrível como se você tivesse atirado um projétil de 38cm num lenço de papel e ele tivesse voltado e acertado você".

Rutherford não tinha motivo algum para esperar efeito tão espetacular, mas fizera o que muitos cientistas com um bom instinto experimental fazem, ou seja, tentam alguma coisa que pode vir a ser importante, *se funcionar*, não se preocupando muito se havia de fato a probabilidade de funcionar. Quanto menor a probabilidade de um experimento funcionar, mais significativo será o resultado.[6] Nesse caso, o resultado foi muito significativo e levou Rutherford a desenvolver a imagem moderna do átomo com a "nuvem de carga positiva" na realidade concentrada numa bolota central (o núcleo atômico), substancial o bastante para defletir partículas alfa que se aproximem excessivamente.

O método de Rutherford, de "experimentar" uma idéia instintiva, foi provavelmente a usada pelos primeiros inventores das ferramentas manuais, inclusive o pioneiro anônimo que teve a idéia de amarrar um cabo a um pedaço de pedra, fazendo um martelo.[7] O verdadeiro Rutherford do mundo do martelo, no entanto, foi a pessoa que, depois de milhares de anos de pedras mal amarradas voando dos cabos dos martelos, concebeu a idéia de fazer um orifício na pedra e ajustou o cabo a ela.[8]

Desde então foram desenvolvidas muitas variedades de martelos. Eu estava interessado em descobrir se alguém tinha dado o passo seguinte de Rutherford, aquele que indica o verdadeiro cientista, de perguntar *por que* martelos, chaves de fenda e outras ferramentas manuais funcionam do jeito que funcionam, e, então, se essa informação já foi ou poderia ser usada para otimizar o modo pelo qual atualmente projetamos e usamos essas ferramentas. Para isso, alistei-me na terceira e maior categoria científica — a composta de pesquisadores que sensatamente procuram ver o que outros já fizeram antes de ir adiante numa questão.

Alguns dos melhores cientistas pertencem a essa categoria, fornecendo a argamassa que mantém coesa toda a estrutura da ciência. São pessoas como o meu antigo colaborador Jacob Israelachvili, o primeiro cientista a medir as forças entre superfícies tão próximas que entre elas não caberiam mais do que alguns átomos — experimento que muitos, inclusive eu, achavam impossível. Ele executou esse experimento para seu doutorado, e mais tarde me contou que gastara dois anos e três quartos dos três de prazo estudando o que outros tinham feito e usando esse conhecimento para projetar e construir um equipamento para melhor executar a tarefa. Depois precisou de apenas dois meses para fazer as medidas que o tornaram famoso, mas seu sucesso deveu-se em grande parte ao conhecimento com o qual tinha se armado.

O projeto do equipamento de Jacob baseava-se numa compreensão íntima dos princípios científicos nele subjacentes. Será que o mesmo se pode dizer do desenvolvimento de ferramentas manuais? Saí em busca de comprovações escritas e descobri rapidamente, com a ajuda de um engenhoso e solícito bibliotecário, que comparativamente pouco foi escrito sobre os fundamentos científicos do uso de ferramentas manuais. Só algumas referências dispersas tinham relação com o assunto. Mesmo o verbete em tipos miúdos, intitulado "Tools" (ferramentas), que ocupa 32 páginas da famosa edição de 1911 da *Encyclopaedia Britannica* (verbete ainda citado na edição moderna) não diz uma única palavra sobre *por que* as ferramentas são projetadas e usadas como são. Procurei Stuart Burgess, um especialista em design que dá um curso no segundo ano sobre máquinas manuais na Universidade de Bristol. Será que poderia ajudar? Ele adorou a idéia. Não de ajudar, mas de saber que eu estava escrevendo sobre o assunto. Não havia nada do tipo disponível, disse ele, e prometeu recomendar meu livro aos seus alunos depois de terminado. Talvez, pensei eu, as ferramentas manuais apareçam em cursos de física como exemplos de princípios mecânicos simples. Perguntei a meus amigos físicos e descobri que, embora os princípios básicos fossem ensinados, suas aplicações não o eram. Eu estava sozinho.

Bem, não completamente. Uma vida inteira de ciência me proporcionara muitas pessoas com quem conversar e trocar idéias. Esse é o modo como a ciência em geral funciona — não com pessoas isoladas em torres de marfim, mas com gente que compartilha idéias, conversa sobre resultados e sugere novas abordagens em ambientes às vezes bem distantes do laboratório tradicional. A ciência, em outras palavras, é uma atividade comunitária, e eu tive mais do que minha cota de amigos e colegas dispostos a oferecer ajuda, idéias e críticas em proporções variadas. Foi a essas pessoas, e aos meus amigos habilidosos e artesãos que recorri em minha busca para compreender o *tao* científico das ferramentas.

Minha primeira pergunta era "Por que usar ferramentas?". Galileu, há 400 anos, censurava os artesãos por equivocadamente acreditarem que usamos ferramentas porque elas tornam as tarefas mais fáceis. Apesar das restrições de Galileu, suspeito que a mesma crença ainda vigora hoje em dia. Eu estava enganado. Todos os meus amigos engenhosos me deram uma resposta científica, isto é, que as ferramentas não só tornam as tarefas mais fáceis, mas as tornam *possíveis*, reduzindo a força bruta exigida a proporções administráveis. Um exemplo é o uso do macaco nos automóveis. Com um macaco médio consegue-se erguer um carro de 500kg com a força necessária para erguer diretamente apenas 5kg.* O

* Os cientistas costumam pensar a força em termos de "newtons". Erguer 5kg suporia o uso de uma força de 49 newtons, uma quantidade que a maioria dos não-cientistas julgaria difícil visualizar. Para tornar mais fácil a vida do leitor, daqui para a frente passarei a me referir a forças em termos da massa a ser erguida por elas. Quando disser, por exemplo, "uma força de 5kg", isso significará "uma força capaz de levantar 5kg na superfície da Terra" (a mesma força levantaria menos peso na Lua), com ligeiras desculpas aos partidários de uma nomenclatura mais precisa.

peso erguido é cem vezes a força aplicada, e então diz-se que o macaco proporciona um *ganho mecânico* de 100:1. Ao usar o meu peso infantil de 25kg para erguer o meu pai de 75kg do chão numa gangorra, eu estava aplicando um ganho mecânico de 3:1.

A desvantagem do ganho mecânico é que a redução na força tem de ser compensada pelo aumento na distância usada no deslocamento do ponto sobre o qual a força é aplicada. Seja qual for a altura na qual o carro é suspenso, a haste do macaco deve ser acionada por cem vezes essa distância. Não há como escapar. Por quê? O motivo foi descoberto por Galileu, que usou uma série de argumentos perspicazes para demonstrar que, na execução de qualquer tarefa que exija aplicação de força [*(força) multiplicada pela (distância usada para o deslocamento do ponto de aplicação da força)*], essa força é uma quantidade constante que não pode ser alterada, não importa o quanto nos esforcemos ou quão inteligentemente projetemos nossa ferramenta ou máquina.

Os cientistas agora chamam (*força* x *distância*[9]) por um outro nome — *trabalho*. É um princípio básico da ciência, derivado hoje em dia da noção de que a energia não pode ser criada nem destruída, que o trabalho que temos na execução de uma tarefa não é afetado pela maneira como a realizamos.

Galileu nada sabia acerca do princípio da conservação da energia, e eu sequer conhecia sua abordagem da questão, até que comecei a juntar o material para este livro. Quando por fim encontrei o argumento dele, escrito para uma platéia leiga, desejei poder escrever daquele modo. É tão audaciosamente simples que morri de rir ao lê-lo. Em suas próprias palavras: "... a superioridade adquirida pelo comprimento da alavanca não passa da capacidade de deslocar *de uma só vez* [grifo meu] aquele corpo pesado que só poderia ser deslocado em pedaços pela mesma força ... e com igual movimento, sem a ajuda da alavanca." Em outras palavras, se fragmentarmos nosso carro de 500kg e depois erguermos manualmente cada um desses pedaços 30cm, estaremos fazendo o mesmo trabalho (5kg x 20cm x 100) que se acionássemos a haste do macaco por 30m para levantar o carro inteiro de uma só vez (e o trabalho será de 500kg x 30cm). Tudo que o macaco fez foi nos permitir mudar o equilíbrio entre força e distância. O produto dos dois permanece o mesmo. Galileu foi adiante, mostrando que o mesmo argumento é verdadeiro para qualquer ferramenta.

O princípio de Galileu — segundo o qual uma ferramenta não consegue alterar a quantidade real de trabalho necessária à execução de uma tarefa, mas apenas o equilíbrio entre a força e a distância — só se sustenta se todo o trabalho for usado na execução da tarefa. Se a execução da tarefa sem uma ferramenta envolve desperdício de trabalho, então o uso de uma ferramenta obviamente economiza trabalho. Se, por exemplo, tentamos deslizar a mão uma carga de tijolos ao longo de uma trilha, então grande parte do trabalho por nós executado é para vencer o atrito[10] entre os tijolos e a trilha, em vez de deslocar os tijolos. O trabalho a mais é transformado em energia calorífica, que então é dissipada no ambiente e não pode ser recuperada. Se carregarmos a mesma quantidade de tijolos ao longo da trilha num carrinho de mão, evitamos o atrito e poupamos o trabalho extra.

Dessa discussão derivam duas questões a serem respondidas quando chegarmos ao uso eficaz das ferramentas manuais:

1. Será que o ganho mecânico é tão significativo quanto poderia ou deveria ser?
2. Será que a perda de energia (por exemplo, no atrito) é tão reduzida quanto poderia ser?

Resolvi fazer essas perguntas a respeito de algumas das ferramentas comuns usadas pelos artesãos. Mesmo no limitado tempo disponível, acabei com material suficiente para fazer um livro inteiro só sobre esse assunto. O que se segue é uma seleção dos pontos que achei mais interessantes e que podem ser úteis para quem tem habilidades manuais.

Para categorizar de algum modo as ferramentas, voltei ao verbete "*tools*" da consagrada *Encyclopaedia Britannica* de 1911. De acordo com o autor, a autoridade vitoriana Joseph G. Horner, as ferramentas classificam-se em apenas cinco grupos:

I. Formões
II. O grupo de corte (por exemplo tesouras)
III. Raspadores
IV. O grupo percussivo (por exemplo martelos)
V. O grupo dos modeladores (por exemplo, colher de pedreiro)

Não havia menção a ferramentas baseadas no princípio da alavanca, tampouco a outro grupo importante: as ferramentas que agem como uma cunha. Com o risco de incorrer na ira do fantasma do senhor Horner, resolvi examinar apenas uma dessas categorias, mas acrescentar duas de minha lavra. Eis então minha lista completa:

I. Ferramentas baseadas no princípio da alavanca
II. Ferramentas que usam o princípio da cunha
III. Ferramentas percussivas

Ferramentas Baseadas no Princípio da Alavanca

O martelo de unha

De acordo com tabelas publicadas, a força inicial necessária para se retirar um prego de 50mm enfiado no veio lateral de um bloco de madeira de lei equivale a erguer um peso de 26kg. Eis por que é tão difícil extrair um prego com um alicate e por que usamos um martelo de unha para executar a tarefa.[11]

O design de um martelo de unha doméstico comum faz com que seja muito fácil iniciar a puxada. O ganho mecânico é enorme, uma vez que o fulcro está muito próximo ao prego. O meu próprio martelo de unha, de 700g, tem um comprimento de cabo de 330mm, sendo que o ponto de contato inicial da cabeça do martelo com a madeira está a apenas 10mm do eixo do prego. Um ganho mecânico de 330/10 = 33 significa que eu preciso aplicar uma força de menos de 1kg para começar a tirar o prego (Figura 3.4).

O ganho mecânico cai muito depressa à medida que o prego é suspenso, pois o ponto de contato da cabeça com a madeira se afasta do prego quando o martelo oscila em suas garras curvas. Eventualmente a beirada da cabeça do martelo — no caso aqui considerado, a 110mm de distância do prego — entra em contato com a madeira, estágio em que o ganho mecânico já caiu para apenas três, e o prego só foi erguido 20mm. Se o martelo for puxado mais para a frente, a cabeça fará uma mossa na madeira. A força que estava originalmente puxando o prego reto para cima agora puxa-o num ângulo que potencialmente pode causar danos à madeira.

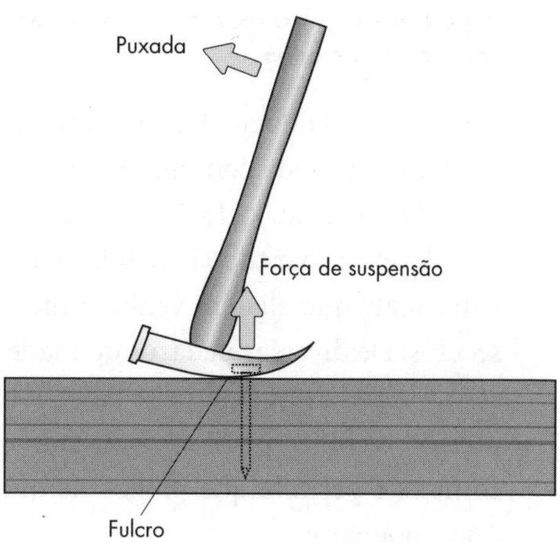

Figura 3.4: **Martelo de unha usado como alavanca para retirar um prego**

Isso é o máximo que se consegue fazer? Artesãos profissionais às vezes melhoram a situação colocando um pequeno bloco de madeira sob a cabeça do martelo. Meu pai explicava que isso evitava danos ao material, algo a ser compensado pela perda da vantagem mecânica inicial, uma vez que o fulcro passa a ficar mais longe do prego no início da puxada (Figura 3.5).

O ganho mecânico ainda é bastante razoável, no entanto, e também não muda muito durante todo o processo de retirada do prego. Se o pedaço de madeira for

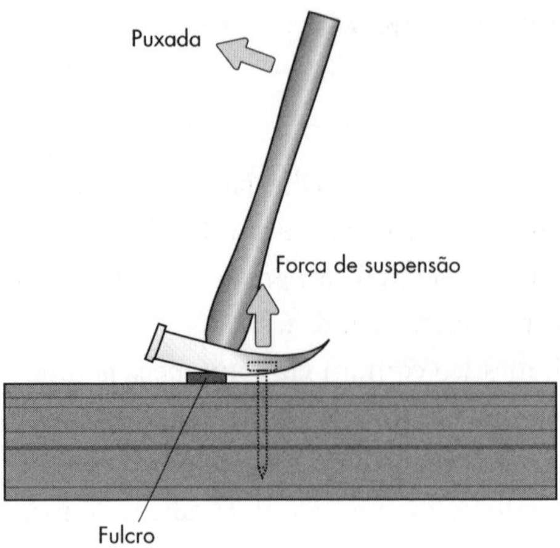

Figura 3.5: **Uso de um pequeno bloco de madeira para melhorar o alcance do movimento de um martelo de unha**

um cubo de 10mm, por exemplo, e estiver colocado perto da base do cabo, o ganho mecânico com meu martelo cai de 10:1 para 8:1 durante uma única puxada, o que significa que tenho de aplicar uma força inicial de 2,6kg, valor ainda satisfatório, embora baixo. Além disso, a tarefa fica mais fácil à medida que o martelo é pressionado, mesmo que o ganho mecânico caia. Isso porque a força necessária para puxar é proporcional ao comprimento do prego cravado; com metade do prego retirado, só é necessária metade da força. A vantagem real do bloquinho de madeira, no entanto, é que o prego sai direto 35mm numa única puxada. Restando apenas 15mm, a tarefa pode ser concluída com um alicate, uma vez que, para isso, agora é necessária uma força de apenas 26 x (15/50) = 7,8kg.

Ao examinar tudo isso, tive uma outra idéia, que reivindicarei como de minha autoria até que alguém venha e me diga que os artesãos já vêm fazendo isso há séculos. De diversos pedaços de madeira, faça um bloco com vários níveis e avance-o progressivamente para baixo do martelo à medida que o prego está sendo puxado. O bloco pode ser guardado como parte de um conjunto de ferramentas comuns e permite que pregos de qualquer comprimento sejam retirados numa única operação.

A chave de boca

A chave de boca ideal é aquela que aplica torção pura — em outras palavras, toda a força aplicada vai para a rotação do parafuso ou da porca. Meus cursos de matemática aplicada ensinaram-me que isso só é possível se a chave for simétrica, como no desenho da Figura 3.6. Uma das vantagens desse modelo para uma chave manual é que os dois cabos podem ser usados para aplicar a força.

As forças nas duas extremidades são iguais, mas agem em direções opostas. Se duas forças desse tipo estiverem alinhadas como deveriam — por exemplo, se geradas por dois indivíduos igualmente fortes puxando uma corda —, então elas se equilibram, e nada se move. Separadas lateralmente no espaço, no entanto, as forças constituem um *par*. O torque ou força de torção aplicada por um par é a força multiplicada pela distância da separação (meu professor de física no colégio, bem entrosado com as preocupações da cabeça de um adolescente, nos ensinou que "quanto mais próximo o par, menor a torção").

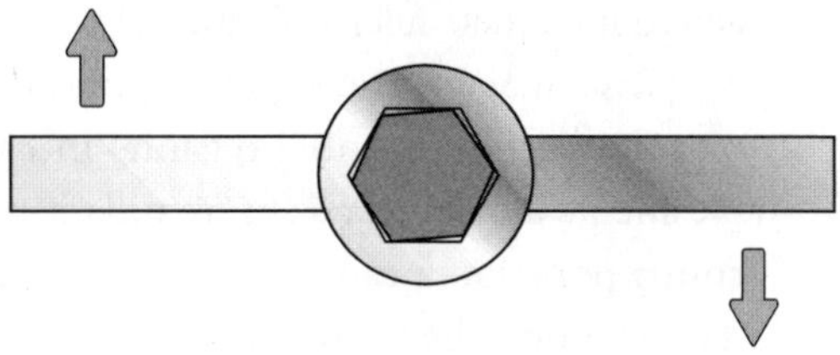

Figura 3.6: **Torção gerada por uma chave de dois braços**

Não é tão fácil entender o ganho mecânico que uma chave dessas é capaz de proporcionar em relação ao ato de rodar um parafuso com os dedos, uma vez que a forma de pegar e os movimentos reais dos músculos são muito diferentes quando se usam os dedos para agarrar duas extremidades de uma barra de quando se puxa uma extremidade ao mesmo tempo que se empurra a outra. Uma comparação melhor pode ser feita enrolando-se dois pedaços de fita, um acima do outro, em torno da cabeça do parafuso em direções opostas e puxando as extremidades soltas (um truque bastante bom, aliás, se não houver nenhuma chave a mão). Nesse caso, a força aplicada é a mesma do que quando se usa a chave. O ganho mecânico de se empregar a chave é apenas a proporção dos torques. Uma vez que as forças são iguais, o ganho mecânico é simplesmente a razão das distâncias pelas quais as forças estão separadas lateralmente nos dois casos, isto é, a razão entre o comprimento total da chave e o diâmetro da cabeça do parafuso.

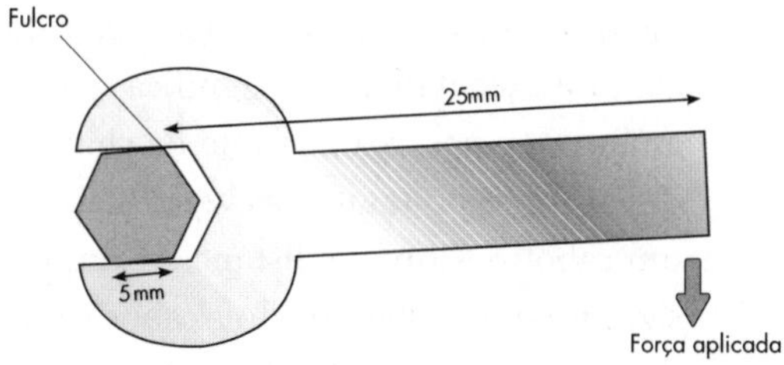

Figura 3.7: **Ação de alavanca de uma chave de um só braço**

Infelizmente, para tranqüilizar a consciência dos físicos, a maior parte das chaves de boca tem apenas um cabo, e calcular o ganho mecânico não é tão fácil. Uma chave com só um braço não aplica torque puro — ela exerce também uma força lateral que tende a deslocar o trabalho lateralmente. Se aquilo que está sendo trabalhado estiver preso por um grampo ou outros meios, a força lateral ainda permanece empurrando o parafuso ou a porca e aumentando a resistência do atrito, que tem de ser superada, diminuindo assim o ganho mecânico real. Com o objetivo puramente de análise, uma chave de um braço só pode ser vista como uma alavanca na qual o ponto mais próximo de contato sobre a porca ou a cabeça do parafuso é o fulcro, e o ponto de contato mais afastado transmite a força para girar a porca ao redor daquele fulcro (Figura 3.7).

Essa imagem está supersimplificada (uma vez que o fulcro pode se mover), mas nos permite calcular o ganho mecânico para uma chave dessas, que é simplesmente a distância da extremidade do cabo até o ponto do primeiro contato com a porca ou a cabeça do parafuso, dividida pelo comprimento de um lado da porca ou cabeça do parafuso. No exemplo acima, o ganho mecânico é 25/5 = 5:1. Isso corresponde à metade do ganho mecânico que se teria com uma chave de dois braços.

Um modo mais fácil de considerar a diferença entre chaves de um ou dois cabos, muito representativo da forma como os físicos pensam, é voltar ao princípio de Galileu, segundo o qual o trabalho total realizado não é afetado pelo modo como é executado. Isso significa que (força x distância) deve ser o mesmo em ambos os casos. No exemplo da chave de dois cabos, os dois pontos de aplicação deslocam-se no total duas vezes mais que o único ponto de aplicação da chave de um cabo só. Como a distância é duplicada, a força deve cair pela metade, o que significa que a chave de dois cabos é duas vezes mais eficiente, isto é, tem o dobro do ganho mecânico da chave de um cabo só. Mesmo assim, esta última é um instrumento bastante eficaz. Mas por que necessitamos de um instrumento desses? Qual a vantagem real de se apertar uma porca ou um parafuso usando uma chave? A razão, como descobri na prática ao desenhar equipamentos de alta precisão, é que o uso da chave nos permite aplicar força suficiente para chegar a distender o parafuso. O parafuso distendido funciona como uma mola muito resistente, gerando uma força que tanto aumenta o atrito entre as roscas macho e fêmea do encaixe como o atrito entre a cabeça e a porca (se houver porca) com as superfícies de trabalho correspondentes, tornando mais difícil que o parafuso se solte. O grau de distensão de que um parafuso precisa para se manter apertado depende muito do ambiente em que se encontra. Parafusos num trepidante motor de carro, por exemplo, obviamente precisam estar mais apertados que os usados para fixar uma bancada de madeira. Parafusos que mantêm unidas partes de metal também podem ser mais apertados que os que atravessam madeira, sem o risco de deformar ou danificar o trabalho. Mas quanto apertar? Qual a relação entre o torque usado para apertar um parafuso e o grau de distensão e a força de mola que ele exerce? Que força de mola se deve ter como meta? Há regras simples que qualquer um pode seguir?

Procurei as respostas em livros de referência de engenharia e logo me vi imerso num atoleiro de fórmulas que descreviam o diâmetro do parafuso, o material de que é feito, o posicionamento, formato e profundidade da rosca, e até se há probabilidade de o parafuso ser submetido a forças suplementares depois de ter sido apertado (por exemplo, parafusos que seguram o cabeçote no bloco do motor de um carro). Típica das fórmulas com que me defrontei foi a do comprimento mínimo do encaixe[12] entre duas roscas emparelhadas para evitar desgastar a rosca externa antes que o parafuso efetivamente quebre:

$$\frac{2 \times (\text{área de tensão da rosca do parafuso})}{3{,}1416 \times (\text{diâmetro interno da rosca})\,[0{,}5 + 0{,}5773 \times (\text{roscas por polegada}) \times (\text{diâmetro externo da rosca} - \text{diâmetro interno da rosca})]}$$

Quando fui obrigado a usar essas fórmulas num contexto profissional já as achei bastante deprimentes, e seria a última pessoa a impô-las a alguém. Fui atrás de um método mais simples.

Escondida entre fórmulas e tabelas encontrei a informação de que "experimentos realizados na Universidade de Cornell [em prol da indústria automobilística] ... mostraram que mecânicos calejados apertam as porcas com uma força aproximadamente proporcional ao diâmetro do parafuso"; e que "a tensão produzida por esse ato era muitas vezes suficiente para quebrar um parafuso de meia polegada, mas não os de tamanho maior". Como resultado desse estudo, a prática da engenharia mudou — não para a redução da força aplicada, mas para o uso de parafusos maiores, que os mecânicos não conseguissem quebrar.

É possível, no entanto, usar essa informação de outro modo. A tensão dos parafusos em questão estava em torno de 10 mil kg (em outras palavras, um bastão feito do material do parafuso poderia suportar um peso de 10 mil kg). Uma chave de anel projetada para apertar um parafuso[13] desses normalmente tem um comprimento de 20cm (0,2m), e descobri na prática que um homem razoavelmente forte consegue mover a extremidade de uma chave dessas com uma força máxima de cerca de 30kg. Então, um torque de 30kg x 0,2m (= 15kg.m) é suficiente para quebrar um parafuso de aço de meia polegada (12mm). Parafusos feitos de materiais mais fracos, como latão ou alumínio, exigem um torque correspondentemente mais baixo para gerar a mesma tensão de quebra. Um meio-termo prático para se apertar um parafuso de meia polegada reduzindo na medida do possível o risco de quebra é usar um torque de não mais de 8kg.m. O torque limite depende da área da seção transversal do parafuso. O limite para parafusos de uma polegada (25mm), de acordo com o critério acima, será então 32kg.m, ao passo que para parafusos de um quarto de polegada (6mm) é de 2kg.m. Isso significa que os "mecânicos calejados" entenderam errado — para gerar a mesma tensão em parafusos de diâmetros diferentes eles deveriam estar aplicando uma força proporcional não ao diâmetro, mas ao quadrado do diâmetro.

Se a força máxima que se consegue aplicar com uma só mão for conhecida (isso pode ser estimado descobrindo-se qual o peso máximo que se consegue suspender com uma só mão), pode-se usar essa informação para calcular onde segurar uma chave de boca de modo a produzir o máximo de torque com segurança. A Tabela 3.1 fornece alguns valores de amostras, na suposição de que a chave mais longa disponível tem 250mm de comprimento.

Desapertar um parafuso é outra história. É preciso mais força para desapertar até um parafuso limpo, bem lubrificado, do que para apertá-lo, pois a força inicial para superar o atrito e fazer com que as roscas deslizem (superfícies da cabeça e da porca contra o trabalho e das duas roscas, uma contra a outra) é maior que a exigida para mantê-las deslizando, de modo que será preciso segurar

Tabela 3.1: **Onde segurar uma chave de boca**

Força máxima que o operador pode gerar (kg)	Diâmetro do parafuso (mm)	Distância entre a mão e a cabeça do parafuso (mm)
10	4	88
	6	200
	8	comprimento total
	10	comprimento total
		comprimento total
20	4	44
	6	100
	8	170
	10	250
	12	comprimento total
30	4	30
	6	67
	8	113
	10	170
	12	comprimento total
40	4	22
	6	50
	8	85
	10	125
	12	200

as chaves um pouco mais na ponta. Quando se trata de desapertar um parafuso enferrujado, o problema não é que duas roscas estejam "grudadas" pela ferrugem. O problema de verdade é que, à medida que o ferro vira ferrugem (uma reação complexa produzida por ferro, oxigênio e água), ele se expande, gerando pressões enormes, que aumentam as forças de atrito entre as roscas. Pode-se ver a que ponto chega a pressão olhando para uma pedra na qual tenham sido fincados pinos de ferro. À medida que o ferro enferruja, não é pouco comum que as pressões geradas sejam tão altas que rachem a pedra. O óleo não é de muita utilidade para reduzir as forças de atrito causadas pela ferrugem. Um truque melhor (se você dispuser de tempo) é usar um ácido fraco, como vinagre, que penetre lentamente e dissolva a ferrugem. Como alternativa, se a peça for sensível ao calor, a aplicação de um maçarico irá expandir o parafuso, a porca e o intervalo entre eles para aliviar parte da pressão.

O carrinho de mão

A palavra inglesa para carrinho de mão, *wheelbarrow*, significa "maca de rodas", e as macas nem sempre tiveram rodas.[14] Antes do século XIV, a maca européia consistia em "uma estrutura retangular plana, ou barras transversais, tendo hastes ou 'calibres' na frente e atrás, pelos quais é carregada [por dois homens ou mais]". Só depois de 1300 a idéia de pôr uma roda entre as hastes da frente, aplicada uns mil anos antes na China,[15] finalmente chegou ao Ocidente, permitindo que a engenhoca fosse operada por apenas um homem. Esse foi um daqueles imperceptíveis avanços na tecnologia que tornam possível deteminar os marcos visíveis do progresso, como as grandes catedrais góticas na Europa. Com o carro de mão, um único operário conseguia movimentar grandes blocos de pedra. Quando algum gênio desconhecido pôs uma caixa entre as hastes, em lugar de uma bandeja plana, o cascalho e a argamassa de construção também puderam ser transportados.

A carga que uma pessoa sozinha consegue mover usando um carrinho de mão depende da posição da roda. Em termos técnicos, um carrinho de mão é uma alavanca de segunda ordem, com a carga entre o fulcro (o eixo) e o ponto de aplicação da força (as hastes). Se o eixo fosse colocado diretamente embaixo da carga, como nos engenhos medievais — com o formato de uma bandeja plana e projetados para carregar pilhas de cadáveres durante os anos de peste —, o ganho mecânico seria teoricamente infinito, e uma pessoa sozinha poderia deslocar qualquer carga, desde que a coisa não desabasse. Esses engenhos, que sobrevivem em alguns lugares como carros mortuários, tinham uma roda de cada lado, em vez de uma única roda no centro. Essa roda única torna o carrinho de mão mais manobrável, o que é essencial se ele tiver de ser rolado sobre tábuas estreitas ou manipulado em lugares apertados. Mas por que os fabricantes modernos de carrinhos de mão não põem a roda no meio, diretamente embaixo da carga, em vez de em uma das extremidades? A resposta está na estabilidade. Contanto que a força exercida para baixo, no centro de gravidade da carga, não se desloque para fora do triângulo definido pelas duas mãos do operador e o ponto em que a roda entra em contato com o solo, o carrinho de mão não vira. Isso acontece porque a força que a carga exerce para baixo, a força total para cima, gerada pelas mãos do operador, e a força de reação do chão sobre a roda constituem um par que tende a mover o carrinho para trás, de volta para onde veio. Se o centro de gravidade da carga deslocar-se para fora de uma linha entre as mãos do operador e a roda, a situação torna-se instável, uma vez que o par agora tende a inclinar ainda mais a caçamba. Para evitar o desastre, o operador deve aplicar uma força contrária, suspendendo a haste mais próxima e empurrando a mais afastada. A ação tem de ser rápida, e quanto mais a caçamba se inclinar, mais difícil é a tarefa, como descobri já desde os 12 anos de idade.

O problema em dispor a roda no centro da caçamba, com a carga diretamente em cima dela, é que a situação é sempre instável, uma vez que a carga está então no vértice do triângulo imaginário formado pelas mãos e pela roda, e *qualquer* desvio da carga ou inclinação da caçamba será suficiente para tirar o centro de gravidade para fora do triângulo imaginário. A única maneira de contornar a situação é construir o carrinho de mão de tal jeito que o centro de gravidade da carga esteja abaixo do nível do ponto de contato da roda com o chão. Nesse caso, o par formado quando a caçamba inevitavelmente se inclinar atuará para restabelecer a posição original.

Pode parecer impossível construir um carrinho de mão desses, mas consegui projetar um que deveria funcionar ao ser rolado ao longo de uma tábua, com duas cargas iguais penduradas de cada lado. A seção transversal (vista de frente) do meu projeto (sem patente) é mostrada na Figura 3.8.

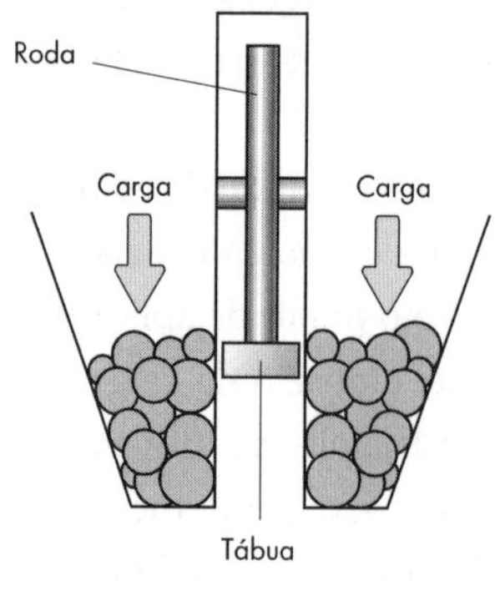

Figura 3.8: **Projeto para um carrinho de mão que não inclina**

Por ora, no entanto, tenho de me conformar em usar um carrinho de mão comum. É possível empregá-lo de modo mais eficiente? Trata-se de um meio-termo entre o ganho mecânico e a estabilidade, que realmente depende da carga que o usuário quer deslocar. Para o ganho mecânico máximo, o centro de gravidade da carga deveria estar o mais próximo possível da frente da caçamba. Para a estabilidade máxima, a carga deveria estar o mais longe possível (de modo que o centro de gravidade permanecesse dentro do triângulo imaginário mesmo quando a caçamba fosse radicalmente inclinada), e distribuída de modo a manter o centro de gravidade tão baixo quanto possível.

Ao final, o usuário decide. A única dica extra que recebi dos meus amigos artesãos é manter um par de canos vazio a mão, para que possam ser enfiados nas hastes, aumentando seu comprimento efetivo e o ganho mecânico, se for necessário deslocar cargas superpesadas.

Ferramentas que Usam o Princípio da Cunha

Cunhas

A cunha é uma ferramenta muito antiga. Como outras, sua ação baseia-se nas relações entre força e distância. A ação é fácil de se entender quando se visualiza a cunha sendo usada para suspender alguma coisa, como uma placa de pedra. O ganho mecânico é simplesmente a razão do comprimento da base lateral da cunha dividida pela altura que ela tem.

No exemplo mostrado na Figura 3.9, o ganho mecânico é de 6:1. A cunha então permite que a pedra seja suspensa com um sexto da força necessária para executar a tarefa diretamente, em razão de ter de deslocar o ponto de aplicação dessa força (isto é, a base da cunha) seis vezes mais longe.

Até agora, muito simples. A vantagem real da cunha, no entanto, é que nos permite mudar a direção da força. Enfiamos a cunha de lado, mas a pedra é suspensa para cima (a mesma coisa acontece quanto forçamos a unha do martelo por baixo da cabeça de um prego). A razão matemática para isso é explicada mais adiante, no capítulo 6. Toda a informação de que necessitamos aqui é que o ganho mecânico depende do ângulo da cunha, mas ele só se torna razoavelmente significativo para ângulos muito pequenos, como mostra a Tabela 3.2. É por isso que a maioria das cunhas é construída com ângulos relativamente baixos.

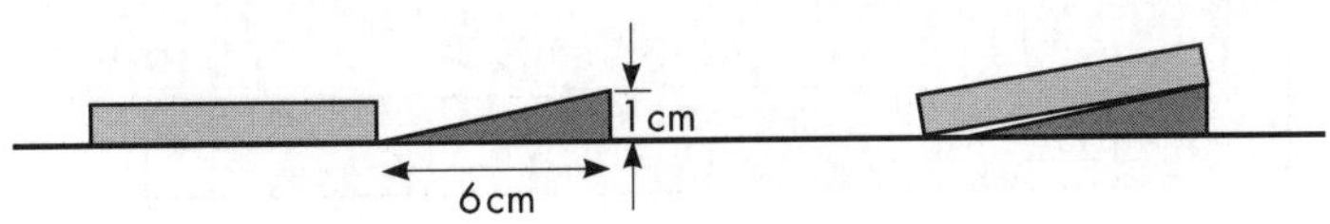

Figura 3.9: **Ganho mecânico de uma cunha**

Tabela 3.2: **Ganho mecânico gerado por uma cunha**

Ângulo da cunha (graus)	Ganho mecânico
5	11,4
10	5,7
15	3,7
20	2,7
25	2,1
30	1,7
35	1,4
40	1,2
45	1

Formões

As ferramentas de corte sob a forma de lascas de pedra ou de sílex são as mais antigas conhecidas pelo homem. A maioria das pessoas (inclusive o autor do verbete da *Britannica* já mencionado) encara os formões como seus equivalentes modernos. Isso está correto se o formão for usado para cortar madeira contra os veios. Muitas vezes, no entanto, os formões atuam ao longo dos veios, não agindo nesse caso essencialmente como instrumento de corte. Ele será uma cunha. Uma vez que o formão entrou na madeira, o formato da rachadura de entrada garante que a ponta do formão esteja quase flutuando livre no espaço, participando pouco na continuidade da ação (Figura 3.10).

Os formões de madeira comum têm um ângulo de cunha em torno de 30°. Isso lhes propicia um ganho mecânico de aproximadamente 2:1, de que eles não precisam mais depois dos estágios iniciais, uma vez que o processo de corte ao longo dos veios é análogo à abertura de uma rachadura em qualquer material. O trabalho exigido para fazer isso depende de quão aguçada é a ponta da rachadura, e não do fio do formão, a não ser bem no início, quando o fio determina a facilidade de se iniciar a rachadura. Depois disso, quanto mais aguçada a ponta da rachadura, menor o trabalho.

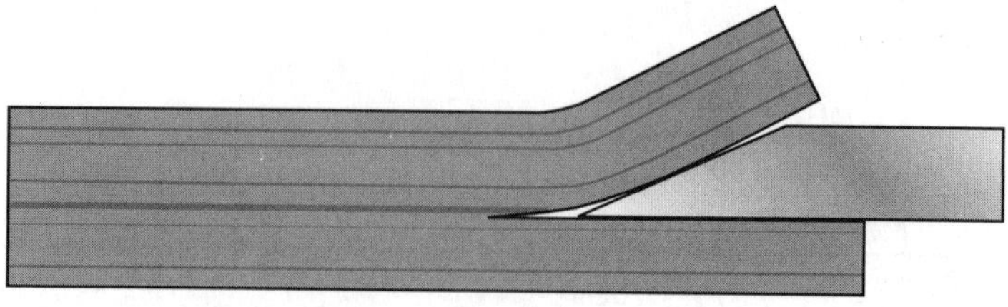

Figura 3.10: **Ponta do formão no veio da madeira (mostrando a ponta "flutuante")**

Se a ponta do formão não estiver suficientemente afiada, ele pode "pegar" na fenda de abertura e rasgar as fibras da madeira, tornando a tarefa muito mais difícil. Então, deve estar afiada a ponta de um formão? Isso vai depender do feitio da parte da madeira que vai se dobrando próximo à ponta — a parte que está sob maior tensão.

Para encontrar o fio ótimo, recorri a *Formulas for Stress and Strain*,[17] um livro de fórmulas de engenharia que encontrei na seção de psicologia de um sebo. Os cálculos eram complicados, mas no fim, para minha surpresa, descobri que a ponta de um formão não deve ter mais de 0,15 micrômetro de espessura, para não agarrar na madeira. Trezentas pontas dessas, lado a lado, corresponderiam à espessura de um fio de cabelo humano. Não admira que meu pai tenha ficado zangado quando usei um de seus formões cuidadosamente afiados como alavanca.

Quando um formão adequadamente afiado é usado para fender a madeira ao longo dos veios, sua tarefa principal (uma vez iniciado o corte) é cortar quaisquer fibras da madeira que eventualmente tenham atravessado a fenda. Essa ação será mais eficiente se a ponta estiver muito afiada e se o formão deslocar-se contra a fibra numa ação de corte, razão por que meu pai me ensinou a deslocar o formão ligeiramente de banda, à medida que ele avançasse pela madeira. Isso é tudo o que acontece ao se usar um formão para cortar ao longo dos veios. O truque é *impedir* que a ponta afiada corte a madeira adjacente, uma vez que isso fará com que a fenda em desenvolvimento se desalinhe. A mais leve inclinação do cabo na direção do lado chanfrado significa que a ponta vai "pegar" na madeira. O remédio óbvio é sempre aplicar uma força leve na direção oposta, de modo a que a ponta continue em espaço livre, fora do contato com a madeira.

A chave de fenda

As chaves de fenda, das poucas ferramentas manuais que só foram inventadas na época medieval, são difíceis de classificar. Se a ponta for usada com uma broca, ela funciona como uma alavanca, do mesmo modo que uma chave de boca. A maioria das chaves de fenda, no entanto, é segura com a mão, e seu único objetivo, como Jeff Odell assinalou em nossa conversa durante o café, é fornecer uma conexão conveniente entre o parafuso e a mão do usuário. Uma chave de fenda usada desse jeito funciona como uma extensão rígida do braço do operador,[18] mas por si só não representa ganho mecânico, se estiver alinhada com o parafuso. O que ela faz é permitir que o usuário se una firmemente a algo que gere um ganho mecânico — ou seja, o parafuso.

Um parafuso enfiado no veio lateral de um pedaço de madeira funciona como uma cunha, razão pela qual coloquei a chave de fenda nesta seção. A cunha por acaso está enrolada numa espiral em torno de uma haste central, ou corpo, mas não deixa de ser uma cunha, com a tarefa de separar as fibras da madeira. Essa tarefa é muito difícil de ser executada diretamente (tente quebrar ao meio um pedaço de madeira contra o veio usando só as mãos). Mesmo uma madeira macia, como o espruce branco, tem uma tensão de quebra entre os veios de 33kg/cm^2; madeiras de lei podem exigir três ou quatro vezes mais. O ganho mecânico proporcionado por um parafuso de madeira pode ser calculado imaginando-se que a rosca seja desenrolada e esticada no mesmo ângulo que a espiral do parafuso. Um "típico" parafuso de madeira da minha coleção, por exemplo, tem uma espiral de cinco voltas por centímetro e um diâmetro médio de 5mm.[19] A partir da geometria simples, o comprimento total da rosca (por centímetro de comprimento do parafuso) é de 7,8cm, e o ganho mecânico, então, é de 7,8 (Figura 3.11).

A superfície de madeira penetrada por esse parafuso é de 0,2cm^2, e a força necessária para separar as fibras de madeiras nessa superfície é então de 0,2 x 33 = 6,6kg. O ganho mecânico de 7,8 fornecido pelo parafuso reduz esse número a 6,6/7,8 = 0,85kg, cifra que subiria a muitos quilos se o parafuso estivesse sendo aparafusado em madeira de lei.

Indaguei-me se seria possível gerar uma força igual usando apenas um movimento de torção do meu braço. Enrolei então uma corda diversas vezes em torno do pulso e amarrei a ponta livre a uma série de pedras progressivamente mais pesadas. Descobri que conseguia suspender pedras pesando até 3kg com relativa facilidade com uma girada do pulso (correspondendo a um torque de 0,1kg.m com meu pulso de 7cm de diâmetro), mas que a tarefa, a partir daí, tornava-se progressivamente mais difícil, sendo que 10kg foram mais ou menos o meu limite. Esse experimento sugere que os ganhos mecânicos gerados pelos parafusos de madeira são razoáveis.

Os números acima são aproximados, oriundos de cálculos rabiscados em papel de pão, não levando em conta: o atrito crescente entre o parafuso e a madeira; o fato de que o núcleo central do parafuso não faz parte da cunha; o trabalho necessário para deslocar a madeira a fim de abrir caminho para esse núcleo. O último

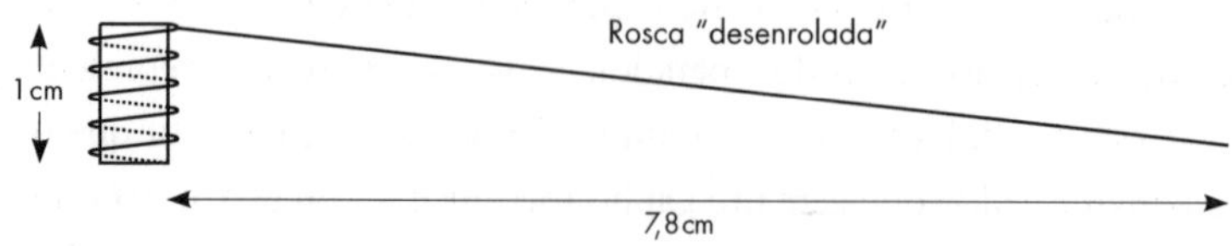

Figura 3.11: **Rosca de parafuso "desenrolada"**

problema, é claro, pode ser evitado na prática furando-se antes a madeira, para abrir caminho para o parafuso.

Será que a tarefa pode ser facilitada inclinando-se a chave de fenda para dar um impulso extra? Era hora de outra experiência. Escolhi um parafuso de madeira com uma cabeça de fenda com 7mm de diâmetro e duas chaves de fenda de diferentes comprimentos de cabo, mas cada qual com uma ponta que se encaixava bem na fenda do parafuso; usei uma chave de fenda de cada vez para atarrachar o parafuso num pedaço de madeira macia. Ficou claro que a chave mais comprida (25cm) era bem mais fácil de usar que a mais curta (10cm). À medida que era mais difícil fazer o parafuso entrar, me vi espontaneamente inclinando a chave a até 20° da vertical, numa direção perpendicular à da fenda (Figura 3.12). Quanto de torque extra seria obtido por essa inclinação? Uma inclinação de 20° desviará o cabo da chave de fenda cerca de 9cm do eixo do parafuso, mas é difícil calcular a força lateral que eu podia estar aplicando para gerar a torção. Mesmo que essa força fosse de apenas 0,5kg, o torque gerado teria sido de 0,02kg.m, o que acrescenta 20% àquele gerado apenas pelo giro do pulso — uma melhora pouco significativa. Um cálculo parecido mostra que a melhora correspondente para a chave de fenda mais curta é de apenas 8%, o que explica a diferença entre as chaves de fenda de cabos longos e curtos.

Qual será, no entanto, a probabilidade de a chave escorregar ao ser usada dessa maneira? Não muita, como demonstra o diagrama de escala. E a probabilidade de vergar a ponta da chave de fenda? Se a força lateral sobre o cabo for de 0,5kg, o ganho mecânico é da ordem de 250 (!) para uma chave de fenda de 25cm numa fenda de 1mm, o que significa que a chave está exercendo uma pressão no lado da fenda com uma força de 125kg. Parece um cenário desastroso (para a cabeça do parafuso), mas é pouco provável que a chave de fenda seja afetada, uma vez que as chaves modernas (assim Stuart Burgess me informou) são projetadas para serem fortes o suficiente para impulsionar a tampa de uma lata de tinta. O parafuso, geralmente feito de um metal mais frágil, tem maior probabilidade de se danificar.

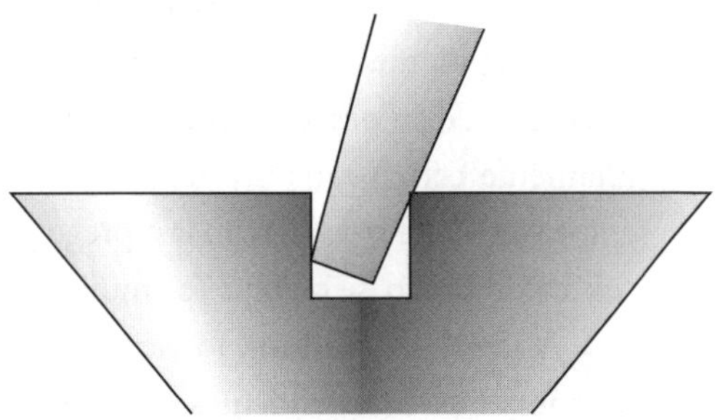

Figura 3.12: **Ponta da chave de fenda na fenda de uma cabeça de parafuso, com a chave inclinada a 20°**

Diagrama de escala. A ponta da chave de fenda estaria perfeitamente encaixada na fenda do parafuso se a chave estivesse disposta na vertical. O diagrama mostra que uma ponta dessas tem pouca probabilidade de escorregar, mesmo inclinada a 20° em relação à vertical.

Minha discussão com Jeff Odell desembocou numa saída honrosa no que diz respeito ao uso de uma chave de fenda manual. Porém, a melhor maneira de se atarrachar um parafuso recalcitrante (afora usar um martelo) é usar uma broca com uma ponta de chave de fenda. O alcance de uma broca comum é de cerca de 20cm, o que é mais ou menos o mesmo de uma chave de boca grande, e fornece um ganho mecânico de cerca de 30 para o parafuso em questão. A única desvantagem de uma broca, desde que encaixe no parafuso, é que torna a tarefa fácil demais.

Ferramentas Percussivas

Martelos

Já com três das minhas quatro perguntas iniciais respondidas, era tempo de voltar-me para a quarta — qual a melhor maneira de usar um martelo? Há um peso ideal de martelo para cada prego? Com que força deve-se impulsionar o martelo a cada pancada? Certamente não com tanta força quanto eu, ainda criança. A pancada na unha do polegar criou uma pressão lancinante, que meu pai aliviou usando uma agulha aquecida ao rubro no maçarico, para fazer um furo na unha. Até hoje sou grato a essa rápida demonstração de tratamento amador, mas teria sido melhor se eu não tivesse batido com tanta força no "prego".

O problema é que eu estava tentando fixar o prego com um só golpe. A experiência rapidamente me ensinou que um prego tem de começar a ser fixado com uma série de golpes leves. A razão para isso é que, a não ser que o golpe seja absolutamente certeiro, haverá um pequeno componente lateral à força gerada pelo golpe suficiente para derrubar o prego para o lado ou para o martelo escorregar da cabeça do prego, se o golpe for muito forte.

A idéia de que uma força, ou um movimento, possa ser separada em dois componentes independentes não é evidente intuitivamente. Em certa ocasião examinei a questão com um grupo no bar perto de casa e descobri que uns 30% acreditavam que, se eu me soltasse numa bicicleta a velocidade constante morro abaixo e jogasse uma pedra na vertical enquanto estivesse em movimento, a pedra iria cair atrás de mim (para o relato completo dessa história, ver capítulo 6). A resposta correta é que ela iria cair ao meu lado, uma vez que sua velocidade para a frente no momento de sair da minha mão é totalmente independente da velocidade para cima com a qual eu a lanço — de modo que a pedra continuará movendo-se para a frente com a mesma velocidade que a bicicleta, até mesmo depois de ter saído da minha mão.

Os cientistas agora estão acostumados com a idéia de que qualquer movimento, ou qualquer força, pode ser encarado como a soma de duas outras forças em ângulo reto uma em relação à outra. Felizmente, é fácil entender a dimensão dos dois diferentes componentes com a ajuda de um diagrama simples. O truque é simplesmente considerar a força original, ou o movimento original, como o lado maior (a hipotenusa) de um triângulo retângulo, e encaixar dois lados a ele. O resultado de um prego quando martelado em um pequeno ângulo é mostrado na Figura 3.13, na qual a seta dá a direção das forças, e o comprimento das setas mostra a potência dessas forças.

Depois que o prego entrar alguns milímetros na madeira, o componente horizontal de uma oscilação para fora do eixo será equilibrado pela elasticidade restauradora da madeira, mais do que pela fixação do prego com os dedos, e o martelo não precisará bater tão de leve. Mas com que força deverá ser batido? Haveria uma velocidade ótima?

Ao bater-se um martelo, parte da energia vai para o recuo, quando o martelo quica na cabeça do prego. Minha primeira idéia era de que o martelo então devia bater devagar, para que a eficiência fosse máxima, com menos recuo e mais tempo em contato com a cabeça do prego. Dessa vez não precisei de Jeff Odell para me dizer que eu estava errado. Descobri isso sozinho, dando-me conta de que, embora parte da energia gerada com a batida seja gasta no coice, ela ainda assim não é desperdiçada, uma vez que poupa uma quantidade de trabalho equivalente, resultando da suspensão do martelo para o próximo golpe.

Alguns martelos modernos são projetados com uma camada de poliuretano na cabeça, que "cede" ligeiramente quando o prego é atingido, mantendo a cabeça em contato com o prego durante mais tempo e permitindo que se transfira maior quantidade de energia. O único problema em se pregar um prego é maximizar o componente da força para baixo e minimizar o componente lateral. Mesmo isso se torna um problema menor à medida que o prego entra na madeira; portanto, a técnica correta é aumentar

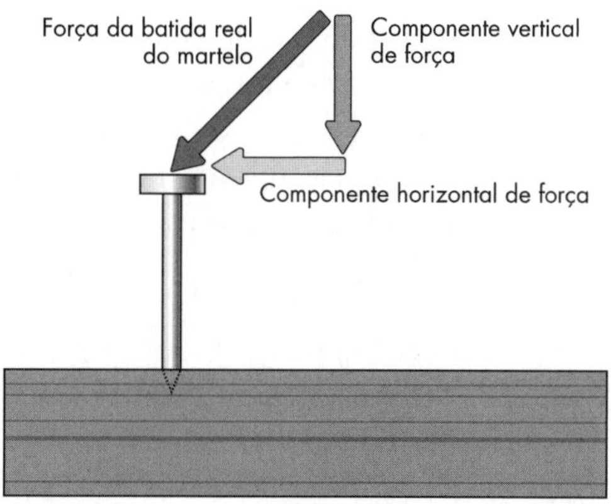

Figura 3.13: **Triângulo de forças para um martelo batido "fora da vertical"**

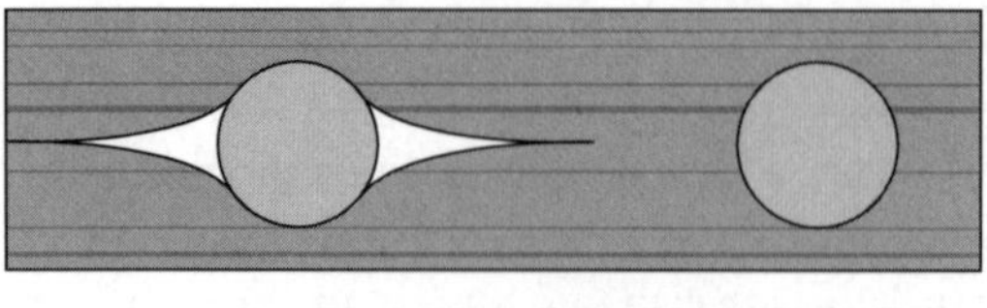

Figura 3.14: **Contato de um prego fixado na madeira sem furo de guia (esquerda) e com furo de guia (direita)**

gradualmente a força dos golpes, coisa que a maior parte dos carpinteiros faz por instinto. A maioria deles também faz um furo de guia, ligeiramente menor que o diâmetro do prego. Isso tem a vantagem de garantir que o prego se alinhe mais rapidamente pelos golpes iniciais, e também de evitar que a madeira rache. Outra vantagem surpreendente de se fazer um furo de guia é que fica mais difícil retirar o prego da madeira. A razão para isso é que, sem furo de guia, a madeira só vai estar em contato real com o prego em dois pontos. Quando se faz um furo de guia, o contato é em redor de todo o prego, e a força de atrito torna-se correspondentemente maior (Figura 3.14).

Resta um detalhe — que parte da cabeça do martelo deve ser usada para bater no prego? A maioria das pessoas diria "o meio" — e essa maioria estaria errada. Os martelos na verdade têm um "lugarzinho especial" (muito parecido com o "lugarzinho especial" num bastão de críquete ou de beisebol ou numa raquete de tênis) no qual a vibração é mínima, e a transferência do momento linear é máxima. O nome técnico é "centro de percussão", e sua existência decorre do fato de que o movimento da cabeça do martelo configura um arco, não se movendo retilineamente para cima e para baixo. Existem fórmulas para calcular o centro de percussão, o qual, para algo como um bastão, pode estar muito mais longe da mão do que o centro de gravidade. No caso de um martelo, no entanto, meus cálculos grosseiros mostraram que a diferença era desprezível e que o principal problema ao se usar um martelo está em bater com precisão, para começar.

Ao final do meu levantamento sobre ferramentas manuais, fiquei desapontado ao descobrir que o desenvolvimento deles, ao contrário de muitas outras atividades corriqueiras, contribuiu relativamente pouco para nossa compreensão dos princípios científicos. Fiquei, entretanto, bastante satisfeito ao comprovar que esses princípios são muito úteis quando se trata de usar as ferramentas da maneira mais eficiente.

capítulo 4

Como somar a conta do supermercado

Os conceitos da física não são a única barreira entre cientistas e não-cientistas. Os números e os cálculos podem constituir obstáculo ainda maior. Os cientistas em geral sentem-se à vontade com eles, mas muita gente não.

A facilidade dos cientistas vem em parte da familiaridade, mas também dos atalhos aprendidos, que tornam os malabarismos com números relativamente fáceis. Os cientistas aplicam esses atalhos aos cálculos científicos. Cogitei se seria possível aplicá-los a outras áreas da vida, e resolvi tentar usá-los para examinar contas e avaliar a política de preços dos supermercados que freqüento. Fiquei espantado com o que os cálculos revelaram. Os truques são tão simples que qualquer um pode empregá-los, tanto para ficar mais à vontade com o manejo de números, quanto para monitorar o que está acontecendo no supermercado.

Ao sentar-me para escrever este capítulo, disse à minha mulher, Wendy, que arquitetara um método científico, com base estatística fácil de usar, para um consumidor manter o controle aproximado de quanto anda gastando no supermercado. Ela respondeu que já tinha um método, que era arredondar para baixo todos os preços que terminassem em 49 centavos ou menos, arredondar os demais para cima e ir controlando o andamento dos resultados totais. Admiti que me parecia um procedimento interessante, mas tinha certeza de que meu método seria mais exato. Pode-se adivinhar no que deu. Ao comparar os dois, o da Wendy ganhou disparado. Pelo visto este capítulo estava fadado a ser curto.

Com a esperança de salvar alguma coisa do naufrágio, sentei-me para analisar por que o método dela funcionava, e o meu não. A primeira dica veio da conta de supermercado de um amigo, mas a última peça do quebra-cabeça só encaixou no lugar depois de eu ter feito um levantamento de quase mil preços de supermercados. Deu para ver que o método da Wendy levou perfeitamente em consideração o fato de que os supermercados distribuem seus preços de maneira muito seletiva, ao passo que minha abordagem, supostamente mais estatística, falhara ao lidar com esse aspecto. Armado desse conhecimento, consegui adaptar meu enfoque para dar a resposta correta, embora Wendy ainda argumente que o método dela é mais fácil de usar. Cabe a você decidir. O importante é que descobri que as políticas de preços usadas atualmente pelos supermercados, como no judô, podem ser voltadas contra eles mesmos pelo comprador que esteja em busca de vantagens.

De Olho nos Reais

Começamos atacando o problema de fazer uma estimativa do total de uma longa conta, desprezando os números que não interessavam e nos concentrando nos que interessavam. Essa abordagem, que os cientistas muitas vezes usam em seu trabalho, é a antítese do ditado "cuide dos centavos que os reais se cuidam sozinhos". Os mal pagos cientistas sabem que os reais valem muito mais que os centavos e se concentraram neles antes.

Os números que têm importância são chamados *números significativos* (ou algarismos significativos). Se uma conta de supermercado chega a R$45,21, por exemplo, a figura mais significativa é o 4, que representa 40 reais do suado dinheiro do freguês. O segundo número mais significativo é o 5 — esses 5 reais a mais fazem diferença para a maioria das pessoas. O 2 e o 1 quase não têm importância — pouca gente se preocuparia com os 21 centavos a mais. Até aqui, no que diz respeito a números significativos, podemos dizer que a conta foi de R$45 e pronto.

O princípio dos números significativos é muito útil para se controlar o total de quanto se gastou num supermercado.[1] Os reais são mais significativos que os centavos, de modo que uma maneira simples de controlar aproximadamente o total é desprezar inteiramente os "centavos". O processo é chamado de truncamento — literalmente, "cortar" — ou "guilhotinagem". De todo modo, a idéia é cortar fora os centavos e depois esquecê-los. A vantagem de arredondar é ser uma façanha muito fácil de aritmética mental. A desvantagem é que só fornece o que os cientistas chamam de aproximação de primeira ordem ao total verdadeiro. Em outras palavras, dá uma primeira idéia aproximada com a advertência mental de que "podia ser melhor". Se considerarmos a conta mostrada na Figura 4.1, por exemplo (o leitor adivinhará que a soda é para acom-

	R$
SODA	0,45
SODA	0,45
SUCRILHOS	2,99
ROSAS	3,49
4 ITENS COMPRADOS	
TOTAL A PAGAR	7,38

Figura 4.1: **Conta de supermercado curta**

panhar o meu uísque, e as flores, para a minha mulher), o truncamento dá um total de R$5 (isto é, 0 + 0 + 2 + 3), comparado ao preço real de R$7,38.

A base para meu método estatístico consiste em que o truncamento pode ser para melhor. Aquela idéia inicial aproximada é um *limite inferior* ao total verdadeiro, isto é, o total verdadeiro não poderia ser menor. É também possível, e igualmente simples, usar o truncamento para calcular um *limite superior* ao total verdadeiro, simplesmente somando o número de itens comprados. Na nossa conta, o total obtido pelo arredondamento foi de R$5, e há quatro itens na conta. O limite superior é, portanto, R$(5+4) = R$9. Esse total é o mesmo que se obteria se arredondássemos para cima o preço de cada item até o real seguinte, antes de fazer a soma. Todas as vezes que se arredonda para cima o preço de um item, o que se está fazendo é acrescentar "um" ao preço equivalente encontrado pelo arredondamento.

Saber o limite superior esperado da sua conta pode ser um teste muito útil na hora de pagar. Se o preço na caixa for maior do que o que você calculou de cabeça, então o total da registradora está errado. Podem ter batido o mesmo item duas vezes, ou o código de um preço pode ter sido registrado errado. Seja qual for a causa, vale a pena checar.

Os limites superior e inferior determinam o "intervalo" dentro do qual o total é verdadeiro. Como eles são muitas vezes relativamente simples de calcular, os cientistas freqüentemente usam-nos como se fossem movimentos de pinçar, para isolar e prender um número de um modo fugidio, difícil de realizar num combate corpo-a-corpo. Arquimedes, por exemplo, quando se envolveu no projeto de construção de máquinas de guerra, usou a técnica do "intervalo" na sua incansável busca do valor de π, um número que ele precisava saber exatamente para poder calcular as áreas de espaços e objetos circulares. Os antigos babilônios sabiam que a área de um círculo de raio R é $\pi \times R^2$, e consideraram o valor de π como 3, embora não estivessem inteiramente certos se π era o mesmo para círculos grandes e pequenos. Os matemáticos gregos anteriores a Arquimedes provaram que π tem um valor constante, mas não estavam muito perto de saber que valor era esse. Dois mil anos depois, a Câmara do estado de Indiana, nos Estados Unidos, relatou ter realizado uma votação para resolver a dificuldade, decretando o valor de π como 3,2. Infelizmente para a facilidade de cálculo, os círculos estão mais propensos a obedecer às leis da natureza do que às leis de Indiana. Arquimedes

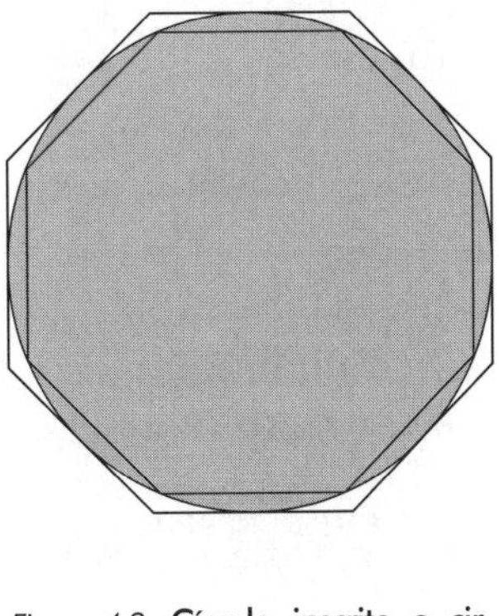

Figura 4.2: **Círculo inscrito e circunscrito por um par de polígonos de oito lados (octógonos)**

fez melhor desenhando dois polígonos, um circunscrevendo o círculo e o outro circunscrito pelo círculo (Figura 4.2).

É fácil calcular a área de um polígono, uma vez que ele sempre pode ser dividido em um conjunto de triângulos, e a fórmula para a área de um triângulo é bem conhecida. Arquimedes aproveitou-se dessa facilidade de cálculo, além do fato de a área do polígono de fora ser maior que a do círculo (e daí fornecer um limite superior para o valor de π), enquanto a área do polígono interno é menor que a do círculo (e portanto dando o limite inferior de π). Desenhando polígonos com mais e mais números de lados e chegando cada vez mais perto do formato do círculo, aproximou π de cima e de baixo, acabando por descobrir (depois de desenhar um polígono com 96 lados!) que π não poderia ser maior que 3,1429 nem menor que 3,1408. O valor real (correto para cinco algarismos significativos) é 3,1416.

Matemática de Supermercado

	R$
*SUC LARANJA	1,59
*SUC LIMÃO	0,99
*SUC LARANJA	1,59
* UÍSQUE	7,49
LEITE	0,49
* DETERG	1,09
PRES DEFUM	1,45
ERVILHA	0,88
SALSICHA	1,69
BACON	1,87
BIFES DE ALC	1,13
FILÉ (OFERT)	1,99
FRANGO	2,99
MANT (250g)	0,49
SALSICHA FRESCA	0,79
NESCAFÉ (100g)	2,49
MOLHO DE SOJA	0,75
UVA (500g)	0,89
MOL INGLÊS	0,99
AÇÚCAR	0,85
*ASPIRINA	1,99
*ASPIRINA	1,99
*SAL DE FRUTAS	0,85
DESINF	1,35
*TALCO	1,79
ÁGUA SANIT	0,59
*DESODOR	1,49
BATAT (265kg)	0,62
OVOS	0,73
BANAN (250g)	1,04
COGUMELO (290g)	0,67
31 ITENS COMPRADOS	
TOTAL A PAGAR	45,60

Figura 4.3: A conta de supermercado apresentada pelo meu amigo

Arquimedes ainda poderia ter feito melhor se calculasse a média entre seus limites superior e inferior.[2] Isso dá uma resposta de 3,1416 — uma aproximação suficiente para a maioria dos objetivos práticos. Meu plano era usar uma abordagem similar para estimar o total de uma conta de supermercado. Na conta acima, por exemplo, a média dos limites superior e inferior (R$9 e R$5, respectivamente) é R$7, resposta satisfatoriamente próxima ao total verdadeiro, R$7,37.

Uma maneira simples e prática de se fazer esse cálculo é manter o controle sobre os reais (isto é, arredondar) ao perambular pelo supermercado ou ao somar uma conta, e depois somar metade do número de itens na conta a ele. Isso é matematicamente equivalente a fazer a média dos limites superior e inferior (a razão é apresentada nas notas deste capítulo), mas é muito mais fácil fazer isso na prática. Além do mais, parece ser pelo menos tão bom quanto o método da Wendy — ou assim eu achava. Minha confiança nesse procedimento era tal que fiz uma pequena aposta sobre sua exatidão enquanto tomava um drinque com um amigo. Ele imediatamente apresentou uma conta amarrotada, tirada do bolso, e me desafiou à façanha. Guardei a conta como lembrança de que o *excesso de autoconfiança*, uma doença ocupacional entre os cientistas, pode atacar a qualquer momento. Como mostra a Figura 4.3, a conta incluía 31 itens. Metade de 31 é 15,5, e o total na coluna "reais" é R$25; logo, de acordo com minha técnica da aproximação rápida, o total geral deveria ser R$40,50. Infelizmente, o valor total era de R$45,60. Ainda mais mortificante, o método da Wendy previa um total de R$46.

Estatística de Supermercado

Por que será que a minha resposta estava tão errada? Ou, mais exatamente, por que a da Wendy estava tão certa? Os dois métodos, afinal, pareciam basear-se na mesma suposição, que era a de que o preço médio na coluna dos "centavos" para um grande número de itens ficaria próximo a R$0,50. No meu método, essa suposição significava que o total de "centavos" (expresso em reais) seria igual à metade do número de itens. No caso de Wendy, a suposição significava que os erros dela no "arredondamento para cima" cancelariam os do "arredondamento para baixo".[3] Em qualquer dos casos, nós dois parecíamos estar no mesmo barco estatístico. A coisa tornou-se ainda mais intrigante quando examinei a média real da coluna dos "centavos" na conta. Era de R$0,66. Os preços na coluna dos "centavos" então continham claramente um desvio na direção da extremidade superior da faixa. Não admira que meu método produzisse uma resposta que estava muito abaixo da real. Por que, então, o método da Wendy não fornecera uma resposta igualmente baixa? Só podia ser porque os erros introduzidos no "arredondamento para cima" estavam sendo equilibrados pelos erros introduzidos pelo "arredondamento para baixo".

Ao examinar detalhadamente a conta, descobri que esse era realmente o caso. Na faixa de "arredondamento" dela (0,50 — 0,99), a média dos preços em "centavos" era 0,81, de modo que cada preço "arredondado para cima" teria um erro de, em média, 0,19. O preço médio na faixa do "arredondamento para baixo" (0,0 — 0,49) era 0,35, de modo que cada "arredondamento para baixo" estaria errado, em média, em 0,35 — quase o dobro do erro introduzido ao "arredondar para cima". Esse desequilíbrio, que tinha tudo para derrubar o método dela, era quase exatamente compensado pelo fato de haver duas vezes mais itens a serem "arredondados para cima" do que para baixo.

Fiquei ruminando se isso era um fato isolado ou se o mesmo modelo era seguido por outras contas do mesmo supermercado. Só havia um meio de descobrir, e era examinar a faixa das contas, de preferência de diferentes compradores. Com a ajuda dos meus vizinhos, comecei a reunir uma coleção de notas de compras. Durante a semana seguinte, pilhas delas foram despejadas em nossa caixa de correio, para divertimento do gato, cuja portinhola fica diretamente abaixo dela. Também examinei os preços de outra cadeia de supermercados numa outra cidade, na qual infelizmente eu não tinha vizinhos solícitos que me ajudassem. Resolvi esse problema fuçando as cestas de papéis perto das caixas dos supermercados à procura de contas jogadas fora. No final consegui inserir quase mil preços individuais na minha planilha Excel — mais de 600 da primeira loja e 350 da segunda, onde olhares desconfiados do gerente acabaram me obrigando a desistir da busca em cestas de lixo. À medida que começou a aparecer um padrão, fui experimentando a mesma sensação de crescente animação que muitas vezes senti no laboratório científico — a emoção especial de obstinar e acabar dando sentido a um conjunto de resultados.

Essa sensação, bem distante da maneira muitas vezes estéril pela qual os resultados acabam sendo apresentados para o consumo público, é o prêmio supremo em ciência. Já vi o mais sóbrio dos cientistas nessas ocasiões cantar, dançar e, numa situação memorável, ficar nu e andar plantando bananeira pela simples alegria do momento, resultado da tensão acumulada durante um experimento, ou uma série de experimentos. Essa tensão não existiria se a ciência funcionasse do modo como muitas pessoas pensam que funciona, com os cientistas paciente e objetivamente coletando "dados", e só depois refletindo sobre o que eles podem significar. Mas essa não é a maneira pela qual a maior parte dos cientistas experimentais opera. A maioria de nós começa tentando verificar uma hipótese, que pode ser vaga ou muito precisa. De todo modo, cada resultado novo é algo a ser pensado e incorporado, seja como reforço ou como passo numa nova direção. À medida que chegam mais resultados, o entusiasmo cresce, alcançando um pico quando cálculos rápidos mostram que os resultados estão indo de acordo com um padrão. Os cadernos de Robert Millikan,[4] que ganhou o Prêmio Nobel de Física em 1923 por medir o valor da carga do elétron, estão cheios de comentários do tipo: "Maravilha. *Publicar* isso, com certeza, *lindo!*", e "Esse está quase que exatamente certo e o melhor que já consegui!!!". Meus próprios cadernos estão repletos de comentários semelhantes, embora eu tenha tomado mais cuidado com eles desde que minhas expressões adjetivas australianas habituais foram fielmente registradas pelo meu assistente, junto com os resultados.

A hipótese que eu estava tentando verificar com as minhas contas de supermercado era se os preços em "centavos" das mercadorias no nosso supermercado local apresentavam realmente um desvio na direção da extremidade superior da escala, e se havia de fato mais mercadorias na metade superior da escala do que na inferior. O ato de inserir uma longa lista de preços numa planilha pode parecer aborrecido para algumas pessoas, mas senti o coração acelerar quando notei que a lista dos preços vindos de contas diferentes estava não só na metade superior da escala, como realmente terminava em "0,99". À medida que continuei a listar os preços de diferentes contas, também notei que muitos dos preços que não terminavam em "0,99" terminavam em "0,49", e que os que não terminavam em nenhum desses dois, ainda assim terminavam num "9". Isso não é bem uma observação original, mas a dimensão dessa política de preços era estonteante, com 67% de todos os preços terminando em "9".

Comecei então a perceber as falhas. Os preços pareciam nunca terminar em 0, 1 ou 2, e os preços que terminavam em 3, 4, 6 e 7 eram incrivelmente raros. Ao me voltar para as contas do outro supermercado, descobri um padrão semelhante. Para ver os dados como um todo e para procurar outros padrões e diferenças entre os supermercados, tracei diagramas (tecnicamente chamados de distribuições de freqüência) de como os preços estavam distribuídos em cada loja (Figura 4.4).[5]

Se os preços nas colunas dos "centavos" estivessem distribuídos aleatoriamente, então os gráficos não deveriam ter nenhum pico, quanto mais os picos enormes que na verdade aparecem a intervalos regulares (R$0,99, R$1,99, R$2,99 etc.), diminuindo na altura com o aumento do preço e com picos menores distribuídos em torno deles. Parecia que os dois supermercados punham o preço em suas mercadorias o mais próximo possível de cada real inteiro toda vez que podiam, sem na verdade chegar a tocar essa barreira. Olhando mais de perto, observei um segundo conjunto de picos, na quase totalidade invariavelmente mais altos que seus vizinhos, mas não tão altos quanto os do primeiro conjunto. Esses são os picos em R$0,49, R$1,49, R$2,49 etc. Eles ocorrem exatamente abaixo do meio da faixa (R$0,50, R$1,50, R$2,50 etc.) para qualquer faixa de "real" específica. Com uma alta proporção de preços concentrados nesses dois conjuntos de picos, parece que a unidade fundamental de preços é mesmo R$ 0,50, e que o preço de muitas mercadorias varia numa média de R$0,50 de cada vez, com o resto dos preços aleatoriamente distribuídos em torno dessa média.

Na extremidade mais alta da faixa de preços do supermercado (que não está mostrada nos gráficos), essa conclusão provou-se exatamente certa. Para as mercadorias com preço acima de R$6, *nenhum* preço deixava de terminar em 0,49 ou 0,99 nas contas que examinei. Olhando para os preços baixos, no entanto, pareceu

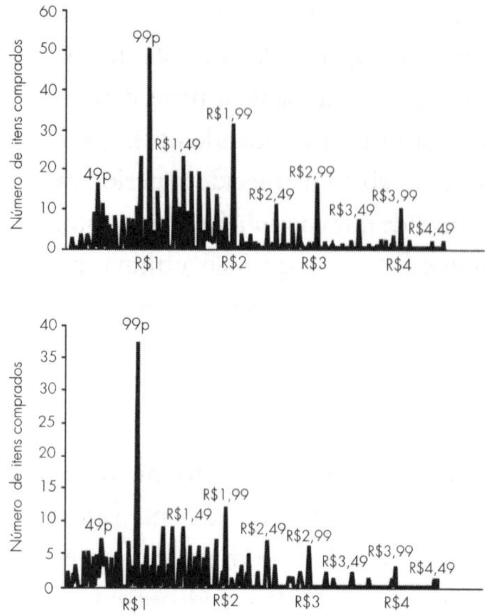

Figura 4.4: **Distribuição de preços das mercadorias compradas de dois supermercados diferentes**

haver uma *terceira* série de picos, separados por R$0,10, com muitos preços em 0,29, 0,39, 0,49, 0,59 etc. Esse padrão ficava especialmente evidente para preços entre R$1 e R$2.

Parece bastante óbvio, então, e não constitui surpresa alguma, que aqueles que ditam os preços nos supermercados percebem os preços terminados em zero como barreiras a não serem ultrapassadas, ou até mesmo tocadas, mas a serem aproximadas o mais de perto possível por baixo. As principais barreiras são as dos reais inteiros. Menos importantes, mas ainda significativos, são os preços terminados em 0,50. Até mesmo preços que terminavam em múltiplos de 0,10, no entanto, ainda precisavam ser tomados em consideração para se ter uma imagem completa.

O raciocínio psicológico por trás desse tipo de política de preços é, supostamente, que nossa tendência é cortar quando examinamos os preços. Eu estava mais interessado, no entanto, em ver se a média dos "centavos" na conta do supermercado com a qual iniciei era representativa das contas de supermercado em geral. Era. O preço "centavo" médio para mercadorias abaixo de R$2 (representando 80% das compras do comprador médio) foi de R$0,60 para o primeiro supermercado e de R$0,63 para o segundo, com 55% dos preços na metade superior da faixa para o primeiro supermercado e 64% na metade superior da faixa para o segundo. Isso sugeria que o segundo supermercado era mais caro; uma conclusão que mais tarde se provou verdadeira. Os números também mostraram que se podia esperar que a técnica de cálculo da Wendy funcionasse perfeitamente para as contas do segundo supermercado, e ainda seria melhor que a minha para as contas do primeiro supermercado.

Eu ainda não estava derrotado, uma vez que poderia modificar o meu método para levar em consideração a nova informação estatística. A média total dos "centavos" para os dois supermercados foi de R$0,61, o que significava que eu poderia obter um total mais exato do que antes, somando a coluna dos reais e depois acrescentando 0,61 vezes o número total de itens, em lugar de metade do número. É pouco provável que esse procedimento agrade ao comprador médio, mas uma aproximação razoável para ele é somar dois terços do número de itens ao total de "reais". Na conta de supermercado acima, por exemplo, o número total de reais inteiros é R$25 e há 31 itens. Dois terços de 31 é aproximadamente 20 (20,67, para ser mais exato), e R$25 + R$20,67 = R$45,67, que é, mesmo que com um pouco de sorte, agradavelmente próximo do total real de R$45,60. Em geral, a superestimativa do total será um pouco maior — mas não passa de uma estimativa.

Comparação dos Preços

Organizações de consumidores e os próprios supermercados comparam os preços usando uma "cesta básica" com as mesmas mercadorias. Isso pode tornar-se um jogo de minimizar preços na cesta básica, ao mesmo tempo que aumentam outros preços para contrabalançar o prejuízo. O consumidor individual, armado com as informações dadas pelos gráficos da Figura 4.4, pode obter vantagens de diversas maneiras.

A primeira é comparar os preços médios na coluna dos "centavos" para as contas nos diferentes supermercados. A maneira mais simples de fazer isso é pegar o total de uma conta, ou de um conjunto de contas, e depois subtrair o total dos "reais". Esse número, dividido pelo número total de itens, fornece o preço médio na coluna dos "centavos". Na conta da Figura 4.3, por exemplo, essa média é de R$ (45,6 - 25)/31 = R$0,66. A técnica de comparação funciona melhor se ficar restrita a mercadorias com preços abaixo de R$2, uma vez que os preços dos artigos nessa faixa têm uma probabilidade maior de variar entre os supermercados na coluna dos "centavos" do que na coluna dos "reais", na qual a diferença seria mais evidente. Tem a vantagem de que o comprador pode usar sua única "cesta de compras" (que não precisa ser idêntica entre as duas lojas para que o procedimento funcione satisfatoriamente) para fazer a comparação. A diferença na média dos "centavos" poderá, é claro, refletir as diferenças na qualidade dos artigos. Poderá também, no entanto, refletir preços diferentes para a mesma qualidade — cabe ao comprador decidir. Pelo menos, com esses cálculos, o comprador estará mais bem preparado para tomar uma decisão.

Para uma comparação justa, pelo menos 50 itens devem ser incluídos no total. Isso em geral significa guardar um determinado número de contas, e o comprador médio pode pensar que não vale o esforço. Haverá um recurso melhor? Há, na verdade, dois recursos melhores para se obter uma idéia aproximada de qual entre dois supermercados é o mais barato. Os dois métodos são baseados na maneira pela qual os supermercados distribuem seus preços, e os dois voltam essas distribuições, como no judô, contra o supermercado em questão.

A maneira mais simples é examinar a fração de artigos que custam menos do que R$1,00 e que estão com o preço de R$0,99. Na conta mostrada anteriormente, essa fração é de 6/31 = 0,194 (eu obtive exatamente a mesma resposta para esse supermercado ao examinar a lista completa de 261 preços abaixo de R$1,00).

No segundo supermercado, no entanto, 37 itens de um total de 151 que custavam menos de R$1,00 estavam com o preço de R$0,99, uma fração de 0,245, que é uma proporção muito maior do que a do primeiro supermercado (quase um quarto maior) e que sugere que o segundo supermercado é mais caro para mercadorias nessa faixa de preço. Essa conclusão é obtida mediante o número para a média dos "centavos" nessa faixa de preço, que foi R$0,67 para o primeiro supermercado e R$0,70 para o segundo.

Um segundo método simples para se comparar dois supermercados é examinar o número relativo de itens nas categorias R$ (0—1) e R$ (1—2), que juntos constituem cerca de 80% dos itens adquiridos pelo comprador médio. Para o primeiro supermercado, a proporção de itens nessa primeira categoria para os na segunda foi de 261/151 = 1,73. A mesma proporção no segundo supermercado foi de 247/127 = 1,94. Também por esse teste o segundo supermercado era o mais caro.

Como Fazer Compras

Florence Nightingale acreditava que "para entender os pensamentos de Deus temos de estudar estatística, porque estas são as medidas de Seu propósito". Em todo caso, não há melhor arma que a estatística para compreender e derrotar os propósitos das políticas de preços dos supermercados.

Os métodos rápidos que sugeri para verificar e comparar os preços dos supermercados têm bases na estatística. Um resumo breve dos argumentos subjacentes, para os que tiverem interessados, é apresentado nas notas referentes a este capítulo.[6] Não há necessidade desses argumentos, no entanto, para ver que essas políticas de preços causam um problema para tais supermercados, quando se trata de aumentar o preço das mercadorias. Uma proporção substancial dos preços fica comprimida entre as barreiras de R$0,49 e R$0,99. Ao serem empurrados para cima dessas barreiras, não há para onde ir, falando matematicamente, a não ser direto para a próxima barreira. Nas lojas com esse tipo de política, os preços individuais dos artigos têm uma probabilidade de se manter estáveis durante algum tempo, e depois subir muito rapidamente até atingir a barreira seguinte. O comprador esperto pode voltar a política de preços do supermercado contra ele escolhendo itens que estejam logo acima de uma barreira. Os preços desses artigos têm a probabilidade de estar em ascensão rápida para a próxima barreira, e a hora de agarrar a pechincha é antes de isso ocorrer.

Uma segunda estratégia é ficar de olho no preço dos artigos que estejam logo abaixo de uma barreira e escolher aqueles cujos preços estiveram estacionados durante algum tempo. São esses os que têm uma probabilidade maior de dar um salto.

Ao escrever isso, tenho a consciência de estar na posição de alguém que aprendeu a nadar por correspondência mas que ainda não tentou o método na prática. Há um motivo simples para isso — detesto fazer compras e pago qualquer coisa para sair da loja o mais rápido possível. Para aqueles que têm mais paciência, as simples verificações que apontei neste capítulo poderão ser de alguma valia.

Resumo

Para verificar rapidamente a soma de uma conta de supermercado

Some dois terços do número de itens ao total da coluna dos "reais".

Para comparar preços entre dois supermercados

Verifique que proporção de itens em uma conta bastante comprida terminam em "0,99". Quanto mais alta a proporção, mais caro o supermercado tem a probabilidade de ser.

capítulo 5

Como arremessar um bumerangue

Não é todo mundo que cria uma nova categoria para o *Guinness Book of World Records*. Tive bastante sorte em poder fazê-lo, ao ser transferido para um programa de ciência na televisão, e me pediram uma idéia para uma competição nacional baseada na ciência que atraísse a atenção do público.

"Por que não", sugeri, "fazê-los projetar e arremessar seus próprios bumerangues?" O produtor pacientemente me alertou que uma filmagem externa era muito cara, e que a idéia era uma competição cujo final pudesse ser apresentado num estúdio de TV. "Ótimo", disse eu, "vamos fazer com que eles construam bumerangues de papelão e estabelecer uma corrida para ver quantas vezes conseguem arremessá-los em torno de um poste e pegá-los de volta no tempo de um minuto."

A competição foi um grande sucesso, e estabeleceu-se um "novo" recorde mundial com o jogador inglês Lawrence West, que fez seu bumerangue rodear o poste assombrosas 20 vezes, em 1 minuto, a reles 3 metros de distância. Por outro lado, nossas tentativas de explicar exatamente por que os bumerangues voltam foram frustradas, já que o produtor não deu mais que alguns segundos de tempo no ar para as justificativas. Foi uma pena, pois a explicação é fascinante em si mesma e vai muito além de apenas arremessar os bumerangues. Na verdade, aplica-se a qualquer objeto em rotação, desde os átomos em nosso cérebro, às rodas de uma bicicleta e à Terra em sua órbita. Todos esses objetos reagem da mesma maneira quando alguma coisa tenta derrubá-los. No caso do bumerangue, a força de inclinação vem do ar correndo por cima das asas. Como isso acontece e por que o bumerangue volta são os assuntos deste capítulo. Como bônus, fornecemos até um modelo de bumerangue de papelão "recorde mundial" que os leitores podem tentar fazer.

"Bumerangue? Você quer dizer o *frisbee* do ser pensante?"

Quem falava era Sean Slade, secretário da Sociedade Britânica de Bumerangue. Desesperado, eu o chamara para que me ajudasse numa apresentação didática sobre "Bumerangues: física e vôo", na qual planejara explicar a não-físicos como projetar, construir e arremessar seus próprios bumerangues. Lera a respeito da física dos bumerangues, mas, a uma semana da apresentação, ainda não conseguira arremessar um sequer. Por mais que tentasse, não havia jeito do bumerangue voltar. Sean ficou surpreso, para dizer o mínimo, ao encontrar um australiano que não sabia como arremessar um bumerangue, e se ofereceu para apresentar-me a essa arte, que os aborígines australianos já conhecem há pelo menos dez mil anos, embora a ciência moderna ainda esteja começando a dominá-la.

No dia seguinte Sean apareceu à minha porta com um saco contendo mais de 150 bumerangues. Alguns eram feitos em madeira,[1] o material tradicional, mas muitos outros eram confeccionados com materiais da ciência moderna — plásticos muito coloridos, compostos reforçados de fibra de carbono e até metais, como o titânio.[2] O mais comprido era quase da altura dele e parecia uma arma amedrontadora.

A verdade é que dificilmente os bumerangues que voltam eram usados como armas. Os aborígines australianos, como os arremessadores atuais de bumerangues, usavam-nos (e ainda o fazem) como esporte. O esporte poderia ser bastante sanguinário, como mostra o relato a seguir, de 1881:

> Dez ou doze guerreiros, pintados com listras brancas na face e no nariz e armados com escudos e bumerangues, são confrontados com um número igual, a uma distância de cerca de 20 passos. Cada indivíduo tem o direito de arremessar seu bumerangue em qualquer pessoa do outro lado, e para isso dão um passo para fora da fila, no espaço entre eles. O time oposto se alterna, e assim sucessivamente, até que alguém seja atingido ou que todos estejam satisfeitos. ... Como o bumerangue é arremessado com muita força e exige grande destreza e golpe de vista rápido para se evitar uma arma tão imprevisível, dá uma ótima oportunidade para exibir a notável atividade dos aborígines. Essa atividade é, sem dúvida, consideravelmente incentivada pelo medo dos cortes severos infligidos pelo bumerangue.[3]

Alguns dos bumerangues modernos podem ser igualmente assustadores. Sean contou-me que um novo recorde mundial de distância acabava de ser estabelecido — não por um atirador aborígine, mas por um francês, numa competição em Sherwsbury, na Inglaterra.[4] A distância recorde foi de incríveis 149m, mas o triunfo quase representou uma catástrofe, pois jogar um bom bumerangue de distância é como arremessar uma navalha; ele é muito fino e tem beiradas afiadas para reduzir a resistência aerodinâmica e permitir que o objeto vá o mais longe possível antes de voltar. Tornou-se praticamente invisível para o arremessador no momento em que voltou com o fio para a frente e quase lhe cortou a cabeça, acabando por aterrissar uns 60m atrás.[5]

Apesar do potencial de perigo, os bumerangues que voltam, como foi mencionado, raramente são usados como armas de caça, uma vez que é muito mais fácil atingir um alvo, como um animal ou inimigo, atirando diretamente uma lança ou uma pedra, em vez de uma coisa que não apenas segue uma trajetória amplamente curva, como também sobe, enquanto voa.[6] Quando os aborígines australianos usam bastões com o feitio de bumerangues para a guerra ou para a caça, esses bastões (chamados *kylies* em algumas línguas aborígines) são deliberadamente escolhidos para *não* voltar. As asas são moldadas para dar "força de ascensão" aerodinâmica, de modo que quando os bastões são lançados horizontalmente, girando com cerca de dez revoluções por segundo, eles deslizam a cerca de um metro acima do solo, numa trajetória reta, até que atinjam seja lá o que tiver a infelicidade de estar no caminho. Aproximadamente 95% dos objetos com formato de bumerangue coletados se incluem nessa categoria.

Os bumerangues propriamente ditos são diferentes. As asas deles também são moldadas para gerar "força de ascensão" aerodinâmica, mas a ascensão funciona de tal maneira que, ao ser atirado numa orientação inicial quase vertical, o bumerangue aos poucos se vira e viaja num círculo, até que, ao voltar ao arremessador, gira horizontalmente e plana, só esperando para ser apanhado.

Quando olhei para o grande bumerangue de Sean, e até para os de proporções mais modestas, pensei com certo temor que poderiam ser bastante letais, mesmo enquanto planavam, podendo facilmente cortar fora alguns dedos. Ele demonstrou como evitar isso, que é agarrar o bumerangue numa batida das palmas das mãos.

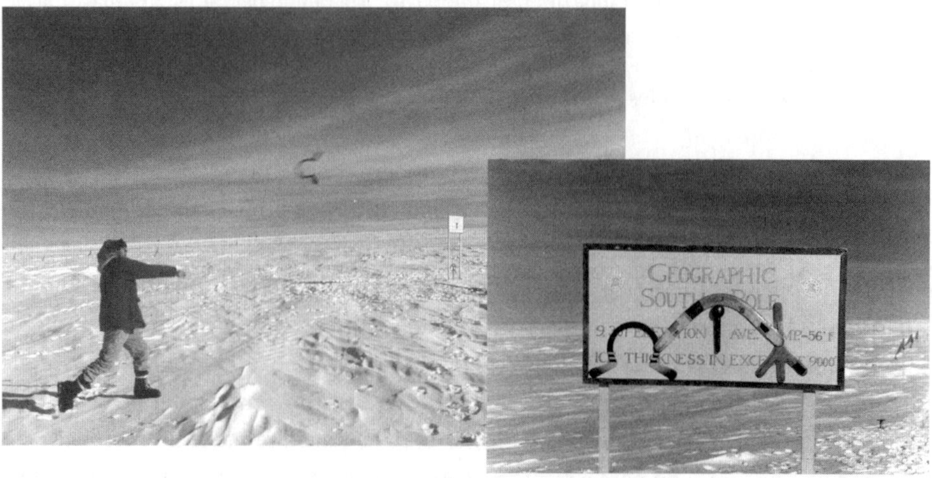

Figura 5.1: Bob Reid no processo de arremesso de um bumerangue em torno do pólo sul

Isso acabou sendo mais fácil do que parecia e marcou o início do meu caso de amor com bumerangues.

Os recordes são muitos para arremesso de bumerangue, que agora é um esporte organizado, com competições de "agarrar rápido", "maior distância arremessada" (essa também era uma competição entre os aborígines), "tempo máximo de vôo" e numerosas outras categorias.[7] O grande prêmio para "tempo máximo de vôo" certamente deve ir para Bob Reid, um físico da Universidade de Leeds que conseguiu manter um bumerangue no ar por 24 horas e 11 segundos. Impossível? Não se você for fanático e excêntrico o suficiente para levar um bumerangue ao pólo sul e arremessá-lo de modo que passe por todos os fusos horários, acrescentando assim 24 horas ao tempo real de vôo (Figura 5.1).

Contando com gente como Sean e Bob em meu apoio, senti estar no meu elemento ao me aprontar para responder a pergunta "o que faz um bumerangue voltar?". A resposta curta é o giro, junto com o fato de que as duas lâminas do bumerangue-padrão têm orientações diferentes (Figura 5.2).

Cada lâmina do bumerangue é moldada como uma asa de avião, mas as duas lâminas são unidas de tal modo que a beirada arredondada das duas asas sempre fica na dianteira à proporção que o objeto gira, depois de arremessado. As duas asas dão a "força de ascensão", mas como o bumerangue está girando num plano vertical, a "força de ascensão" empurra o bumerangue de lado, acabando por devolvê-lo ao arremessador.[8]

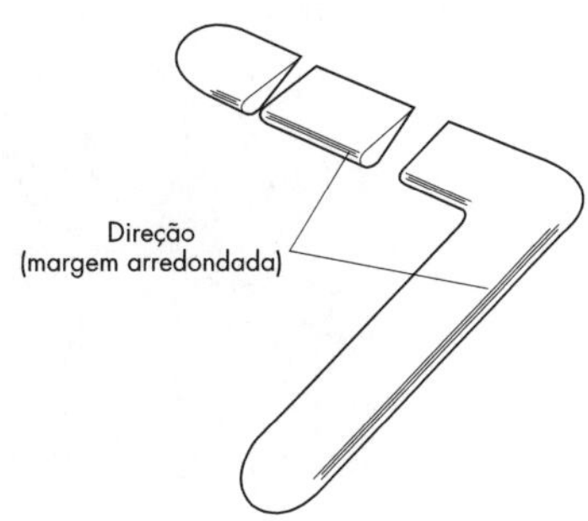

Figura 5.2: **Formatos de asas num bumerangue tradicional**

Espero que essa explicação não o satisfaça. Foi a que preparei para o produtor de TV, como reação a exigências ranzinzas para uma "vinheta sonora" de dez segundos sobre como funcionam os bumerangues. Os cientistas são convidados com freqüência para fazer essas vinhetas, supondo-se que seria impossível a platéia permanecer interessada por mais tempo ou entender qualquer coisa mais complicada. Não acredito nisso e acho que as platéias estão sendo tratadas com excessiva condescendência.

Os motivos reais para a volta do bumerangue são mais fáceis de se entender do que a explicação simplificada, que mais suscita perguntas do que as responde, e são também muito mais interessantes e esteticamente agradáveis. Na ciência, como na arte, a beleza está no detalhe. Não que falte a beleza visual. Os próprios bumerangues têm uma simetria plástica, e em geral são pintados, embora as pinturas nos bumerangues dos aborígines pré-europeus raramente tivessem a intenção de ser decorativas.[9] Em geral eram usadas do mesmo modo que outras artes aborígines — como uma referência aos ancestrais e à Época de Sonho, quando a Terra se formou (Figura 5.3). A maior parte dos exemplos remanescentes há muito tempo foi abocanhada por colecionadores, e a decoração moderna aborígine é exclusivamente voltada para o mercado de turistas.

Deparei com um exemplo curioso quando estava comprando bumerangues de Duncan MacLennan, australiano dos velhos tempos que dirige uma escola de bumerangues em Sydney há quase 60 anos. Quando começou, queria motivos aborígines para os bumerangues de madeira compensada que estava fabricando, e abordou membros da tribo local para que fizessem as pinturas — que ficaram interessados não só em fazer as pinturas, como os próprios bumerangues. O extraordi-

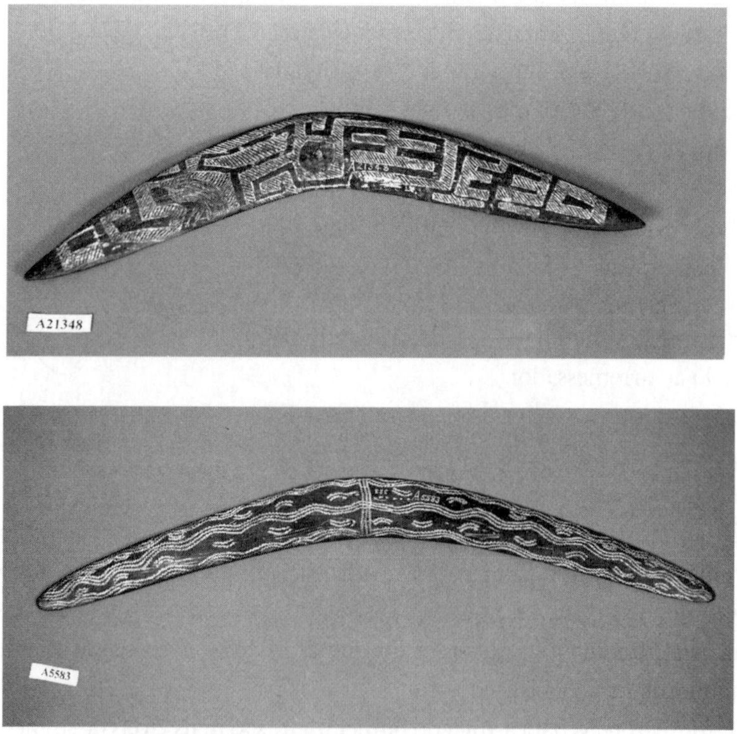

Figura 5.3: **Bumerangues decorados dos aborígines australianos**

a. Região de Kimberley da Austrália ocidental

b. Região do rio Diamantina. Foto fornecida por Philip Jones, curador sênior, *South Australian Museum* nário é que nunca tinham visto um, e Duncan teve o prazer único de ensinar a uma tribo aborígine a arremessar bumerangues.[10]

A ciência do que acontece quando um bumerangue sai da mão do arremessador é tão esteticamente prazerosa quanto o próprio bumerangue. A simples idéia-chave é que as duas asas, mesmo sendo idênticas e simetricamente dispostas em torno do eixo de rotação, sofrem forças aerodinâmicas diferentes, uma vez que o bumerangue está se deslocando para a frente, além de girar. O resultado final é que a asa superior está se deslocando mais rapidamente pelo ar do que a inferior, de modo que a "força de ascensão" para o lado é maior na asa de cima do que na de baixo, e o bumerangue se inclina (Figura 5.4).

O que acontece em seguida é que a direção de vôo do bumerangue muda para seguir a direção da inclinação. Esse fenômeno, chamado de precessão, é freqüentemente verificado, embora permaneça sem nome. Quando nos inclinamos para o lado ao andar de bicicleta, por exemplo, a roda dianteira, girando automaticamente, se volta para seguir a direção para a qual nos inclinamos (se a roda traseira pudesse, também faria o mesmo). O fenômeno também funciona ao contrário. Se viramos a roda dianteira de uma bicicleta, automaticamente nos inclinamos na direção da virada. Isso não é voluntário — é física.

A precessão pode aparecer em lugares inesperados. É usada nos escâneres de imagens de ressonância nuclear magnética em hospitais, por exemplo, para exames de tecidos moles como o cérebro.[11] O que está girando, neste caso, não é o paciente, mas o núcleo de um átomo de hidrogênio no cérebro do paciente. Os escâneres de ressonância nuclear magnética inclinam esses núcleos por meio de um impulso de freqüência de rádio e detectam a mudança na precessão relacionada ao ambiente do núcleo e que pode ser diferente em estado de saúde ou de doença. A precessão em bumerangues, bicicletas e cérebros funciona da mesma maneira, que acaba sendo descrita por uma regra muito simples e graciosa, chamada regra do giro, segundo a qual o eixo de rotação persegue o eixo de torque. Fica mais fácil explicar essa regra com um diagrama, como na Figura 5.5.

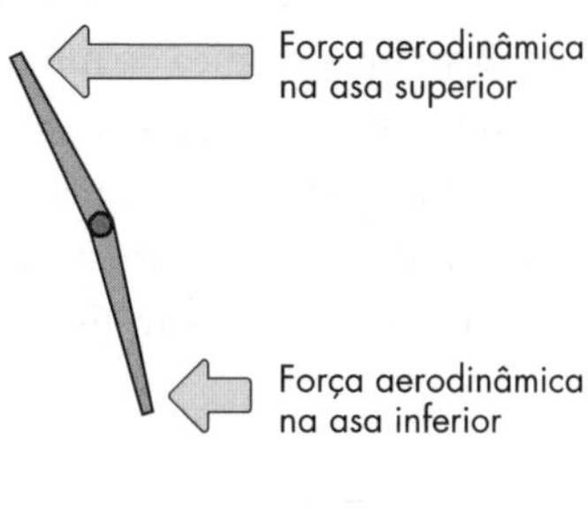

Figura 5.4: **Bumerangue em pleno vôo, visto por trás ao longo da trajetória (círculo central)**

(A grandeza da força aerodinâmica em cada asa do bumerangue é proporcional ao comprimento da seta.)

O eixo de rotação é aquele em torno do qual está se dando a rotação (por exemplo, o eixo da roda de uma bicicleta). Do mesmo modo, o eixo de torque é aquele em torno do qual se dá a inclinação. Para o bumerangue mostrado no diagra-

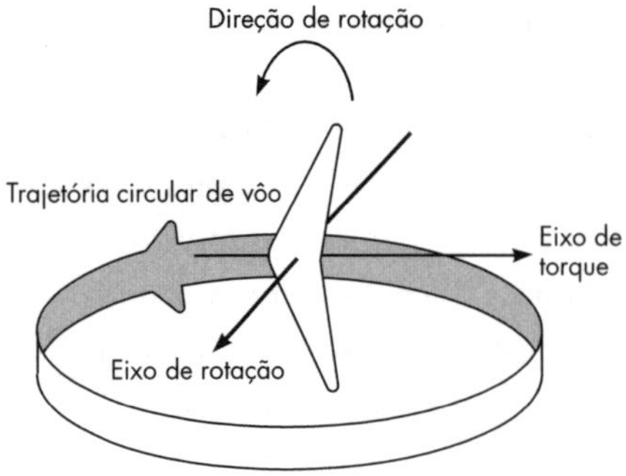

Figura 5.5: **A regra do giro aplicada a bumerangues**

ma, o eixo de torque é a linha do vôo, com sua direção especificada pela regra da mão direita do parafuso. Dobre os dedos da mão direita na direção da rotação ou do torque. O polegar estará agora apontando na direção do eixo apropriado. A regra da mão direita do parafuso aplica-se também à rotação do próprio bumerangue. As direções dos eixos de rotação e de torque, junto com a regra do giro, indicam que o bumerangue vai se desviar para a esquerda, se ele se inclinar para a esquerda, acabando por desviar até fazer uma roda completa e voltar na direção do arremessador. É também possível projetar um bumerangue que incline para a direita ao ser arremessado, e que, portanto, dará a volta na direção oposta. O primeiro tipo é em geral usado por arremessadores destros, e o segundo por arremessadores canhotos. Então, há bumerangues para a mão direita e para a mão esquerda, do mesmo modo como há saca-rolhas para destros e para canhotos.

A regra do giro deriva de uma das grandes leis da conservação da física clássica. Há apenas quatro dessas leis, todas enunciadas no século XIX, e todas descrevendo uma grandeza fundamental, cujo total no universo permanece eternamente imutável. Uma dessas grandezas é a energia. As outras três são a carga elétrica, o momento linear e o momento angular.*

A precessão explica de modo muito elegante por que os bumerangues voltam, mas isso é apenas o começo, como revela a Figura 5.6.[12] A trajetória mostrada é a mais simples e típica de muitos bumerangues. Vista de cima, é um círculo. Vista de lado (como na fotografia), o bumerangue sobe sempre com maior rapidez ao sair da mão do arremessador, depois lentamente estabiliza-se ao voltar, fazendo curvas e girando enquanto isso. Essa fotografia é a última (e a melhor) de uma longa série de fotos tiradas de um filme feito em frente ao Parlamento australiano por Lorin

---

* O momento linear é apenas a massa x a velocidade linear (ou seja, a velocidade numa dada direção). O momento angular é massa x velocidade angular (isto é, a velocidade de rotação). O momento linear é conservado, a não ser que uma força seja aplicada; e a direção da força determina a direção do novo momento. O momento angular é conservado, a não ser que uma força de inclinação (um torque) seja aplicada; e a direção da rotação determina a nova direção do momento angular. O eixo de rotação define a direção do momento angular. Quando o eixo de torção está em ângulo reto com o eixo de rotação, então o último está sempre perseguindo o primeiro.

Hawes, um norte-americano excêntrico, que largou um emprego como instrutor de armas nucleares e mudou-se para a Austrália, onde se estabeleceu como designer de bumerangues e fundador das maravilhosas Corrida Emu do Riacho Mudgeeraba e Associação de Arremesso de Bumerangues.[13]

Parece impossível responsabilizar as simples regras da física por uma trajetória de vôo dessas. Antes de Copérnico, as pessoas tinham dificuldades parecidas com os planetas. Vistos da Terra, eles parecem acelerar, ir mais devagar e até dar saltos mortais para trás. Se pudéssemos apontar um cintilador suficientemente grande para Marte e tirar fotos de seus movimentos, elas iam parecer incrivelmente semelhantes aos de um bumerangue. O astrônomo grego Ptolomeu explicou esses complicados movimentos planetários em termos de movimentos circulares em pequena escala (chamados epiciclos) superpostos na órbita principal — e até mesmo de movimentos circulares em pequena escala superpostos a estes. Foi preciso que o gênio de Copérnico percebesse que todos os problemas de Ptolomeu resultavam do fato de ele tomar a Terra como ponto de observação. Se em vez disso, fossem vistos do Sol, os movimentos planetários se tornariam extraordinariamente simples, com todos os planetas seguindo órbitas elípticas.[14]

Figura 5.6: **Fotografia em câmera lenta de um vôo de bumerangue**

O bumerangue, arremessado por Michael Hanson e fotografado por Christian Taylor, foi iluminado na ponta por uma pequena lâmpada a pilha.

Os movimentos dos bumerangues tornam-se igualmente simples se forem vistos a partir do próprio bumerangue. O primeiro passo é explicar por que o objeto voa em círculo. A órbita circular exige uma força sempre dirigida para o centro e que não muda em grandeza. Essa força é dada pela "força de suspensão" aerodinâmica. Para que ela se mantenha constante, o ângulo de ataque do aerofólio (isto é, o ângulo entre a asa do bumerangue e o ar em sentido contrário) tem de ser constante. Isso só acontece se o grau de inclinação do bumerangue for exatamente igual à sua velocidade de vôo em torno do círculo. Não é preciso mais do que três linhas de álgebra (reconhecidamente complexa) para mostrar que um bumerangue simples, ideal, com asas dotadas de um formato que tenha seção transversal uniforme, obedece a essa condição. A matemática, resumida em dois excelentes artigos pelo impulsivo Bob Reid, leva a uma "equação do bumerangue", que nos diz muito a respeito de bumerangues e de como eles funcionam.[15] Aqui, escrevi a equação do bumerangue usando palavras, em vez de símbolos algébricos:

$$\text{Raio do círculo de vôo} = \frac{\text{densidade do material} \times \text{área da seção transversal da asa do bumerangue}}{\text{coeficiente de força de ascensão} \times \text{largura do bumerangue} \times \text{densidade do ar}}$$

Em outras palavras, o círculo do vôo vai ser maior se o material com que o bumerangue é construído for mais denso e se as asas forem mais grossas. O círculo do vôo também vai ser maior se o coeficiente de ascensão (isto é, a eficácia aerodinâmica das asas) for menor, se as asas forem mais estreitas e a densidade do ar mais baixa. Se você quiser distância, vá para um lugar alto, como fez o arremessador suíço Manuel Schütz em 1999, ao estabelecer um novo recorde mundial de distância de 238 metros (mais de um quinto de quilômetro, e com volta!). O recorde foi batido em Kloten, perto de Zurique, a 409 metros acima do nível do mar e com uma densidade do ar 4% menor que no nível do mar.

Ainda mais interessante que os fatores presentes na equação são os fatores ausentes. O raio da trajetória do vôo independe tanto da velocidade para a frente quanto da velocidade angular da rotação. Independe também do comprimento das asas —, a não ser no ponto em que o comprimento afeta o coeficiente de ascensão, — e até mesmo do número de asas.

Alguns dos fatores na equação do bumerangue brigam entre si. Um baixo coeficiente de ascensão, por exemplo, em geral exige uma asa fina, plana, em vez de uma asa grossa. O molde prático de bumerangues, portanto, é mais que uma questão de ajustar uma equação, mesmo que esta forneça uma orientação útil. A adaptação, baseada na experiência, pode melhorar consideravelmente o desempenho.

Seja lá qual for o design do bumerangue, o raio do círculo de vôo já está incorporado nele, embora fatores tais como o ângulo da inclinação e a velocidade da rotação no momento do arremesso possam às vezes ter um efeito considerável. O resultado principal de se arremessar um bumerangue com força, no entanto, é fazê-lo percorrer sua trajetória de vôo mais depressa e, portanto, voltar mais cedo.

Lawrence West, que atualmente mantém o recorde de arremesso de bumerangue dentro de casa, aproveitou-se desse fato na competição que organizei para o programa de televisão *Tomorrow's World*. A competição premiava o número máximo de vezes que um bumerangue de papelão podia ser arremessado e apanhado num minuto, depois de dar a volta num poste a uma distância de três metros. Lawrence projetou um bumerangue cujos fatores de equilíbrio na equação do bumerangue davam um raio de vôo incorporado de só um pouco mais de 3m, atirando-o 24 vezes durante a prática e 20 vezes na competição (Figura 5.7).

A ciência indicou algumas sutilezas interessantes, que apresentei aos participantes na minha apresentação didática quando eles estavam projetando seus próprios bumerangues. Uma delas dizia respeito à estabilidade do bumerangue e ao ângulo entre as asas. À primeira vista, pela equação do bumerangue, o ângulo entre as asas não tem importância, uma vez que não é mencionado. No entanto tem importância, sim, por um motivo fácil de se entender intuitivamente, embora seja um tanto complicado de ser explicado cientificamente. Se você imaginar um bumerangue reto, com as duas asas na mesma linha, é fácil ver que ele seria muito difícil de arremessar de modo que se mantivesse girando no mesmo plano. Ele teria a mesma probabilidade de começar rodando em torno de um eixo longitudinal e acabar numa cambalhota maluca.[16]

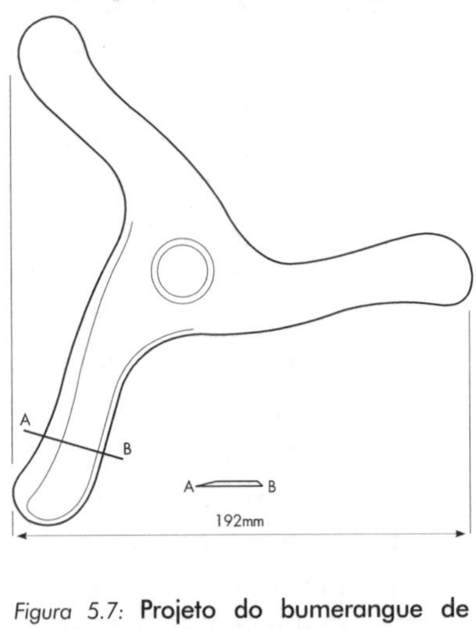

Figura 5.7: **Projeto do bumerangue de papelão "recorde mundial", de Lawrence West, feito de papel-cartão com 1,5mm de espessura**

A estabilidade e a rotação são os assuntos preferidos do meu colega da Universidade de Bristol professor Mike Berry, que ficou mundialmente famoso por demolir crenças antigas nessa área. Seu último triunfo fez com que ganhasse o gozador Prêmio IgNobel, da Universidade Harvard, pela exposição espetacular — "Sobre sapos voadores e *levitrons*".[17] O aspecto científico, no entanto, era muito real. O sapo era um brinquedo que parecia desobedecer a uma lei fundamental da física, permanecendo suspenso no espaço. O problema não era o desafio à gravidade — isso era obtido fixando-se um conjunto de ímãs no sapo, com seus pólos norte apontados para baixo e pondo o sapo sobre uma base contendo uma série de ímãs com o pólo norte apontando para cima. O problema real era que um arranjo desses já era considerado instável há uns cem anos. Ao menor toque ou sopro de brisa, o sapo viraria e cairia no chão. No entanto, lá estava o sapo em exibição numa vitrina de loja, girando preguiçosamente.

Ao sentar-se para fazer os cálculos matemáticos do problema, Mike descobriu que o segredo estava na rotação. Disseram que o arranjo era instável *a não ser* que o sapo girasse, caso em que há uma gama muito estreita de parâmetros dentro dos quais o arranjo permanece estável. O inventor do sapo em levitação, como não sabia que era impossível fazer um sapo levitar com ímãs, encontrou o conjunto exato das condições necessárias.

Os que projetam bumerangues têm problema semelhante. O bumerangue "ideal" dos físicos, com asas de seção transversal uniforme, torna a tarefa de cálculo mais fácil, mas não é especialmente ideal quando se trata de arremesso em competições. Com qualquer outro projeto, no entanto, o arremessador encara o problema imediato de fazer com que o grau de inclinação seja igual ao índice de rotação, o que é matematicamente equivalente a dizer que o ângulo de ataque tem de permanecer constante. Isso significa que o índice de inclinação (isto é, de precessão) tem de ser exatamente o correto. Se for muito lento, o ângulo de ataque gradualmente diminui, até que, depois de uma partida promissora, o bumerangue não volta. Ser for rápido demais, o ângulo de ataque aumenta, a força de ascensão aumenta, e o bumerangue acaba por despencar em parafuso.

O que fazer com bumerangues que não voltam, desaparecem na distância ou entram em parafuso e caem? Alguns dos alunos da minha apresentação didática acharam que a resposta seria mudar a forma do bumerangue, pondo-o de pé. A resposta real é muito mais simples — é só fixar moedinhas nas asas. Para um bumerangue que cai em parafuso, o cálculo matemático subjacente à equação do bumerangue mostra que as moedas devem ser fixadas perto da ponta, aumentando o momento de inércia e fazendo o bumerangue ir mais devagar. Para acelerá-lo, as moedas devem ser fixadas perto do centro. O efeito neste último caso é igual ao de um patinador que, ao girar com os braços abertos, encolhe-os de repente, acelerando seu movimento, já que o momento angular é conservado. Os que projetam bumerangues usam o truque das moedas com regularidade, só mudando o design básico depois que as moedas mostraram onde os pesos precisam ser acrescentados e de onde precisam ser subtraídos.

Outro grande problema com o design de bumerangues é construí-los de modo que eles "deitem" exatamente no momento certo do círculo de vôo. Mas por que o bumerangue "deita"? A resposta diz respeito a mais uma sutileza do objeto, que reside em uma das asas estar sempre voando em "ar sujo", fenômeno conhecido dos iatistas e mesmo de qualquer um que tenha passado por um caminhão a alta velocidade numa estrada. Esse fenômeno acontece porque as duas asas de um bumerangue de formato tradicional, aparentemente dispostas de modo simétrico, na verdade são bem diferentes. A asa com a beirada afiada "para dentro" é chamada de "asa guia". A outra (com a beirada afiada "para fora") foi batizada por Lorin Hawes de "pendente", ou asa oscilante. A pobre asa pendente está sempre voando pelo ar desestabilizado, condição criada pela asa guia. Isso significa que, se as duas asas são idênticas, a pendente vai gerar menos "força de ascensão" que a asa guia. "Calculada a partir de uma rotação completa", diz Bob Reid, "há um torque em torno do eixo vertical, que por sua vez leva a uma precessão quanto à direção do vôo, isto é, o bumerangue se deita."

Depois de passar uma hora com os diagramas do Bob, acreditei nele. Outros vão ter de acreditar, como fizeram meus alunos quando construíram seus próprios bumerangues ou leram sozinhos o artigo original. O principal ponto prático é que a propensão do bumerangue a "deitar-se" pode ser controlada moldando-se a asa pendente de modo a dar-lhe um pouco mais de "força de ascensão" que a asa guia. Isso é feito facilmente com um pouco de lixa, que dá o "ajuste fino" ao bumerangue, de modo que ele deite exatamente no ponto certo, como fez Lawrence West, permitindo-lhe apanhar e arremessar com precisão de uma máquina.

A maior parte disso eu aprendi quando estava fazendo os planos para a apresentação didática, mas todo o conhecimento teórico do mundo não fazia com que meu bumerangue voltasse, e, à medida que a hora se aproximava, eu ficava cada vez mais frustrado. Aí descobri onde estava o problema: na resistência do ar.

Um bumerangue transfere parte de seu momento às moléculas do ar circundante, à medida que se move, acelerando-as (então o ar fica mais quente), mas ele próprio fica mais lento. O retardamento pode ser suficiente para atrasar tanto o movimento para a frente quanto a rotação, a ponto de o bumerangue simplesmente desistir e despencar no chão. A solução é fazer com que o bumerangue gire tão rápido quanto possível no início, de modo que ainda retenha uma proporção razoável do seu momento angular na hora de voltar. O segredo, como Sean me mostrou bem na hora, é inclinar o bumerangue para trás e soltá-lo com um movimento de chicote, lançando-o alguns graus acima da horizontal para contrabalançar os efeitos da gravidade sobre o vôo.

Quando chegou o momento da apresentação didática propriamente dita, eu estava arremessando como um especialista — que eu não era —, e os alunos estavam seguindo os meus conselhos para produzir bumerangues maravilhosos. Abstive-me de contar para eles que os aborígines australianos usam seus bumerangues principalmente como facas, ferramentas para cavar, instrumentos musicais e para limpar os dentes. Seria uma pena estragar o prazer deles, uma vez que os bumerangues todos estavam voando direitinho.

capítulo 6

Agarre como puder

Até há bem pouco tempo, agarrar uma bola era uma das poucas áreas do esporte em que a ciência ainda não tinha se metido. Raquetes, bastões e outros apetrechos esportivos há muito vêm sendo projetados com base em princípios científicos, do mesmo modo que as dietas dos atletas e, até certo ponto, os próprios atletas. Muitas técnicas esportivas também foram submetidas a aprimoramentos científicos — as lanças, por exemplo, agora são arremessadas com um ângulo calculado com precisão, com o arremessador deslocando-se de forma cientificamente orientada. Agarrar uma bola, no entanto, permaneceu na esfera da destreza natural. O mais perto que a ciência chegou está contado no clássico relato de 1933, de A.G. Macdonell, sobre uma partida de críquete numa aldeia inglesa:

> Os pontos estavam equiparados e ainda faltava um arco para cair. O último homem a entrar foi o ferreiro. ... Ele se preparou e olhou em torno ferozmente. Era nítido que estava com muita raiva.
>
> A primeira bola que recebeu, ele rebateu furiosamente, e ela subiu direto no ar a uma altura enorme. Subiu e subiu, até que ficou difícil focalizá-la adequadamente contra o profundo azul do céu sem nuvens, e levava com ela esperanças e temores de uma aldeia inglesa. Subiu e subiu, e depois pareceu ficar no ar, pairando como um gavião, como se travasse uma heróica mas desesperançada batalha contra a principal invenção de sir Isaac Newton, e depois iniciou sua lenta descida.
>
> Enquanto isso, havia coisas acontecendo em baixo. ... O titânico Boone não se movera, porque estava mais ou menos no lugar certo, mas tinha pouca probabilidade de conseguir agarrar a bola, especialmente depois do episódio da última jogada. O prefeito Hawker — gritando "É minha, é minha!", numa voz magnificamente autoconfiante — vinha do lado do lançador parecendo um cruzador de guerra. Era óbvio que o senhor Harcourt, o poeta, tinha perdido completamente a bola de vista, se é que ele chegou a vê-la, porque não parava de correr em torno de Boone dando risadinhas idiotas. Livingstone e Southcott, os dois craques, aproximavam-se de modo competente, com os olhos fixos na bola ... Enquanto isso, o professor de balística tinha feito um cál-

culo relâmpago dos ângulos, velocidades, densidade do ar, leitura de barômetro e temperatura, e chegado à conclusão de que o ponto crítico, o lugar que deveria ser marcado com um X nas fotografias, ficava um metro a nordeste de Boone, e ele foi ocupar seu lugar ali, colidindo no caminho com Donald e derrubando-o. Um momento mais tarde, Bobby Southcott veio correndo e tropeçou em Donald, sendo arremessado de cabeça contra o enorme peito de Boone. Este deu um passo atrás com o impacto e desceu com a sola de seu sapato com travas, sustentando uns bons 115kg de carne e osso em cima do pé do professor. Quase simultaneamente, o avantajado guarda-meta, cujos movimentos eram um triunfo positivo do espírito sobre o corpo, deu um encontrão com o professor por trás ... e, durante esse tempo todo, o jornalista visitante americano, senhor Shakespeare Pollock, rondava em alerta pelos arredores ... soltando brados de universitário norte-americano numa penetrante voz aguda de tenor.

Por fim a bola desceu. ... foi um impressionante testemunho da habilidade matemática e balística do professor o fato de ela ter aterrissado com uma explosão nítida no alto de sua cabeça. Daí, pulou no ar, numa altura de uns 30cm, colidiu violentamente com a cabeça do Boone e deslizou lentamente pela expansão colossal das costas do guarda-meta, quicando ligeiramente ao atingir as maciças proporções da parte mais baixa. Estava a apenas 30cm do chão quando o senhor Shakespeare Pollock pulou com um urro de vitória de arrebentar os tímpanos e agarrou-a dos fundilhos das calças do guarda-meta. A partida acabou empatada.[1]

Posso endossar a verdade essencial da descrição acima, uma vez que ainda jogo críquete na aldeia inglesa onde moro. Surpreendentemente, a ciência agora parece ter mostrado que a habilidade em calcular trajetórias rapidamente é algo que todos nós temos, e que a usamos ao correr para agarrar uma bola. O apoio a essa idéia apareceu num artigo publicado em 1993, na prestigiosa revista *Nature*, no qual dois psicólogos analisaram fitas de vídeo de apanhadores peritos atrás de uma bola.[2] Os autores descobriram que os apanhadores variavam a velocidade de sua corrida de modo que o grau no qual estavam inclinando a cabeça para seguir a trajetória da bola ajustava-se a uma equação específica. Eles julgaram que os apanhadores só conseguiam alcançar o feito solucionando a equação na cabeça enquanto corriam, e concluíram que aquilo "demonstrava o poder das habilidades inconscientes do cérebro para resolver problemas".[3]

No início acreditei no que diziam, assim como os jornais do dia, um dos quais chegou a publicar o artigo na primeira página. Ao examinar o que a equação realmente significava, no entanto, descobri que transmitia uma mensagem física absurdamente simples sobre o que devemos fazer para apanhar uma bola.[4] Essa mensagem é das que se sabe desde criança, e o que o trabalho dos psicólogos diz nos fornece uma compreensão fascinante sobre como adaptamos as técnicas simples que aprendemos na infância para as situações mais complexas da vida, mais tarde.

As crianças começam a aprender a pegar bola ficando de pé com os braços estendidos, esperando que um adulto jogue uma bola em suas mãos. O sucesso dessa empreitada é em geral frustrado, pois a maioria das crianças pequenas tende a fechar os olhos e virar a cabeça assim que a bola é jogada. Com o tempo, elas aprendem que essa não é uma técnica especialmente eficiente e começam (com algum encorajamento) a observar a bola, acabando por aprender a girar a cabeça de modo a seguir sua trajetória.

Com a prática da repetição, as crianças aprendem a usar o grau de inclinação da cabeça como dica para dizer se estão na posição correta para receber a bola. Se estiverem, então a dica é muito simples e pode ser descrita por uma equação criada por dois grupos de físicos há uns 30 anos. Os autores do artigo na *Nature* mostraram que continuamos a usar a mesma dica depois de adultos, mesmo quando temos de correr para apanhar a bola. Como a usamos, no entanto? Será que resolvemos a equação de cabeça, ou será que a equação apenas descreve uma simples ação física que aprendemos por repetição, do mesmo modo que uma pauta musical pode nos dizer como deslocar os dedos de determinado jeito no teclado, um jeito que aprendemos com a prática, de modo que não precisamos, portanto, da pauta para nos guiar?

Para obter a resposta, resolvi repetir sozinho o cálculo anterior. Tive de usar cálculo diferencial, um método que os cientistas utilizam para seguir os indícios de mudança. Os princípios são simples — muito mais simples do que os envolvidos na leitura musical. Foram maravilhosamente revelados para mim, quando eu era criança, num livrinho fantástico (ainda disponível) escrito por um professor de engenharia de Cambridge com o impressionante nome de Sylvanus P. Thompson, que tinha como mote: "O que um idiota consegue entender, outro também consegue."[5] Isso bastou para o meu pai, que tinha o livro, e bastou para mim também.

Este idiota compreendeu logo que o cálculo dá conta da mudança dividindo-a em pequenos passos. Quando uma bola é atirada, por exemplo, sua trajetória pode ser calculada dividindo-se o movimento horizontal em pequenos passos e calculando o efeito da gravidade sobre a altura, depois de cada passo. O princípio está exemplificado na Figura 6.1, na qual a trajetória uniforme de uma bola é dividida em oitos passos discretos. No diagrama, o atirador lançou a bola a um ângulo de 45° da linha horizontal. A velocidade da bola para cima acaba diminuindo aos poucos, retardada pela influência da gravidade, e o movimento para cima por fim pára. A bola não desobedece "à principal invenção de Isaac Newton" porque a direção de seu movimento é imediatamente revertida e a bola começa a cair, pela influência da gravidade com cada vez maior velocidade. Essas mudanças na velocidade vertical não têm qualquer efeito sobre a velocidade horizontal da bola. Pode ser um tanto difícil visualizar isso, como descobri ao ser chamado para resolver uma discussão sobre o assunto no bar, entre meus amigos.

A discussão daquela noite tinha passado pelas condições do tempo, política e a situação do teto de palha do abrigo do ponto do ônibus na praça, mas acabou se concentrando, por alguma força misteriosa, no que acontece se alguém de bicicleta jogar uma bola diretamente para cima. As opiniões estavam divididas. Alguns afirmavam que, quando a bola caísse, ela cairia ao lado do ciclista. A opinião da maioria, no entanto, era que a bola cairia em algum ponto atrás dele. Os que sustentavam essa última opinião ficaram bastante desapontados quando fiquei do lado da minoria, expondo com razão que a bola continuaria a se deslocar para a frente na mesma velocidade que a do ciclista. Como várias canecas de cerveja dependiam do resultado, fui desafiado a buscar uma bicicleta e provar experimentalmente meu ponto de vista.

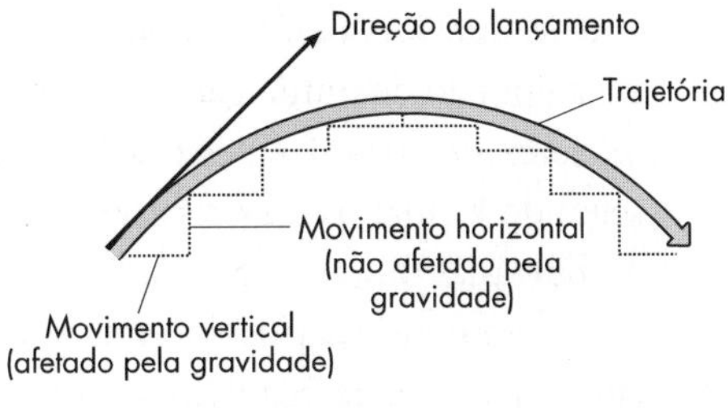

Figura 6.1: **Trajetória de uma bola lançada num ângulo de 45°, com uma aproximação de oito passos horizontais iguais**

O movimento vertical depois de cada passo horizontal é calculado a partir da lei da gravitação de Newton, que diz que a força da gravidade muda com a velocidade vertical em 9,8m por segundo, a cada segundo (isto é, a aceleração, ou taxa de mudança da velocidade para baixo, é de $9{,}8m/s^2$).

Provei-o bem demais ao me lançar sem freios, morro abaixo, diante da multidão entusiasmada na frente do bar, e joguei para cima, verticalmente, uma pequena pedra que tinha apanhado na estrada. A pedra me acompanhou e, poucos metros adiante, caiu diretamente em cima da minha cabeça. Ainda bem que não era uma bola de críquete ou de beisebol.

Um exemplo ainda mais dramático da independência entre os movimentos horizontal e vertical é dado por Lewis Wolpert no seu livro *The Unnatural Nature of Science*. Suponha que um atirador dispare uma bala de rifle horizontalmente e que, ao mesmo tempo, deixe cair uma segunda bala da mão que está segurando o rifle. As duas balas vão atingir o solo ao mesmo tempo. A velocidade horizontal da primeira bala não faz a menor diferença para o movimento vertical.

A independência entre as velocidades horizontal e vertical foi provada diversas vezes sob condições controladas, em laboratório, mas isso é só metade da história quando se trata de entender por que a pedra caiu na minha cabeça. A outra metade explica por que a pedra continuou se deslocando para a frente com a mesma velocidade, depois que a larguei. Isso não é tão evidente assim. O bom senso sugere que as coisas só se movam se forem empurradas ou puxadas — em outras palavras, se uma força for aplicada a elas. Essa era a opinião de Aristóteles há 2.500 anos, e é a opinião de muita gente hoje em dia. De acordo com um levantamento recente, cerca de 30% das pessoas ainda partilham da sensata opinião de Aristóteles, segundo a qual as coisas param de se mover quando não há alguma coisa para empurrá-las ou puxá-las.[6]

Foram necessários dois mil anos e o gênio de Newton para se descobrir que as coisas, na verdade, mantêm-se quietas ou *continuam se deslocando a uma velocidade constante em linha reta*, a não ser que se aplique uma força a elas (a primeira lei do movimento, de Newton). A minha pedra, portanto, estava obedecendo à primeira lei de Newton, quando continuou movendo-se para a frente na mesma velocidade com que saiu da minha mão. Se eu tivesse olhado para ela, não teria a impressão de que estava se deslocando na direção horizontal, uma vez que nós dois estávamos com a mesma velocidade horizontal.

Do ponto de vista dos observadores à porta do bar, no entanto, o movimento da pedra teria uma aparência muito diferente.[7] Eles também teriam observado a pedra indo para a frente a uma velocidade constante (isto é, percorrendo uma distância duas vezes maior em dois segundos do que em um segundo). Na direção vertical, no entanto, a pedra estava sendo acelerada para baixo, sob a força da gravidade. A lei da aceleração, descoberta por Galileu, diz que, se o tempo do percurso for o dobro, a pedra percorrerá uma distância quatro vezes maior.[8] A combinação desse movimento vertical acelerado com o movimento horizontal faz com que a trajetória seja uma parábola, quando observada de lado.

Um apanhador situado na posição adequada para pegar a bola tem outro ponto de vista. Ele não está vendo o percurso do vôo de lado, mas o vê do "lado do final", e tem de usar o ângulo de observação para avaliar a posição da bola. Como é que esse ângulo de observação muda com o tempo, à medida que a bola se aproxima? Podemos fazer uma suposição inteligente desenhando um diagrama da posição da bola durante sua trajetória parabólica a intervalos iguais de tempo, correspondentes aos passos horizontais iguais no diagrama, porque a bola está se deslocando numa velocidade horizontal constante (Figura 6.2).[9]

A partir desse diagrama, parece que as mudanças no ângulo durante sucessivos intervalos de tempo são praticamente os mesmos para um ângulo de 30°, mais ou menos (linha do ponto A ao apanhador). Em outras palavras, um apanhador que esteja colocado na posição certa inclina a cabeça num grau constante para seguir o percurso da bola, desde que a trajetória não seja muito alta. Ao contrário, inclinar a cabeça em grau constante dá uma deixa que diz ao apanhador que ele está colocado na posição certa. Parece que é essa indicação que as crianças aprendem e continuam usando durante toda a vida.

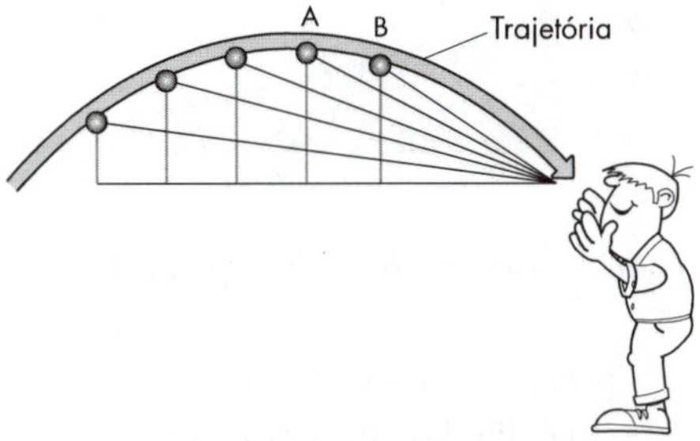

Figura 6.2: **Ângulo de observação em sucessivos intervalos iguais de tempo para um apanhador que esteja olhando a aproximação de uma bola ao longo de um percurso parabólico**

Essa deixa nem sempre é confiável.[10] Quando o ângulo é muito alto (por exemplo, a linha do ponto B até o apanhador), a taxa de mudança fica menor. Se o apanhador continuar a usar a mesma deixa, ele irá interpretar esse atraso como indicação de que a bola está se aproximando mais devagar do que ela está na realidade, e não vai apanhar a bola. Esse pode ser o motivo pelo qual tantas bolas não são apanhadas.

O diagrama dá uma boa orientação de como o ângulo de observação de um apanhador muda quando ele está na posição certa, e talvez seja o ponto máximo a que algumas pessoas gostariam de chegar.[11] Para mim, as respostas completas e satisfatórias só viriam depois de eu ter calculado uma equação para descrever como o ângulo muda com o tempo, e então compreendido, a partir dessa equação, que os apanhadores poderiam precisar adaptar suas técnicas para situações diferentes. Eu começaria a trabalhar com o coração leve, numa manhã de sábado, antes da partida de críquete, estimulado por uma taça de chardonnais australiano e pela idéia de que à tarde poderia verificar as respostas confrontando-as com as observações experimentais aproximadas. À medida que as pilhas de papel A4 cresciam ao meu redor, cada qual contendo um ou mais erros na álgebra horrivelmente complicada, comecei a cogitar sobre onde tinha me metido. No entanto, continuei e fui recompensado quando a maior parte dos termos cancelou-se, deixando uma solução maravilhosamente simples.

Minha sensação ao encontrar uma elegante solução matemática foi parecida com a de um viajante australiano ao descobrir um inesperado bar no meio do deserto. O fato de que alguém mais tivesse encontrado a mesma solução (embora expressa sob uma forma diferente) uns 30 anos antes não arrefeceu meus sentimentos, que eram uma mistura de triunfo e alívio — alívio em ter alcançado a solução, triunfo por ter dito alguma coisa nova a respeito da ciência de apanhar uma bola.

Aqueles leitores que preferem evitar inteiramente os símbolos matemáticos podem pular sem medo os próximos três parágrafos. Os símbolos contam a história de modo tão belo, no entanto, que os incluo aqui para os que queiram ver o que eu vi, e da maneira como vi, pela primeira vez.

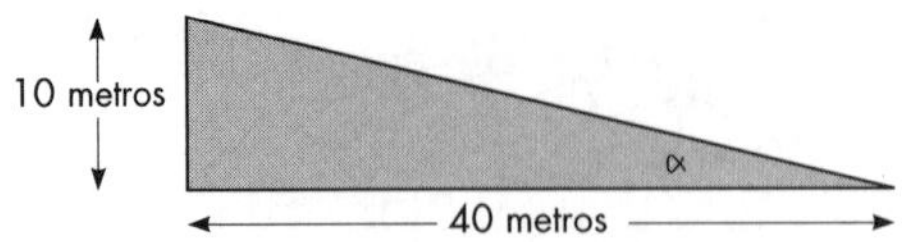

Figura 6.3: Um morro com um gradiente de 1 para 4

Ao iniciar os cálculos, expressei o ângulo de observação em termos de seu gradiente, chamado de "tangente" na linguagem matemática, e abreviado para "tan". O termo "gradiente" tem exatamente o mesmo significado que o escrito numa placa de beira de estrada — em outras palavras, a distância vertical subida ou descida, dividida pela distância horizontal necessária para concluir a subida ou descida. Na Figura 6.3, por exemplo, o gradiente do morro é de 1 para 4, expresso dizendo-se que $\tan\alpha = \frac{1}{4}$.

Quis descobrir como a $\tan\alpha$ variava com o tempo — neste caso, a taxa de variação no ângulo de observação do apanhador. Newton expressava as taxas de variação pondo um ponto em cima — eu fiz o mesmo, de modo que o que eu estava procurando era $\dot{\tan}\alpha$.

Do quê a $\dot{\tan}\alpha$ pode depender? Eu incluí tudo o que parecia ser relevante, inclusive o ângulo de lançamento, o tempo para a bola ir do lançador ao rebatedor e a distância do apanhador da bola do lançador ou do rebatedor. Ao final, todos esses termos se cancelam. Tudo o que sobrou foi a aceleração devida à gravidade (g) e a velocidade horizontal da bola (v). A resposta, gloriosamente simples, era:

$$\dot{\tan}\alpha = g/2v$$

O que essa equação nos conta? Para começar, que se um apanhador estiver no lugar certo para agarrar a bola, o gradiente do ângulo de observação irá variar a uma taxa constante, à medida que ele, ou ela, segue a trajetória da bola. De modo inverso, uma taxa constante de variação no gradiente é uma deixa que nos diz que estamos no lugar certo.

Para ângulos menores que 30°, o gradiente de um ângulo é proporcional ao ângulo, de modo que o próprio ângulo de observação varia a uma taxa constante, exatamente como sugeria o diagrama anterior. Para ângulos maiores, o gradiente varia mais depressa que o ângulo de observação, de modo que temos de inclinar a cabeça com uma velocidade cada vez menor para manter o gradiente mudando a uma taxa constante. Se continuarmos inclinando a cabeça com a mesma velocidade, obedecendo às lições da nossa infância, vamos perder a bola.

A equação também prevê o grau em que um apanhador tem de inclinar a cabeça, que depende da velocidade horizontal da bola. Se a bola estiver se aproximando do apanhador com uma velocidade horizontal de 14m/s (50km/h), por exemplo, o apanhador vai ter de inclinar a cabeça em cerca de 17° por segundo para seguir a trajetória, não importando o ângulo de lançamento. Se a velocidade horizontal dobrar, o grau no qual o apanhador terá de inclinar a cabeça cairá à *metade*, tornando mais fácil decidir onde colocar as mãos para agarrar a bola, mesmo que na prática a reação do apanhador não seja rápida o suficiente para conseguir isso.

Por fim, a equação diz que a cabeça tem de continuar se inclinando na mesma direção até que a bola tenha sido apanhada. Se a direção mudar, em qualquer estágio, este é um indício seguro de que a bola não será apanhada, a menos que isso seja feito abaixo do nível dos olhos.

As lições reais da equação, no entanto, aparecem quando consideramos usá-la como deixa no processo de agarrar uma bola correndo. Os autores do artigo na *Nature* mostraram que bons apanhadores controlam a velocidade da corrida nessa situação, de modo que a simples deixa dada pela equação continua a ser obedecida. Que estratégia de corrida, então, um apanhador tem de adotar para conseguir isso?

Tentei calcular matematicamente, e os resultados foram muito deprimentes — uma expressão horrivelmente complicada para o modo pelo qual a velocidade de corrida de um apanhador varia com o tempo. Uma coisa ficou clara, no entanto: um apanhador não pode correr a uma velocidade constante e ainda assim manter a cabeça inclinada a uma taxa constante para seguir a bola. Para manter a cabeça inclinando-se a uma taxa constante, a velocidade de corrida do apanhador tem de variar com o tempo de uma maneira complicada, que vai depender do ângulo de lançamento, da velocidade da bola e da distância entre o corredor e local correto. De toda maneira, o corredor vai estar acelerando ou desacelerando quando for pegar a bola.

Ao examinar a física da situação, percebe-se que essa aceleração ou desaceleração dá ao apanhador correndo uma clara vantagem sobre alguém que esteja no local correto e não tenha de se deslocar. A corrida é uma das chaves para se apanhar a bola, porque uma pessoa correndo acha mais fácil fazer pequenos ajustes de posição do que quem está parado. A diferença está no equilíbrio das forças sentido pelas pessoas.

Alguém parado de pé experimenta duas forças principais: a força da gravidade, com ação para baixo, e a força da reação do solo contra os pés, com ação para cima. Desde que elas estejam alinhadas, tudo bem. O equilíbrio é precário, no entanto, porque os seres humanos são relativamente compridos e finos, com um centro de gravidade alto, de modo que equilibrar um corpo humano é como tentar equilibrar um lápis pela ponta. Uma inclinação de cerca de 6° é suficiente para transformar as forças gravitacional e de reação em um par que inclina a pessoa ainda mais, até que, como uma caçamba cheia demais, ela cai, a não ser que seja rápida o bastante para afastar mais os pés ou abanar os braços, como um artista de corda bamba, para deslocar o centro de gravidade.

Alguns animais, como as tartarugas, os lagartos, os sapos e as rãs, dominam o problema do equilíbrio tendo pés bem afastados e um centro de gravidade baixo. Esses animais não são notáveis apanhadores de bola, e pode-se ficar pensando por que os seres humanos, com sua configuração mais instável, têm um sucesso muito maior nessa e em outras atividades que exigem movimento coordenado.

A resposta é que a nossa configuração mais instável nos torna mais maleáveis, pois uma força relativamente pequena consegue mudar a nossa posição rápida e consideravelmente. A força vem do ato de empurrarmos o corpo para baixo e para trás com os pés, ao corrermos. Essa força extra muda a situação do equilíbrio, e assim conseguimos nos inclinar mas permanecer estáveis, porque o impulso é diagonal, de modo que a força de reação passa pelo nosso centro de gravidade, mesmo que estejamos inclinados para a frente (Figura 6.4).[12]

A força extra só se interpõe quando estamos em aceleração, o que os cientistas definem como variação da velocidade e/ou mudança de direção. Correr a uma velocidade constante exige muito pouco esforço — apenas o necessário para superar a resistência do vento, o atrito nas articulações e a energia gasta nos músculos. Sem a força extra exigida pela aceleração, os corredores teriam de adotar uma posição quase ereta para se equilibrar. A exceção acontece no início de uma corrida, quan-

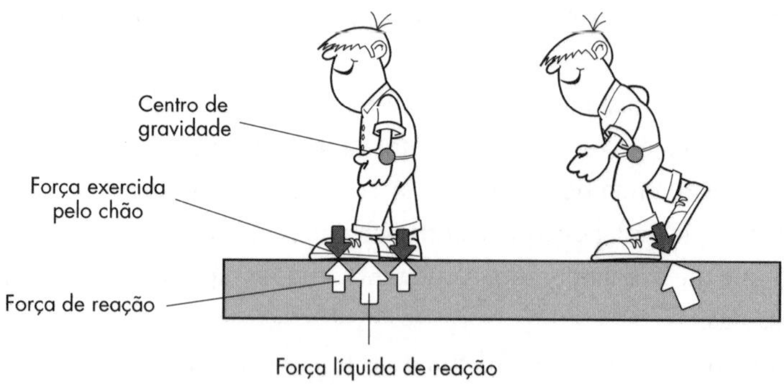

Figura 6.4: **Forças quando se fica de pé ou ao se deslocar a uma velocidade constante (esquerda) e acelerar (direita)**

As setas pretas representam a força do corpo no chão. As setas brancas são a força de reação (igual e oposta) do chão sobre os pés. O equilíbrio é mantido se a força de reação passar pelo centro de gravidade.

do o atleta está acelerando (isto é, variando a velocidade) e pode, portanto, inclinar-se para a frente e usar a força extra para manter o equilíbrio.

De acordo com a primeira lei de Newton, uma pessoa que esteja de pé, parada ou correndo a uma velocidade constante, não gera a força extra exigida para o equilíbrio e a dirigibilidade produzidos por alguém que esteja acelerando. Sob esse ponto de vista, a melhor maneira de se apanhar uma bola não é correndo a uma velocidade constante para interceptá-la quando ela cair, mas estar acelerando ou desacelerando quando a bola for tomada. Isso é exatamente o que prevê a equação de "apanhar bola", ao ser modificada para o caso de um apanhador em corrida; e isso é também o que os autores do artigo da Nature descobriram a partir de suas experiências.

Foi também o que encontrei depois de observar meus companheiros jogadores de críquete, e ao assistir a partidas de críquete e beisebol na televisão. Houve uma exceção — os jogadores profissionais de beisebol parecem correr para a posição correta e aí esperar, para apanhar uma bola voando alto. A razão prática para isso é que a velocidade vertical final da bola é muito maior para uma bola alta, de modo que o apanhador tem de estar mais perto do local ótimo para ter alguma chance de pegar a bola. Há ainda uma razão mais sutil. A tangente de um ângulo começa a aumentar mais rapidamente para ângulos maiores que 30º (como no beisebol), de modo que alguém que esteja inclinando a cabeça num grau constante, no início da trajetória da bola, acabará ficando bem para trás no final do percurso. Permanecendo perto do local ótimo, há menos chance de erro, o que compensa, nesse caso, pela perda de dirigibilidade decorrente do estar parado.

Minha conclusão, portanto, é que "apanhar correndo" é a melhor técnica para bolas lançadas a ângulos abaixo de 45º, enquanto "ficar lá e esperar" é melhor técnica para bolas altas. Nos dois casos, o apanhador bem-sucedido é aquele que avalia (inconscientemente) a pegada por meio da indicação de inclinar a cabeça num grau constante; ou melhor ainda, num grau que mantenha o gradiente do ângulo de visão mudando a uma taxa constante. Cálculo mental rápido tem pouco a ver com isso — na verdade, usamos deixas muito simples mesmo ao mantermos o olho na bola.

capítulo 7

Espuma de banho, espuma de cerveja e o significado da vida

A história da ciência não trata apenas de pontos altos e grandes momentos de descoberta. Os cientistas que alcançaram esses momentos em geral chegaram aí com uma perseverança tenaz e detalhando cada passo do caminho. As histórias da busca de detalhes podem ser tão fascinantes como as dos grandes feitos, embora sem dúvida exijam mais do leitor, em virtude da quantidade de explicações básicas necessárias para entender o que aquele detalhe significa.[1] Este capítulo conta uma dessas histórias. É o caso de um progresso relativamente sem importância na ciência, dizendo respeito a como as moléculas se "organizam" para formar estruturas complicadas como as das espumas.[2] Os resultados atualmente percorrem diversos aspectos de nossa vida, desde a maneira como lavamos o cabelo até a forma de ministrar remédios. Nossa compreensão dos processos envolvidos chegou a influenciar nossa idéia de como a própria vida foi originada e desenvolveu-se na Terra.

A história é contada da minha perspectiva, como observador interno privilegiado. Ao falar a esse respeito em maiores detalhes do que é comum num livro de popularização da ciência, espero transmitir um pouco da sensação de ser um cientista verdadeiro, fazendo ciência de fato, numa atividade em que a beleza está muito mais presente no detalhe do dia-a-dia do que nas concepções grandiosas das quais o público tanto ouve falar.

De acordo com o cientista norte-americano Sidney Perkowitz,[3] o século XXI vai ser lembrado como "Era da Espuma". Espumas de alumínio serão usadas para fabricar carros com carrocerias leves e fortes. Já se produziram espumas de concreto que sustentam cargas normais, mas se despedaçam sob cargas mais pesadas, e elas formarão as extremidades de pistas de decolagem em aeroportos, para obrigar os aviões que tenham ido longe demais nas aterrissagens a desacelerar com segurança. A Nasa, diz Perkowitz, chegou a lançar um foguete com uma seção feita de uma espuma superleve, projetada para captar partículas da cauda de um cometa.

As espumas de Perkowitz têm bolhas feitas de paredes sólidas que lhes conferem força. As espumas que vou discutir neste capítulo, como a da cerveja e a do banho, têm paredes líquidas. Como essas paredes se formam, como mantêm sua força, isso tem sido um quebra-cabeça eterno, que recua até Newton e seus experimentos com bolhas de sabão. Gosto de imaginar que ele fez esses experimentos no banho, mas a verdade é que provavelmente as soprou de uma tigela de vidro com água e sabão, posta em cima de uma mesa. Ele viu o que todos nós vemos, mas, sendo Newton, foi capaz de tirar conclusões a respeito de algo tão comum, relatando-as mais tarde no livro de 1730, *Optics*:

> Se uma bolha for soprada com água anteriormente tornada mais firme pela dissolução de um pouco de sabão, ela vai parecer tingida de uma grande variedade de cores. Para evitar que essas bolhas sejam agitadas pelo eterno ar (em razão do qual suas cores se deslocam irregularmente umas em relação às outras, de modo que não é possível fazer-se uma observação acurada delas), assim que soprei uma delas, cobri-a com um vidro transparente, e desse modo suas cores apareceram numa ordem muito regular, como inúmeros anéis concêntricos enlaçando o topo da bolha. E à medida que a bolha se tornava mais delgada pela saída contínua da água, esses anéis se dilatavam lentamente e tomavam a bolha inteira, descendo na ordem para a base, onde desapareciam sucessivamente.

Newton sabia que as cores dependiam da espessura da película de sabão, que variava de cima abaixo.[4] Ele também notou que: "Algumas vezes a bolha se torna de uma espessura uniforme." Comparando a cor da bolha nesse estágio com as cores produzidas quando a espessura se tornava irregular entre dois pedaços de vidro, ele podia calcular a espessura de uma película de sabão que tivesse escoado para uma cor prateada uniforme como "3$^{1}/_{8}$ de dez centenas de milhares" de polegada — em unidades modernas, 80 nanômetros (80 bilionésimos de um metro), o que significa que essa película de sabão tinha a espessura de mais ou menos 500 moléculas de água. Isso significa que era cerca de dez vezes mais fina do que se consegue observar a olho nu.[5] Como uma película tão diáfana permanece estável? Newton achava que era por causa do sabão dissolvido na água, que a fazia "firme". Foram precisos mais 200 anos para que se reconhecesse que as moléculas de sabão preferem habitar a superfície da água e pôr em ação seus efeitos mágicos nessa superfície.

A primeira pessoa a identificar por que as moléculas de detergente se comportam dessa maneira foi Irving Langmuir, um cientista da General Electric Company em Schenectady, Nova York, que tinha a invejável incumbência de estudar tudo o que achasse interessante.[6] Em diversos estágios de sua carreira ele descobriu formas de aumentar enormemente a vida do filamento de tungstênio da lâmpada, desenvolveu novas válvulas para alto vácuo, de uso em radiodifusão, e ganhou o Prêmio Nobel por suas idéias sobre como os átomos se unem para formar as moléculas. Durante a Segunda Guerra Mundial envolveu-se em experiências para fazer chover que tiveram a inesperada conseqüência de um estado norte-americano ameaçar outro pelo roubo de chuva.[7] Como esteio disso tudo estava o interesse de Langmuir sobre como as moléculas se comportam em superfícies (um periódico contemporâneo dedicado a esse tópico tem o nome de *Langmuir*). Ele começou estudando moléculas em superfícies sólidas, mas acabou voltando a atenção para as superfícies líquidas. No início dos anos 1930, rapidamente se deu conta de que materiais do tipo dos detergentes preferem residir na superfície da água porque suas moléculas têm extremidades quimicamente diferentes. Uma das extremidades, chamada extremidade *hidrofílica* (que gosta de água), é quimicamente semelhante à água e prefere ficar dentro dela. A outra extremidade, chamada *lipofílica* (que gosta de óleo), é quimicamente semelhante ao óleo e prefere um ambiente oleoso. Se não houver óleo por perto, o ar também serve. Cientistas que se cansaram de longas palavras gregas simplesmente chamavam as extremidades hidrofílica e lipofílica de *cabeça* e *cauda*, respectivamente.

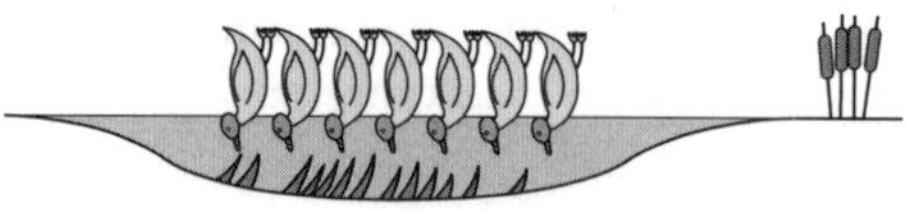

Figura 7.1: **Camada única de moléculas de detergente (representadas como "patos" com cabeças hidrofílicas e caudas hidrofóbicas) na superfície da água**

Figura 7.2: **Moléculas de detergente comprimidas numa bola (uma "micela") debaixo d'água**

A estrutura peculiar das moléculas de detergente faz com que elas tenham uma *superfície ativa* — se sacudidas na água, vão se deslocar para a superfície, onde ficam como patos quando comem, com as cabeças hidrofílicas mergulhadas na água e as caudas oleosas espetadas no ar (Figura 7.1). O máximo possível de moléculas de detergente vai procurar ocupar a superfície, empurrando-se para se ajeitar, e por fim amontoando-se o mais que puder. As que ficaram debaixo d'água (a maioria) ainda vão procurar arrumar-se de modo que as caudas saiam da água, ao mesmo tempo que as cabeças continuam mergulhadas.

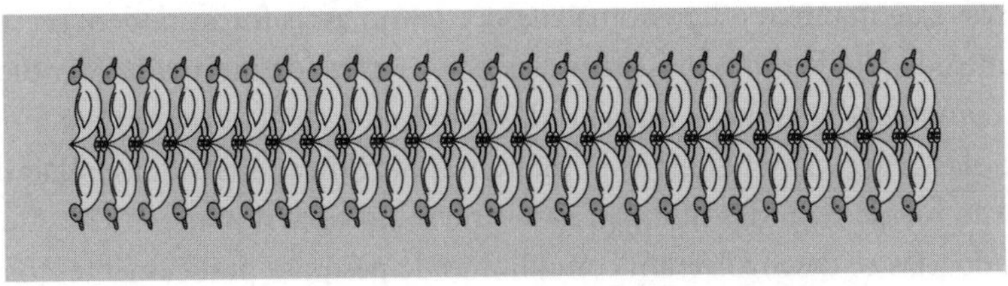

Figura 7.3: **"Bicamada" de moléculas de detergente debaixo d'água**

Isso pode ser feito de duas maneiras básicas. A primeira é quando as moléculas se arrumam numa bola (chamada *micela*), com as caudas no meio e as cabeças na superfície (Figura 7.2). As micelas conseguem levar a gordura para seus centros oleosos e fazem a maior parte do trabalho nas lavagens. O outro tipo de estrutura que as moléculas usam para se arrumar embaixo d'água consiste num par de folhas planas (chamadas de *bicamada*), alinhadas de modo que as cabeças apontem para fora, com as caudas para dentro, mais uma vez, escondidas da água (Figura 7.3).

O problema com essa bicamada é que as moléculas da extremidade ainda terão as caudas expostas. O problema é solucionado quando uma bicamada espontaneamente se curva em torno de si mesma para formar uma esfera fechada, chamada de *lipossoma* (Figura 7.4). Estes, como as micelas, conseguem carregar material em seu centro, escondidos da água do lado de fora. A diferença é que as micelas carregam materiais solúveis em óleo, como graxa, enquanto os lipossomas carregam materiais solúveis em água.

Figura 7.4: **"Lipossoma" de moléculas de detergente debaixo d'água**

Muitas vezes os lipossomas ficam encapsulados por camadas concêntricas de bicamadas. Tecnicamente, um lipossoma consistindo em apenas uma bicamada é chamado de *vesícula*, mas evitei usar o termo neste capítulo em favor de lipossoma, termo genérico mais conhecido, para englobar todos os tipos.

As membranas que encapsularam as primeiras células vivas eram provavelmente lipossomas formados espontaneamente a partir de lecitinas fabricadas naturalmente sob as condições que na época prevaleciam na Terra.[8] Há um grande interesse em se usar esses lipossomas para levarem fármacos ao local onde vão atuar no corpo e ao mesmo tempo se manterem escondidos das enzimas destruidoras durante o trajeto. A meta é alcançada incorporando-se moléculas marcadoras na parede externa do lipossoma. O desafio é fazer isso de forma que a estrutura bicamada do lipossoma não seja rompida. Isso significa compreender as forças que mantêm o lipossoma coeso, e como essas forças podem ser afetadas pela introdução de moléculas estranhas na estrutura da bicamada. Significa também compreender como o formato das moléculas de detergente afeta a maneira como elas se agrupam para formar diferentes estruturas. Essas duas linhas de pensamento foram reunidas numa grande síntese no final dos anos 1970. Até então, contudo, elas se desenvolveram como linhas de pesquisa praticamente isoladas.

Como as Moléculas de Detergente se Agrupam?

A primeira linha de investigação dizia respeito às forças entre as moléculas de detergente, e como essas forças transmitem estabilidade — não só a películas de sabão, mas a uma classe muito mais ampla de materiais, chamados *colóides*.

Fui apresentado aos colóides no início dos anos 1960, por Alexander E. Alexander (conhecido como "Alex"), meu professor universitário preferido e uma pedra no sapato das autoridades educacionais australianas. Era difícil passar uma semana sem que uma carta de Alex, em termos vigorosos, aparecesse em pelo menos um dos jornais de Sydney, em geral sobre a falta de apoio do Estado à instrução científica, ou o comportamento iníquo de alguns membros da burocracia educacional. Os professores, colegas de Alex, não gostavam dessa prática de expor o fechado mundo acadêmico da época ao escrutínio público, mas Alex não se importava nem um pouco. Estava se divertindo demais em seu próprio mundo povoado de cientistas quase tão gregários quanto ele. Quando, por fim, conheci e trabalhei com alguns deles, já sabia bastante a respeito de seu ponto fraco pelas anedotas que condimentavam as aulas de Alex.

Alex era co-autor de um famoso livro-texto sobre colóides e ganhou o coração de seus estudantes de graduação declarando que seu maciço volume era um livro que "nunca precisara ter sido escrito".[9] No entanto, estava carregado de informações interessantes, ainda que nem sempre relevantes, como o fato de que *kolloid* era a antiga palavra grega para "cola". Na terminologia moderna, um colóide é simplesmente uma suspensão de pequenas partículas num meio. O leite é um colóide, pois é a suspensão de glóbulos de gordura de leite em água, do mesmo modo que a tinta, uma suspensão de grânulos de pigmento sólido em óleo ou água. Fumaça de cigarro é um colóide, pois é uma suspensão de partículas de cinzas no ar (a fumaça vai parecer branca se as partículas forem grandes o suficiente para refletir a luz de suas superfícies, e azulada, se as partículas forem tão pequenas que só conseguem espalhar a luz). O sangue, uma suspensão de células vivas em soro, também é um colóide, ao lado de uma abundância de outros materiais essenciais à vida.

A característica que define os colóides é que suas partículas são pequenas e, conseqüentemente, a superfície total é imensa. A área da superfície de glóbulos de gordura do leite, em 600mm homogeneizado, por exemplo, é de cerca de 200m^2 — mais ou menos a área de uma casa média. As forças entre as superfícies, então, determinam o comportamento das suspensões coloidais. Essas forças (chamadas *forças de superfície*) surgem em grande parte de uma única camada de moléculas na superfície de cada partícula. As células vermelhas normais do sangue, por exemplo, repelem suas vizinhas e esgueiram-se por elas porque têm a superfície revestida por uma camada de moléculas de açúcar carregadas negativamente. Os glóbulos de gordura do leite ficam separados por um motivo semelhante, só que, nesse caso, as moléculas protetoras são as proteínas naturais do leite.

Na ausência de forças de repulsão geradas pelas camadas protetoras, partículas semelhantes vão se manter unidas porque são atraídas umas para as outras por uma força de atração universal de origem elétrica, chamada *força de Van der Waals*, que aumenta rapidamente à medida que as partículas ficam mais próximas umas das outras. Isso pode causar problemas. Se os glóbulos de gordura no leite se unirem, por exemplo, o leite se separa numa camada de creme, por cima, e uma camada de água, por baixo. Se as células vermelhas do sangue se unirem, não vão mais conseguir se espremer para passar pelos minúsculos capilares, e estes ficarão bloqueados. Isso acontece com as pessoas que sofrem de anemia falciforme, uma das doenças "moleculares" na qual a alteração de um pequeno grupo de átomos na molécula de hemoglobina faz com que a molécula tome um formato diferente, levando por sua vez à deformação da célula vermelha inteira. As modificações moleculares também fazem com que o exterior da célula fique ligeiramente grudento, de modo que, em vez de repelir as vizinhas e passar por elas, a célula adere a elas, especialmente nas curvas apertadas, como nas articulações, onde as células se aglomeram, bloqueando o fluxo de sangue e causando dores lancinantes.[10]

Partículas como as dos glóbulos de gordura no leite ou as células vermelhas do sangue só vão ficar separadas se a força de repulsão for suficientemente forte para sobrepujar a força de atração de Van de Waals em algum estágio da aproximação. Se a força de repulsão não estiver presente naturalmente, ela pode ser acrescentada. Uma das principais maneiras de se fazer isso nas suspensões de partículas hidrofóbicas em água (como por exemplo, a "nata de sujeira" na água do banho) é acrescentar moléculas de detergente. As caudas hidrofóbicas das moléculas do detergente se ancoram nas superfícies da partícula, escondendo-se — e à partícula — da água em torno, ao mesmo tempo que as cabeças eletricamente carregadas das moléculas de detergente formam uma camada protetora exterior, que repele outras partículas revestidas do mesmo modo e as mantém numa suspensão frouxa, que pode ser facilmente lavada, em vez de unir-se numa camada pegajosa nas bordas da banheira.

A idéia de que o equilíbrio de forças de atração e de repulsão controla a estabilidade coloidal foi desenvolvida independentemente no início dos anos 1940 por dois grupos de cientistas, Boris Deryagin e Lev Landau, na Rússia, e Evert Verwey e Theo Overbeek, na Holanda. Os dois grupos publicaram suas idéias depois da Segunda Guerra Mundial e, depois de uma breve batalha em torno da precedência, a teoria tornou-se democraticamente conhecida como a teoria de Deryagin-Landau-Verwey-Overbeek, universalmente abreviada "DLVO".[11]

Deryagin dominou a ciência da superfície na Rússia durante sete décadas e fez importantes descobertas, algumas vezes erroneamente atribuídas a cientistas ocidentais pela lentidão com que as publicações russas eram divulgadas e aceitas no Ocidente. Ele também fez afirmações mais controversas. Quando o ouvi em sua última conferência importante em Moscou, em 1992, reivindicava como dele o discutível fenômeno da "fusão a frio", que tentara iniciar com uma típica maneira engenhosa, fazendo com que seus alunos atirassem à queima-roupa no aparelho experimental com um rifle Kalashnikov. Deryagin saiu poucas vezes da Rússia, mas fez uma visita à Austrália quando já estava com uns 80 anos de idade, embora ainda ativo — ativo o suficiente, na verdade, para ser deixado na zona do meretrício em Sydney às dez da noite, sem aparecer de volta antes das três da manhã seguinte, quando seus anfitriões já estavam loucos de ansiedade.

Os cientistas holandeses Verwey e Overbeek estavam muito mais calmos quando os conheci em 1976, e muito generosos com seu tempo com um pesquisador jovem e um tanto impetuoso vindo da Austrália. Theo chegou a se oferecer para dar suas aulas em inglês, em vez de holandês, por minha causa. Aquilo me impressionou, mas declinei. Teria ficado ainda mais impressionado se soubesse que ele falava também mais cinco línguas.

A teoria DLVO é só isso — uma teoria. Precisava ser verificada, e as películas de sabão pareciam ser um veículo ideal, uma vez que as forças de repulsão resultantes dos grupos-cabeça, carregados, limitavam até quanto podia chegar a espessura da água.[12] O grupo holandês em particular fez vários experimentos com películas de sabão, variando a espessura final da película pela adição de diferentes quantidades de sal à água. A teoria DLVO previa que o sal reduziria a força de repulsão entre os grupos-cabeça carregados, presentes em lados opostos da película de sabão, permitindo desse modo que a película ficasse mais fina.[13] Medidas da espessura da película refletindo luz produziram valores numéricos muito próximos aos previstos (Figura 7.5).

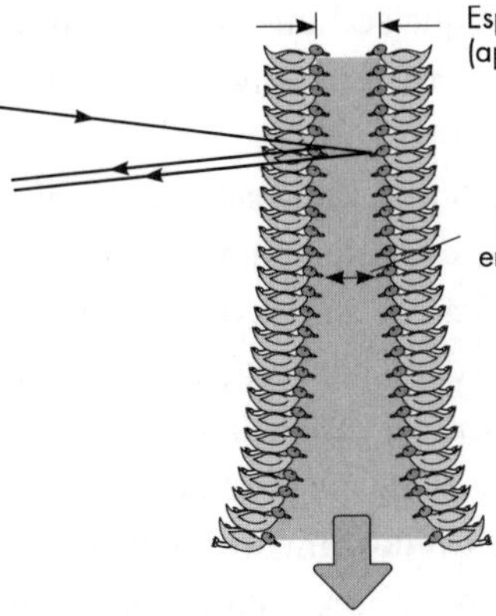

Figura 7.5: **Detalhe molecular da película de sabão em escoamento examinada por luz refletida**

Os estudos das películas de sabão acabaram por render muitas informações a respeito das forças de repulsão entre grupos-cabeça de detergentes, mas não contribuíram diretamente para responder por que algumas moléculas de detergente formam espontaneamente películas planas, enquanto outras formam estruturas feito micelas. No entanto, quando a solução apareceu, o resultado foi que as forças de repulsão medidas pelos entusiastas da película de sabão eram um componente-chave.

Um dos problemas com as películas de sabão é que a força que tende a afinar a película vem da pressão hidrostática, e não das forças de Van der Waals, que só se tornam importantes quando o intervalo entre as duas superfícies é menor do que dez nanômetros, mais ou menos (um intervalo que pode ser transposto por uma seqüência de cerca de 60 moléculas de água). As películas de sabão são em geral consideravelmente mais espessas do que isso, e novas técnicas tiveram de ser desenvolvidas para medir as forças em distâncias menores.

Todas essas técnicas fazem uso de superfícies sólidas ultrapolidas, montadas em molas firmes o suficiente para mantê-las separadas sob as grandes forças de atração a curta distância previstas. A escola russa mediu as forças entre fios cruzados, ao passo que a escola holandesa usou lentes de vidro polidas. A vantagem do vidro era que o experimentador conseguia ver através dele, podendo usar luz refletida para medir a distância entre as superfícies. A desvantagem era que as superfícies de vidro são relativamente acidentadas no nível atômico. O fio é mais liso, mas é impossível medir-se a distância de separação diretamente. O palco foi armado para uma feroz confrontação, que acabou acontecendo numa conferência que eu, infelizmente, perdi, embora seus ecos ainda reverberassem quando entrei em campo uns dez anos mais tarde.

A essa altura uma nova técnica tinha sido desenvolvida por David Tabor, em Cambridge, usando mica, que é transparente e também pode ser talhada até ficar atomicamente lisa. Uma sucessão de alunos de doutorado refinou a técnica, com o passo final, crucial, tendo sido dado por Jacob Israelachvili, que executou o assombroso feito de controlar e medir a distância entre superfícies de mica a até um átomo de espessura.[14] Ele mais tarde me disse que, ao relatar seus resultados numa reunião científica nos Estados Unidos, um dos cientistas do antigo estilo, na platéia, permanecera estóico durante toda a apresentação, para depois dizer-lhe que era fisicamente impossível realizar uma medida daquelas.

As medidas originais de Jacob foram feitas no ar. Eu o conheci depois de ele ter se mudado para a Austrália e ter começado a aprimorar sua técnica para realizar medidas semelhantes com água entre as superfícies, que ele iria por fim revestir com detergente e outras moléculas. O nosso encontro foi uma felicidade puramente acidental. Por acaso apareci numa conferência que Jacob estava fazendo sobre sua nova técnica, e rapidamente me dei conta de que ela seria ideal para um problema inteiramente diferente, no qual eu estava então trabalhando. Delineei minha idéia durante o café, depois da conferência. O resultado foi uma colaboração que durou vários anos e mudou inteiramente a direção da minha pesquisa.

Durante esses anos, de tantos em tantos meses eu transpunha de carro ou de avião os 300km até Sydney, para o laboratório de Jacob, em Canberra, proporcionando-me o luxo de uma intensa semana de experimentações, muitas vezes trabalhando até duas ou três da manhã. Situado num velho cottage de madeira às margens do lago Burley Griffin, o Departamento de Matemática Aplicada, onde Jacob então trabalhava, estava se tornando rapidamente um dos maiores centros mundiais em ciência das superfícies. As conversas na sala do café pareciam cobrir quase todos os aspectos daquele campo de conhecimento, questionando velhos princípios e produzindo novas idéias em profusão.

O departamento foi fundado e dirigido por Barry Ninham, um matemático dotado de uma versatilidade extraordinária, que escolheu a ciência das superfícies como seu campo de estudo e que já escrevera um livro sobre a teoria das forças de Van der Waals tão completo que nunca mais se precisou tocar nessa teoria.[15] Agora Barry estava buscando novos campos para conquistar. Jacob forneceu a oportunidade ideal ao começar a falar sobre suas idéias de como as moléculas do tipo das dos detergentes se agrupam de modos diferentes para formar micelas, lipossomas e outras estruturas. O segredo, acreditava ele, não está apenas nas forças entre as moléculas, mas também no formato destas dentro das estruturas. Aquelas agrupadas em camadas, ele achava, precisariam ter cabeças aproximadamente com a mesma área da seção transversal que as das caudas, de modo que pudessem ajustar-se facilmente numa estrutura plana. Aquelas que se agrupavam com maior facilidade em micelas, no entanto, teriam cabeças maiores, e então se agrupariam mais naturalmente em esferas, com as cabeças para fora, onde há mais espaço (Figura 7.6).

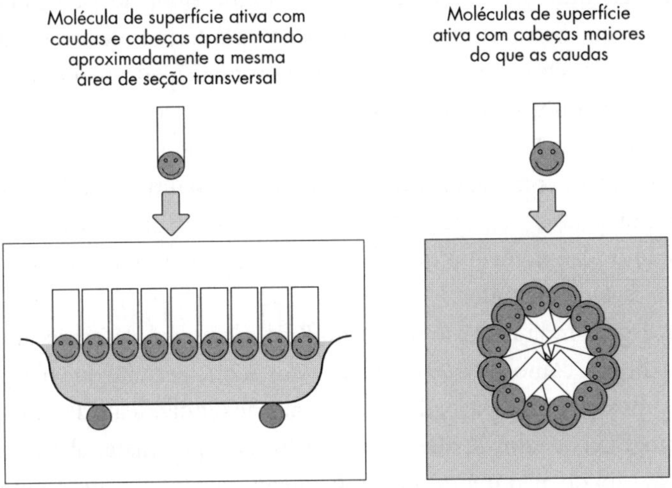

Figura 7.6: **Estratégias de agrupamento para moléculas dotadas de superfície ativa de formatos diferentes**

Como as Moléculas Tomam Forma?

A noção segundo a qual as moléculas têm formatos em três dimensões vem desde Louis Pasteur,[16] cuja dedução, em 1844, surgiu do fato de que soluções de dois componentes químicos com composição aparentemente idêntica nunca conseguiam, no entanto, desviar um feixe de luz em direções opostas. A diferença, pensou ele, devia ser porque as moléculas dos compostos têm formatos diferentes, em três dimensões.[17]

Pasteur estava certo, e suas observações levaram à questão moderna da *estereoquímica*, a ciência dos formatos moleculares e de como esses formatos afetam o comportamento das moléculas. Foi o assunto do meu primeiro projeto de pesquisa, e quase ficou sendo o último. O projeto era medir o formato de algumas moléculas pequenas, chamadas sulfóxidos, dissolvidas em benzeno, solvente altamente inflamável. A técnica, chamada de efeito Kerr, seguia Pasteur no uso do desvio de um feixe de luz para dar informações sobre as moléculas, desvios estes que poderiam ser usados para deduzir detalhes sobre o formato das moléculas. Para fazer com que a luz tivesse uma rotação suficiente, no entanto, as moléculas tinham de estar alinhadas num forte campo elétrico, o que significava atravessar a solução com dez mil volts.[18]

Nessa situação, uma centelha poderia ter causado uma explosão catastrófica a apenas alguns centímetros do meu olho, e o benzeno tinha de estar inteiramente seco para evitar que isso acontecesse. Eu o sequei pela técnica de acrescentar sódio metálico fresco para absorver a água residual. Por infelicidade, não notei que uma partícula de sódio ainda estava presente na hora em que joguei parte do benzeno residual na pia (procedimento que nunca seria permitido hoje em dia). O sódio reagiu vigorosamente com a água nos canos, produzindo um jato de hidrogênio em chamas, que por sua vez pegou fogo no benzeno, lançando uma labareda abrasadora pela parede do laboratório e quase acabando com a minha carreira científica antes mesmo de ter começado.

As abordagens indiretas, como o efeito Kerr, foram amplamente substituídas por técnicas diretas, como a *cristalografia de raios X*, que permite que o experimentador meça a posição, no espaço, de todos os átomos individuais de uma molécula.[19] A cristalografia de raios-X, que funciona com qualquer material que possa formar um cristal sólido, não importa quão pequeno seja, foi a técnica que permitiu que a estrutura helicoidal do DNA fosse descoberta, no início dos anos 1950. A técnica agora avançou tanto, que os cientistas podem mesmo até usá-la para observar enzimas engolirem suas presas moleculares e regurgitarem-nas sob uma forma diferente, em tempo real.

Ainda mais arrebatador do que a cristalografia de raios-X é a nova técnica de *scanning probe microscopy* (microscopia de varredura por sonda), que permite que os cientistas vejam moléculas uma a uma — ou, pelo menos, sintam-nas.[20] A técnica é parecida com a usada por uma pessoa cega que balança uma bengala branca para a frente e para trás na calçada, enquanto caminha. A bengala sente elevações e buracos no caminho e poderia, em princípio, ser usada para mapear seus contornos. A microscopia de varredura por sonda faz a mesma coisa no plano atômico, sendo que a "bengala" é uma ponta aguçada, minúscula, presa a uma mola mínima, cujos desvios mapeiam a superfície numa resolução no plano dos átomos. O moderno microscópio de varredura por sonda é um instrumentinho adorável, mais ou menos do tamanho de uma torradeira elétrica, e pode ser usado para visualizar praticamente qualquer molécula, desde as de detergente, relativamente pequenas, até imensas moléculas biológicas, como o DNA (Figura 7.7).

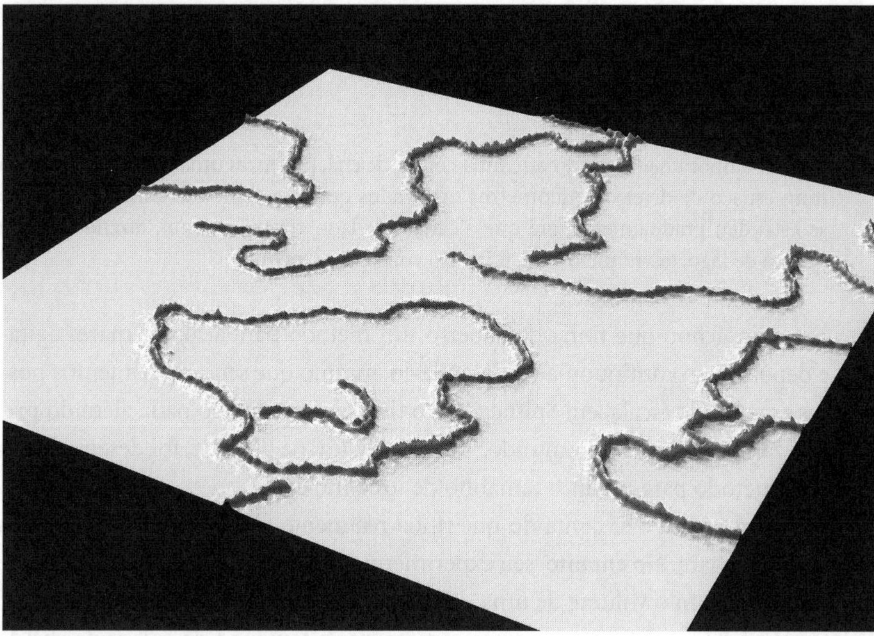

Figura 7.7: **Imagens de uma molécula de DNA feitas por um microscópio de varredura por sonda**

Os primeiros profissionais que estudaram o formato e o tamanho de moléculas de detergentes não dispunham da vantagem dessas técnicas e tinham de desenvolver outras abordagens. Estas em geral envolviam espalhar as moléculas como uma única camada sobre a superfície da água. A primeira medida já feita do tamanho de uma molécula funcionou desse jeito e foi desenvolvida por acaso pelo cientista e estadista norte-americano Benjamin Franklin.

A história começou numa viagem marítima, em 1757, quando Franklin notou que a esteira atrás de dois dos navios que o acompanhavam eram lisas, enquanto as de trás de seu próprio navio e do resto dos navios eram turbulentas.[21] Chamou a atenção do capitão do navio para esse notável fenômeno e mais tarde relatou a resposta desdenhosa do capitão numa carta a um amigo: "Os cozinheiros", disse ele, "acho que acabaram de jogar a água com gordura pelo embornal, o que deixou um pouco oleosos os lados daqueles navios."

Franklin pensou que era muito mais provável que o óleo estivesse tendo algum efeito sobre as ondas, e não navios, mas prudentemente guardou sua opinião. Tentou comprovar a idéia intermitentemente durante os 17 anos seguintes, culminando no experimento que fez num pequeno lago do parque público de Clapham, em Londres. O vento estava agitando a água quando ele experimentou derramar uma colher de chá de azeite na superfície. Mais tarde, escreveu a seu amigo William Brownrigg:

> O óleo, embora não mais do que uma colher de chá, produziu uma calma instantânea num espaço de diversos quilômetros quadrados que se espalhou assombrosamente e se estendeu gradualmente, até que alcançou o lado contra o vento, fazendo aquele quarto de lago, talvez meio acre, ficar liso como um espelho.[22]

Franklin achou que tinha descoberto um método para acalmar mares agitados, e depois disso continuou a recomendá-lo, mesmo que seus experimentos posteriores em grande escala, em Spithead, não tivessem produzido nada além do primeiro vazamento de óleo do mundo.[23] O que ele fez, na verdade, foi desenvolver o primeiro método para medir o tamanho de uma molécula.

Franklin não se deu conta do que tinha realmente feito — nem sabia que as moléculas existiam. No entanto, seu experimento continua a constar dos exames de hoje, em geral com o volume de uma colher de chá escolhido como resposta certa. O fato simples é que não conhecemos exatamente o tamanho da colher de chá de Franklin. Mas sabemos que uma película de óleo como a que ele descreve continua se espalhando até que tenha a espessura de uma molécula, não indo além disso, porque as moléculas na película são mantidas juntas pelas forças de Van de Waals. Se o volume e a área da película forem conhecidos, a espessura pode ser calculada. Cento e dezesseis anos mais tarde, lorde Rayleigh repetiu o experimento de Franklin "num banho de espuma de tamanho extra", usando um volume de óleo cuidadosamente medido e pedaços flutuantes de cânfora para marcar os limites da película.[24] Concluiu que a espessura da película era de 1,6 "micromilímetro" — em unidades modernas, 1,6 nanômetro. Isso significa que a colher de chá de Franklin deve ter tido um volume de mais ou menos 3ml, que é aproximadamente o da colher de chá do período georgiano que tenho entre minhas posses.

O passo-chave para transformar as experiências de Franklin e Rayleigh numa ferramenta adequada, científica, para se estudar o formato e o tamanho de moléculas dotadas de atividade na superfície foi dado em 1891, exatamente o ano seguinte, por uma das poucas mulheres cientistas da época, a alemã Agnes Pockels, que descobriu que uma película superficial feita dessas moléculas poderia ser comprimida por uma barreira deslizante.[25] Só em 1935 construiu-se um instrumento científico que funcionava baseado nesse princípio. Quem o fez foi o cientista norte-americano Irving Langmuir. Esse instrumento foi desenvolvido em colaboração com outra cientista, a doutora Katherine Blodgett, mas nem as contribuições de

Blodgett nem as de Pockels estão reconhecidas no nome moderno do instrumento, que é simplesmente chamado de cuba de Langmuir.[26] A nomenclatura não é culpa de Langmuir — ele foi um dos poucos cientistas da época que mostrava não dar importância a prestígio ou diferença de sexo, tratando a todos em pé de igualdade. A cuba de Langmuir (nem mesmo mencionada entre os feitos científicos em seu verbete na *Enciclopaedia Britannica*) é simplesmente uma cuba plana, rasa, cheia até a beirada com água e com uma diluída camada das moléculas dotadas de superfícies ativas espalhadas na superfície. A camada é comprimida por uma barreira deslizante, com o experimentador usando uma placa móvel montada numa mola para monitorar como a camada reage à compressão (Figura 7.8).

A cuba de Langmuir forneceu duas informações vitais. A primeira veio da mudança de área, à medida que a barreira era deslocada, que disse ao experimentador o grau de aglomeração das moléculas. A densidade de aglomeração acabava por atingir um limite que dependia do formato e do tamanho das moléculas individuais. Uma "típica" molécula de detergente tem uma área de seção transversal de cerca de 0,25 nanômetro quadrado.

A outra informação veio da variação na tensão superficial (registrada pela distância a que a placa montada na mola era puxada para baixo) à medida que a pelí-

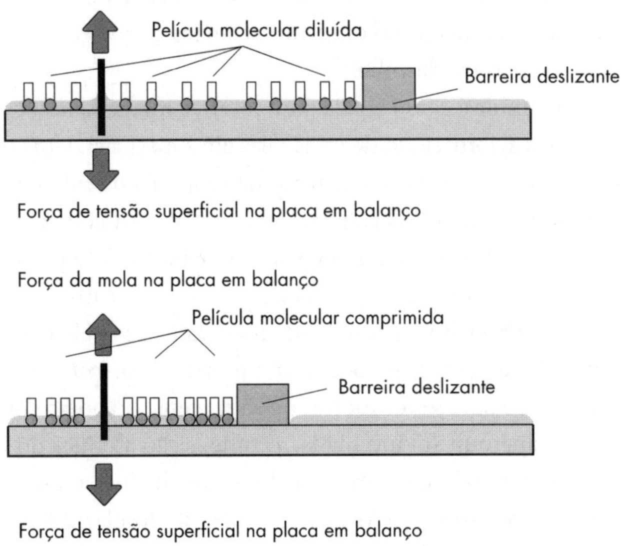

Figura 7.8: **Esquema da vista lateral da cuba de Langmuir antes e depois da compressão da camada molecular superficial**

cula era comprimida, o que deu a medida do trabalho necessário para empurrar as moléculas para que elas se aglomerassem, dando então a informação acerca das forças entre essas moléculas. Para moléculas dotadas de superfícies ativas, a força líquida é de repulsão. Dando-se espaço suficiente, as moléculas vão se afastar o máximo que puderem umas das outras.[26]

Fui apresentado à técnica da cuba de Langmuir por Alex, que era uma autoridade em seu uso e nos ensinou que a cuba e a água dentro dela têm de estar meticulosamente limpas. As cubas modernas são feitas de Teflon®, o polímero usado para revestir panelas "antiaderentes". É relativamente fácil manter o Teflon® limpo, mas as antigas cubas de metal ou plástico tinham de ser revestidas de um material protetor como barreira contra contaminação. Alex e seus contemporâneos treinados em Cambridge usavam parafina barata para esse objetivo, mas alguns outros experimentadores realmente foram a extremos. Alex era especialmente contundente a respeito de um colega norte-americano, chamado James William McBain, que revestiu o aparato todo com ouro.

A cuba parece muito simples, mas é bem complicada de se usar, pois a quantidade de material necessário para cobrir completamente a superfície é invisível a olho nu — uma partícula visível seria excessiva. O truque não está em usar os óculos de aumento fortes que acompanham a imagem tradicional do cientista, mas em dissolver o material num volume relativamente grande de um solvente volátil, como o éter, e depois pôr uma pequena gota da solução na superfície da cuba. O éter evapora, deixando o material para trás como uma única camada de moléculas (uma *monocamada*) cobrindo a superfície da cuba.[27]

A cuba de Langmuir é agora usada para resolver muitas questões importantes sobre os formatos e a aglomeração de moléculas em superfícies. Uma das mais antigas dessas questões dizia respeito ao formato da molécula de colesterol, que é uma das moléculas básicas da vida.[28] O colesterol tem uma péssima imagem na imprensa de hoje pelo seu papel na formação de placas que podem bloquear os vasos sanguíneos e causar infartos ou derrames, mas ele só causa efeitos danosos se estiver presente em excesso. Os efeitos seriam ainda mais danosos se ele não estivesse presente em quantidade suficiente — você estaria morto. O formato das moléculas de colesterol dita como ele deve se comportar quimicamente no nosso corpo. Na época em que a cuba de Langmuir foi inventada, a composição atômica do colesterol era conhecida, mas os átomos poderiam estar dispostos de duas maneiras diferentes, com cada estrutura correspondendo a um formato molecular diferente. Cada um deles tinha seu defensor, que ficava lá discutindo muito alegremente, sabendo que não havia qualquer método experimental disponível para pôr um ponto final na discussão. As duas estruturas sugeridas previam áreas de seção transversal bastante diferentes para a molécula de colesterol, e o famoso cientista de superfícies N.K. Adam percebeu que a diferença poderia ser facilmente mostrada pela recém-inventada técnica de Langmuir, já que uma das estruturas era plana, de modo que as moléculas se empilhariam como placas arrumadas verticalmente, lado a lado, na superfície da água, enquanto a outra estrutura previa um formato mais "tridimensional", e então a área por molécula seria muito maior. Não foi preciso mais que um experimento para pôr fim ao debate em favor da primeira alternativa.

Muitas discussões semelhantes, acerca de formato de moléculas, tamanho de moléculas e o grau de aglomeração de moléculas em superfícies, foram resolvidas pela técnica de Langmuir.[29] Os cientistas, no entanto, ainda estão longe de compreender o que há com as moléculas de detergente que faz com que elas se aglomerem espontaneamente em diferentes estruturas. A questão era especialmente importante no caso da lecitina (a substância vendida em lojas de produtos naturais), uma vez que é um componente importante nas membranas de células biológicas, tendo se descoberto que ela forma espontaneamente lipossomas ao ser sacudida em água. A primeira possibilidade animadora era que as primeiras membranas celulares pudessem ter sido formadas dessa maneira, especialmente depois que foi demonstrado que as moléculas de lecitina provavelmente estavam presentes na sopa pré-biótica.

De repente todo mundo, inclusive eu, estava tentando descobrir como as moléculas de lecitina se juntam. Minha abordagem tinha de ser indireta, pois eu agora estava trabalhando num laboratório governamental de pesquisas de alimentos, e os experimentos sobre as origens da vida estavam um tanto fora da minha alçada. A lecitina era um material alimentício, muitas vezes usado para segurar água na matriz oleosa de alimentos como a margarina, de modo que ataquei a questão de quanta água a lecitina conseguia transportar, embora isso fosse principalmente um pretexto para me manter em contato com o que os outros estavam descobrindo a respeito da agregação de moléculas de lecitina para formar estruturas complexas.

Eles estavam descobrindo um enxame de coisas, embora muitas delas não tivessem valor duradouro, em parte porque era difícil obter lecitina pura. Foi por esse motivo que alguns cientistas resolveram experimentar substâncias que pudessem ser obtidas em forma pura e também conseguissem formar bicamadas. Um deles foi um cientista de Cambridge, chamado Denis Haydon. As substâncias que experimentou eram *monoglicerídeos*, moléculas formadas pela degradação de óleos e gorduras como parte dos nossos processos digestivos normais. Nunca cheguei a perguntar a Denis exatamente por que escolheu essas substâncias, mas hoje me parece que ele tinha tido um vislumbre sobre a revolução que viria a seguir e procurou usar moléculas dotadas de superfícies ativas, cujos formatos garantissem que iriam se aglomerar direitinho em folhas planas. Ele sabia que só um monoglicerídeo, em particular, chamado *glicerol monooleato*, ou GMO, tinha as dimensões corretas para satisfazer as condições, em parte devido a trabalhos anteriores sobre monoglicerídeos, feitos por um grupo cuja aluna mais brilhante no uso da cuba de Langmuir era a jovem filha de um comerciante de secos e molhados chamada Margaret Roberts, que iniciava então uma carreira na ciência dos alimentos. O primeiro trabalho científico de Margaret Roberts foi também o último, depois de ter se casado com um homem chamado Denis Thatcher e decidido que a política era uma ocupação muito mais estimulante e gratificante.[30]

Acontece que o GMO era a substância ideal para se fazerem bicamadas artificiais. Denis Haydon as fez dissolvendo o GMO em óleo e pintando a solução sobre um orifício num pedaço de Teflon® que separava duas metades de um pequeno tanque cheio de água. O óleo escoou para a divisória, deixando uma película cuja estrutura era basicamente semelhante à que ocorre em membranas naturais (Figura 7.9).[31]

Essas películas tornaram-se conhecidas como *black lipid membranes* (membranas lipídicas pretas), ou BLM, pois eram tão finas que quase não refletiam a luz. A divisória, que é o reservatório para o qual todo o excesso de solvente escoa, é conhecido como a borda de Plateau, em homenagem ao belga Josef Plateau,[32] cuja fama entre os cientistas de superfícies vem, em parte, por ter descoberto experimentalmente as elegantes regras que comandam os ângulos entre os cantos e beiradas numa espuma (que também são chamadas de bordas de Plateau), mas ainda mais de ter feito tudo isso depois de ter ficado cego durante experimentos nos quais olhou demais para o Sol. Apesar disso, publicou artigos repletos dos mais lindos e acurados diagramas, produzidos com a ajuda de um assistente.[33]

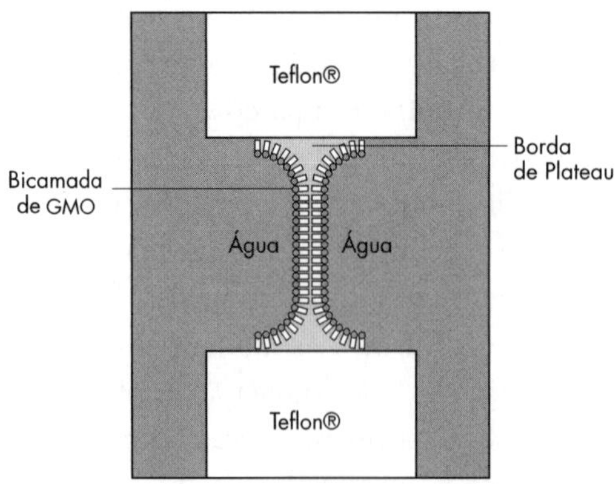

Figura 7.9: **Representação esquemática de bicamada de monooleato de glicerol**

O trabalho do Denis com as membranas lipídicas acabou fornecendo muita informação sobre os processos que comandam a automontagem e, em especial, sobre como outras moléculas conseguem se infiltrar pelas bicamadas sem desmoronar toda a estrutura. Muitas das estruturas que ele estudou eram de anestésicos locais,[34] os quais descobriu que funcionam engordando a estrutura bicamada para que as moléculas das membranas, cuja tarefa é passar material de um lado para o outro, não possam mais cobrir a distância toda.

Entre as outras questões que Denis atacou estava o debatido fenômeno de as caudas das moléculas dos detergentes preferirem a companhia de si mesmas em vez da companhia da água. Era um caso de "óleo e água não se misturam" — mas *por quê*? Ele não conseguiu dar uma resposta — na verdade, ninguém conseguiu. Mesmo agora não sabemos de fato o que faz com que o óleo seja praticamente insolúvel na água. Não é pela falta de atração entre as moléculas — moléculas isoladas de óleo e de água conseguem coabitar muito felizes. É mais porque as moléculas de água preferem se arrumar numa formação oscilante, efêmera. Uma molécula de óleo isolada que penetre nessa formação obriga as moléculas de água circundantes a adotarem uma formação mais permanente, e é tão bem-vinda como um celebrante de casamento num *ménage à trois*.

Pelo menos Denis conseguiu medir as forças que fazem o óleo e a água se separarem, medindo o trabalho necessário para aumentar a área de contato entre as superfícies do óleo e da água — em outras palavras, a tensão interfacial.[35] Foram dados como esses, além de informações sobre as forças de repulsão entre o grupo das cabeças, os formatos dos diversos tipos de moléculas de detergentes e a densidade final de aglomeração de diversos tipos de caudas hidrofóbicas, que Jacob, Barry e seu colega John Mitchell reuniram numa linda síntese, que permitiram que previssem exatamente que tipos de moléculas de detergentes formariam aquele tipo de estrutura.[36]

Uma Grande Síntese

Eu estava especialmente interessado no que eles estavam fazendo, pois acabara de escrever uma revisão resumindo o que se conhecia a respeito de como as moléculas se agrupam para formar micelas. Tinha ficado mais do que claro que era quase impossível as moléculas de detergente se agruparem para formar uma micela esférica, simplesmente porque no meio não havia lugar para as extremidades de todas as caudas. Eram dadas diversas sugestões de como o problema poderia ser resolvido, algumas envolvendo estranhos formatos de micelas. O meu colaborador David Oakenfull e eu preferíamos a mais simples: as micelas deveriam ter o formato de um prolato ou de um elipsóide oblato — em outras palavras, ou tinham o feitio de um ovo ou de uma pastilha de chocolate — para dar lugar para às caudas no meio.

Mesmo antes dessa revisão ter sido publicada, Jacob, Barry e John já trabalhavam com uma idéia que iria deixar para trás nossos argumentos. Eles afirmavam que as únicas moléculas capazes de formar micelas eram aquelas que podiam aglomerar-se para compor estruturas essencialmente esféricas. Como já tinha sido apontado antes pelo cientista norte-americano Charles Tanford, moléculas com outros formatos simplesmente se aglomerariam para compor outras estruturas. Jacob, Barry e John aperfeiçoaram essa idéia construindo um modelo quantitativo, matematicamente complicado, mas que levou a um resultado extraordinariamente simples, ou seja, o tipo de estrutura na qual as moléculas de detergente se aglomeram depende de apenas três coisas: o comprimento da cauda "L", o volume da molécula "V", e a área "ótima" de seção transversal do grupo-cabeça "A" — em outras palavras, a quantidade de espaço que o grupo-cabeça prefere ter quando está na companhia de outros do seu tipo. Se [V/(A x L)] for menor do que um terço, as moléculas se aglomeram como micelas esféricas. Se for entre um terço e um meio, as moléculas se aglomeram como bicamadas, ou lipossomas. Se for maior do que um, são formadas micelas invertidas. O modelo foi um sucesso imediato, e surgiu uma profusão de artigos nos quais os cientistas no mundo inteiro explicaram resultados obtidos a partir dessa proposição.

Uma coisa que a teoria podia explicar era as *microemulsões* transparentes, que, ao contrário das emulsões normais, como o leite e a maionese, eram indefinidamente estáveis. Essa pílula era difícil de engolir para cientistas como eu, que crescera com a idéia de que as emulsões — suspensões de gotículas de um líquido em outro — acabariam por "quebrar" à medida que as gotículas boiassem na superfície e se aglutinassem. Sabíamos que podíamos retardar o processo revestindo as gotículas com uma camada protetora de material ativo na superfície, como o glicerol monooleato, ou a proteína lactoglobulina, com a qual os glóbulos de gordura do leite são revestidos, mas sabíamos também que isso era, no máximo, uma medida de manutenção, e que o óleo e a água acabariam por se separar à medida que as gotículas se aglutinassem.

Aqui, no entanto, havia novas emulsões que pareciam ser indefinidamente estáveis. Sua existência já era conhecida havia uns 40 anos, mas o modo pelo qual elas eram estabilizadas permaneceu ignorado até que a teoria da "aglomeração" se desenvolvesse, quando Barry e outros perceberam rapidamente que o segredo estava no formato das moléculas de detergente que as compunham. Foram usados dois tipos de moléculas com formatos complementares, de modo que o vazio entre um lote era preenchido pelo outro. O resultado foi uma emulsão contendo gotículas extraordinariamente pequenas — tão pequenas que a emulsão parecia transparente. Algumas microemulsões não continham gotícula alguma. As fases oleosa e aquosa simplesmente entravam e saíam uma da outra em curvas intricadas, gerando o que passou a ser chamado de fase *bicontínua*. A teoria matemática desses sistemas permitiu a Barry e outros projetarem novas microemulsões.[37] Uma das conseqüências disso foi que Barry tornou-se experimentalista, embora Jacob o reprovasse. Outra foi que uma gama de novos produtos detergentes apareceu no mercado, com uma atraente aparência transparente e propriedades de fluxo que os deixam ficar como um gel até serem sacudidos, quando imediatamente fluem, sob o comando do usuário.[38] Um nicho de mercado para esses produtos foi encontrado em xampus, para os quais os detergentes em microemulsões são ideais.

A essa altura eu já estava a 20 mil quilômetros de distância, passando um ano sabático com Denis Haydon em Cambridge, obcecado com uma idéia que tivera a respeito de membranas lipídicas pretas. Minha proposta era usar pressão de água para fazê-las inchar como um balão, de modo que pudessem ser juntadas, assim como Jacob tinha juntado as superfícies de mica, mas aqui modelando o que acontece quando duas membranas celulares entram em contato. Acabou que não obtive qualquer resultado durante um ano inteiro. Na verdade, três anos se passaram antes que eu conseguisse inchar com sucesso membranas lipídicas pretas e juntá-las; e mais dois anos antes que eu publicasse os resultados desses experimentos com Denis. Os resultados mostraram que as membranas lipídicas pretas pulavam para junto umas das outras de uma distância de uns 30 nanômetros, imediatamente fundindo-se para produzir uma estrutura pouco comum, geralmente não percebida quando duas membranas biológicas reais se fundem.[39] Por isso, e por outras diversas razões técnicas, as membranas lipídicas pretas não eram modelos muito bons, e abandonei essa linha de investigação para trabalhar com células biológicas verdadeiras, que outros pesquisadores estavam descobrindo. Estas continham uma pequena proporção de moléculas chamadas de *lisofosfolipídeos*, dotadas de cabeças relativamente grandes e que tudo indicava que ocorressem como micelas. Agora acredita-se que os lisofosfolipídeos estão normalmente dispersos dentro da membrana, mas podem unir-se quando for necessário abrir um orifício — o primeiro passo na direção de duas membranas fundindo-se para tornar-se uma em processos como o da fertilização.

Será que o trabalho que comecei com Denis ficou perdido? Num sentido, sim, embora tenha levado ao desenvolvimento de uma nova técnica experimental — que agora encontra aplicação em campos tão diversos como a reciclagem de petróleo e a fabricação de sorvete. Em outro sentido, nenhum esforço científico é realmente perdido desde que a pergunta que se faça seja séria. As respostas podem não se provar relevantes para a questão original, mas suas conseqüências são bastante imprevisíveis, como aconteceu com Pasteur, Franklin e muitos outros, que persistentemente deram continuidade a linhas especiais de pesquisa. A tenacidade é um dos atributos mais valiosos que um cientista pode ter. Sem ela, nada da revolução das espumas teria acontecido. De fato, nada teria acontecido na ciência.

capítulo 8

Uma questão de gosto

Certa vez, num seminário importante na Filadélfia, me pediram para fazer um discurso depois do almoço, sobre sabores e aromas dos alimentos. Na noite do jantar descobri que o discurso do ano anterior tinha sido feito por um ganhador do Prêmio Nobel, e que em outra ocasião o divertimento fora proporcionado por uma trupe completa de dança indiana. Depois de receber essas informações, toda minha confiança foi para o brejo, mas pelo menos eu sabia que ia fazer mais sucesso que a trupe de dançarinos indianos. Eles tinham bloqueado o caminho para os toaletes e depois dançaram uma hora a mais que o previsto, justo quando os efeitos de dilatação das bexigas de um chardonnay especialmente bom estavam se fazendo sentir na maioria dos presentes.

Meu anfitrião, o presidente da mesa, pedira-me um discurso que fosse "informativo mas divertido". Era difícil decidir o que oferecer a uma platéia de especialistas mundiais, num seminário em que até o cardápio do jantar continha uma análise detalhada da combinação de sabores de cada prato. Se tentasse falar a respeito de sabores do ponto de vista do comensal, decerto o divertimento em grande parte viria, pensei, da minha ignorância.

Achei que poderia dar um jeito discorrendo sobre o ato de comer do ponto de vista de um cientista físico e me concentrando em como os alimentos liberam seus sabores e aromas. Eu estava razoavelmente bem qualificado para a tarefa, depois de 20 anos trabalhando como físico num laboratório governamental de pesquisas, e tendo dedicado um bocado de tempo, desde então, ao trabalho com *chefs* e cientistas de alimentos. Mesmo assim, descobri que havia um bocado de coisas que nem eu nem ninguém sabia, e fui obrigado a desenvolver algumas idéias novas, que acabaram sendo novidade para muitos presentes também. Desde então, outros cientistas aproveitaram-se dessas idéias, ou as desenvolveram independentemente, mais uma vez mostrando que a ciência é uma coisa comunitária e como nunca se pode prever onde alguma coisa vai desembocar.

Já abordei o ato de comer sob o ponto de vista do discurso muitas vezes depois disso — às vezes como ciência séria, outras usando os alimentos como pretexto para exemplificar como os cientistas encaram o mundo. Algumas dessas histórias são apresentadas neste capítulo, ao mesmo tempo que examino a ciência de se comer uma refeição. Toda a parte científica é séria, embora as histórias nem sempre o sejam.

Introdução

Um amigo do grande gastrônomo francês do século XIX Jean Anthelme Brillat-Savarin[1] contou que o visitara no meio da tarde e fora deixado esperando durante algum tempo. Por fim, Brillat-Savarin apareceu, cheio de desculpas:

— Eu estava na sala de estar, saboreando o meu jantar.

— O quê? — disse o convidado, que sabia que Brillat-Savarin *sempre* comia servido formalmente à mesa da sala de jantar —, jantando na sala de estar?

— Imploro-lhe que observe — replicou Brillat-Savarini — que eu não disse que estava comendo o meu jantar, mas que o estava saboreando. Eu já jantei faz uma hora.

Brillat-Savarin foi uma das primeiras pessoas a analisar a arte da gastronomia. Ele resumiu toda uma vida passada principalmente à mesa num compêndio de oito volumes publicado em 1825, intitulado *Physiologie du goût, ou Méditation de gastronomie transcendante, ouvrage théorique, historique et à l'ordre du jour*, que enumera preceitos, casos e observações sobre como aprimorar os prazeres da mesa. Em princípio, se não sempre, na prática, ainda seguimos muitos dos preceitos de Brillat-Savarin. A ciência subjacente a esses preceitos, no entanto, só agora começa a ser conhecida, e muitas perguntas básicas permanecem sem resposta. Por que, por exemplo, a aparência visual de uma refeição afeta a nossa percepção do seu sabor? Como o gosto, o aroma e outros fatores interagem para produzir a sensação que os franceses chamam de *goût*, gosto? Como os alimentos liberam as moléculas do sabor e do aroma que afetam os nossos receptores na língua e no nariz, respectivamente, para produzir essa sensação?

Neste capítulo eu acompanho a ciência de uma refeição do início ao fim, com o objetivo de examinar o progresso que os cientistas têm feito na compreensão do que acontece quando olhamos, mastigamos e engolimos a comida.

Percepção

Uma boa refeição começa com expectativa, prossegue com gratificação e termina com satisfação. Brillat-Savarin foi um dos primeiros a reconhecer que o primeiro item, a expectativa, é parte importante na fruição de uma refeição. Ele acreditava que a expectativa produzida por um ambiente apropriado era especialmente importante, e que o prazer numa refeição, quando se janta fora, é realçado por "um salão elegante [e] garçons inteligentes", além de "uma excelente adega e uma cozinha superior".

Os psicólogos modernos concordariam com Brillat-Savarin. Eles mostraram que as expectativas baseadas na ambientação, iluminação, a companhia presente, a aparência da comida, o aroma e a textura, e até a qualidade dos guardanapos podem afetar a maneira pela qual o sabor da comida *realmente* se apresenta ao conviva. Esses efeitos não são restritos aos *gourmets*, ou aos que se consideram *gourmets*. Um hambúrguer comercial, que tem um sabor ótimo para um adolescente quando comido na companhia de um grupo de amigos, pode parecer horrível para o mesmo adolescente ao ser consumido em companhia de seus pais. Uma refeição de restaurante que parece derreter na boca ao ser partilhada com um(a) amante não vai ter o mesmo gosto para alguém que esteja tendo uma briga com o cônjuge. A expressão "a comida azedou na minha boca" tem um significado real quando se trata da percepção de sabores. Sentimos os sabores com o nosso cérebro. Tudo o que a língua e o nariz fazem é enviar a informação sensorial ao cérebro a respeito das moléculas de gosto e aroma que o estão atingindo. O cérebro processa a informação, junto com outras informações que perceba como relevantes, e produz uma resposta.

As "outras informações" podem vir de algumas fontes curiosas. O italiano Filippo Tommaso Marinetti relatou, em seu *Livro de receitas futurista*, de 1932, a experiência de comer a mesma comida enquanto repousava os dedos levemente sobre veludo ou sobre uma lixa. A textura percebida na comida, contou ele, era bem diferente nos dois casos. Marinetti jantou desde Milão até Paris e Budapeste encenando demonstrações vistosas com suas palestras, enquanto ele comia refeições que incluíam "carne crua dilacerada pelo som de trompetes" e uma receita que tinha grão-de-bico, alcaparras, cerejas de licor e batatas fritas, tudo ingerido individualmente entre períodos cuidadosamente cronometrados de silêncio. O movimento futurista "desdenhava o exemplo e advertências da tradição com o intuito de inventar a qualquer preço alguma coisa que todo mundo considerasse maluca".[2] O objetivo deles era chocar. Seus sucessores modernos são *chefs* como Heston Blumenthal,[3] proprietário do restaurante Fat Duck na margem Bray do rio Tâmisa, que tem como meta usar as respostas do cérebro para criar novas experiências gustativas que possam, não chocar, mas com certeza, surpreender.

Os aromas, por exemplo, em geral contêm centenas ou mesmo milhares de compostos químicos diferentes, e alguns deles, como o de alho e o de café, têm componentes principais em comum. Heston tentou misturar os dois num *crème brulée*.[4] A mistura soa horrível, mas parece enganar o cérebro, que não consegue decidir se está experimentando alho ou café, e oscila entre os dois, desfrutando de cada um separadamente, mas sem nunca conseguir "misturá-los".[5]

O aroma não é a única coisa que parece enganar o cérebro. Heston também faz uma geléia de beterraba à qual adiciona ácido tartárico, o principal componente na "borra" deixada por um bom vinho. O ácido tartárico, como seu nome sugere, faz com que a geléia tenha um sabor cáustico, e isso, combinado com a aparência visual, dá a quem a estiver degustando a sensação de estar comendo groselhas pretas, em vez de beterraba. Uma das provadoras, ao lhe ser dito que a geléia era de beterraba, disse que o gosto era nojento. Porém, ao lhe ser dito que era groselha preta, ela achou na verdade deliciosa. Mas era mesmo beterraba.

Heston baseia muito da sua arte culinária na premissa de que o cérebro humano adora surpresas,[6] premissa que atualmente tem sido sustentada por experimentos científicos. As surpresas surgem de um contraste entre expectativa e experiência, mas a expectativa pode se mostrar dominante em muitos casos. Começa com a aparência da comida no prato, que pode até mesmo influenciar o momento em que é levada à boca. A maioria das pessoas ouviu falar de experimentos nos quais a comida é servida sob luz verde ou amarela, caso em que os comensais não conseguem ingeri-la. Tanto quanto eu saiba, os experimentos não foram estendidos ao bruxuleio da luz da TV na percepção de uma refeição — seria um estudo interessante.

Mesmo que a iluminação seja normal, a aparência ainda assim tem um efeito dramático sobre a aceitação da comida. Quando trabalhei num laboratório governamental australiano de pesquisa de alimentos, eu era membro de um painel de degustação cuja tarefa consistia em avaliar o sabor de lingüiças vegetarianas produzidas com proteína de soja por uma escola de agricultura local. As lingüiças tinham uma aparência perfeitamente normal, um dourado crocante e foram muito bem apresentadas num prato de porcelana branca e talheres de aço inoxidável. Tudo ia bem até que aplicamos nossas facas e garfos à extremidade de uma das lingüiças, instante no qual o conteúdo imediatamente escorreu para a outra extremidade, numa gororoba líquida. Não havia meio de eu ou outro membro do mesmo painel de degustação pôr aquelas lingüiças na boca.

A aparência e a textura dos alimentos num prato dão indicações importantes, embora algumas vezes enganosas, quanto ao que se pode esperar ao levar a comida à boca. O fato de reagirmos tão radicalmente a esses indícios sugere que a resposta está profundamente enraizada na nossa mente, talvez desde tempos pré-históricos, quando tinha de se fazer uma distinção crucial entre alimentos e o que fosse mesmo perigoso. A indicação realmente forte, no entanto, é aquela usada pela maioria dos animais, inclusive nós — o aroma.

Nada se compara ao aroma de uma comida fresca, e até agora não há nada que o substitua. Numa reunião a que compareci na Sicília, a *chef* francesa Anne-Marie DeGennes produziu duas *ratatouilles*, uma das quais tinha sido temperada com tomilho e louro frescos, e a outra, por extratos dessas mesmas plantas. A primeira era sem dúvida a preferível, mesmo que as ervas não houvessem perdido os componentes de aroma durante o processo de extração. A diferença provavelmente devia-se ao fato de que o processo de extração é mais eficiente para alguns componentes aromáticos do que para outros, de modo que o equilíbrio na complexa mistura fica sutilmente modificado.

Mesmo assim, os especialistas em sabores estão fazendo progressos.[7] Uma gota do composto hexanol, que produz o "tom verde" característico de frutas e legumes frescos, consegue restabelecer aquele tom de frescor num prato preparado. Algumas pessoas podem torcer o nariz em acrescentar uma "química", mas o mundo é feito de compostos químicos, e o hexanol é produzido naturalmente pelas plantas e o comemos o tempo todo. Por que não acrescentá-lo na forma pura, em vez de seguir o procedimento do *chef*, de jogar um punhado de ingrediente fresco, como ele faz ao acrescentar um purê de pontas de aspargos frescos para acentuar o aroma da sopa de aspargos? Os *chefs* com grande freqüência "trapaceiam" dessa maneira, se é que se pode chamar isso de trapaça. Assim como os cozinheiros domésticos. Quem nunca ouviu falar — e provavelmente o usou — no truque de pôr alguns grãos de café sob a grelha para que o aroma acentue o sabor do café instantâneo?[8] Esse truque já foi assunto de testes psicológicos, nos quais pessoas com os olhos vendados recebiam água quente para beber ao mesmo tempo que sentiam o aroma de café fresco. Todas ficaram convencidas de que estavam bebendo o produto legítimo.

Muitas vezes acentuamos o poder de atração aromático dos nossos alimentos antes da ingestão cobrindo-os de molho. Em virtude de sua consistência líquida, esses materiais liberam mais prontamente os aromas do que as comidas que envolvem, e dão uma sensação de aroma acentuado e uma expectativa de sabor mesmo antes de o alimento chegar à boca. As pessoas rapidamente passam a associar a aparência com o aroma, um dos motivos pelos quais um belo molho cor de ferrugem é tão apreciado num rosbife, especialmente na Inglaterra, a pátria dos rosbifes. O uso do molho é tão comum que não se esperaria muita surpresa da parte deles, o que seria um erro, como descobri quando uma firma de publicidade me pediu para investigar a ciência dos molhos.[9]

Só me responsabilizo por esses projetos em raras ocasiões, caso os veja como uma maneira de alertar o público de que a ciência está em todo lugar ao nosso redor, e não apenas restrita a progressos da medicina, destruição de países ou destino do universo. Esse projeto conseguiu a atenção do público, a ponto de eu ter recebido uma mensagem eletrônica de Marc Abraham, organizador do Prêmio IgNobel, encantado, dizendo que eu poderia ser candidato a um segundo prêmio. No início eu só pensava examinar quanto de molho era absorvido pelos diversos componentes de uma refeição de rosbife. A carne, pensei, obviamente absorveria um bocado, do mesmo modo que o purê de batatas, ao passo que batatas assadas, ervilhas e vagens absorveriam muito pouco. Como resultado, soube que eu estava quase 100% errado.

Realizei os experimentos com a ajuda de um colega, Peter Barham,[10] que fez os preparados culinários necessários na cozinha da casa dele. Minha mulher, Wendy, registrou os resultados experimentais e funcionou como árbitro em casos de dúvida. Nosso procedimento foi simples. Fizemos uma lista dos ingredientes mais comuns numa refeição tradicional em que o rosbife é servido, pesamos todos eles, cozinhamos todos em separado, pesamos outra vez, "mergulhamos" os ingredientes no molho especificado pelos anunciantes, limpamos o excesso de molho e pesamos mais uma vez. Por sorte medimos as dimensões das porções dos alimentos antes e depois do cozimento, seguindo o princípio científico básico de medir tudo o que possa ter um mínimo de relevância.

Algumas das variações de pesos não passaram de uma fração de grama. Logo ficou patente que as balanças domésticas de Peter não eram precisas o suficiente, o que nos fez pegar emprestada uma balança de alta sensibilidade, usada normalmente para pesar pequenas quantidades de substâncias químicas caras. Limpamos os resíduos mais venenosos e começamos tudo de novo.

Nossa primeira surpresa foi que a carne do rosbife não absorve molho algum — nenhum. A segunda foi que o purê de batatas também não absorve molho — de fato, o purê de batatas *perde* peso ao ser mergulhado em molho. Houve ainda mais surpresas. As ervilhas e as vagens, como ficou demonstrado, absorvem bastante molho, do mesmo modo como os legumes assados (até 30%, no caso de batatas assadas). Para alguns legumes, como pastinacas (uma espécie de cenoura branca, adocicada), a quantidade de molho absorvido acabou dependendo de como o legume fora cortado antes de cozinhar. A quantidade pareceu também depender de que extremidade do legume cozido era mergulhada no molho.

Reunimos os resultados numa tabela, na qual incluímos o tradicional *Yorkshire pudding* inglês, uma massa porosa feita de farinha, sal, ovos e leite, que absorve uma quantidade incrível de molho, e pão, usado por muitas pessoas para comer com o excesso de molho. Os resultados são mostrados na Figura 8.1.

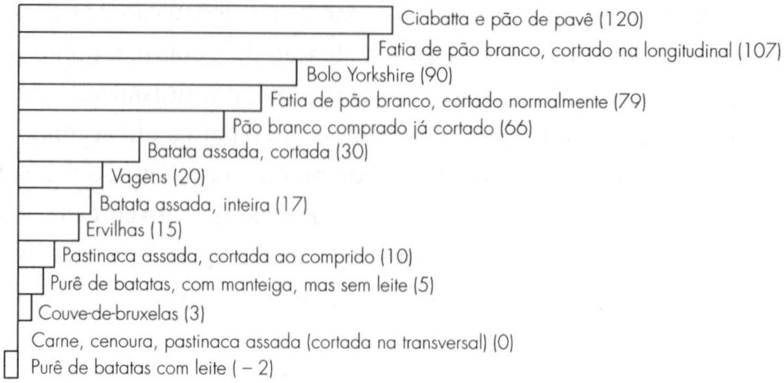

Figura 8.1: **Taxas de absorção de molho (percentagem de peso seco)**

O que deduzir disso tudo? O panorama mais simples que conseguíamos imaginar era que a umidade perdida pelo cozimento deixa um volume vazio, que pode ser preenchido com o molho (Figura 8.2). Haveria alguma forma de testar essa hipótese?

Havia. Tínhamos pesado os materiais antes e depois de cozinhá-los, de modo que poderíamos calcular a percentagem de umidade perdida durante o cozimento. Se, quando a comida fosse mergulhada em molho, a percentagem de ganho de peso fosse a mesma, nosso modelo estava provado, ou pelo menos muito bem apoiado.

Como qualquer cozinheiro sabe, no entanto, alguns alimentos encolhem ao serem cozidos, reduzindo o espaço disponível para ser preenchido com o molho. Desse modo, tínhamos de incluir um fator de correção, calculado a partir da variação nas dimensões físicas do alimento, para dar margem a esse efeito de encolhimento. Ainda bem que tínhamos tomado as medidas. O fator de encolhimento era pequeno para a maior parte dos alimentos, mas para a carne acabou sendo o responsável total pela perda de água, e não havia volume vazio para que o molho entrasse. Isso foi apenas um dos quebra-cabeças explicado. Outro enigma dizia respeito às ervilhas e às vagens, que não encolhem ao serem cozidas — podem até inchar. Um exame mais minucioso revelou a resposta. O envoltório das ervilhas se solta e os grãos caem de muitas vagens, nos dois casos deixando volumes vazios que se enchem quando o legume é mergulhado no molho. Esse foi outro enigma explicado. A terceira pesquisa dizia respeito ao purê de batatas. Dessa vez usamos a abordagem de Hercule Poirot, e as nossas pequenas células cinzentas, alimentadas por um vinho adequado, logo nos lembrou que batata amassada com um pouco de leite já está inteiramente saturada de líquido, deixando lugar para mais.

Com esses problemas fora do caminho, sentamo-nos para comparar a percentagem da perda de umidade (corrigida para o encolhimento) com a percentagem de absorção de molho para os diversos alimentos que cozinhamos. Se nossa hipótese estivesse certa, então as duas quantidades deveriam ser iguais em cada alimento. E eram, com um ajuste de curva que teria agradado a qualquer cientista experimental, como mostra a Figura 8.2.

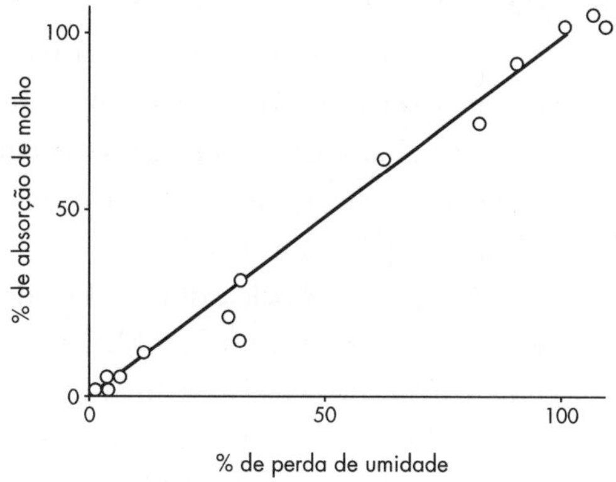

Figura 8.2: **Taxas de absorção de molho (percentagem de peso seco)**

Nosso modelo parecia bastante bom, embora ainda houvesse muito assunto para ruminar. Por que, por exemplo, as batatas assadas levavam dez minutos para absorver a quantidade máxima de molho, enquanto a pastinaca assada levava menos de um minuto? Por que as pastinacas cortadas "na transversal" não absorviam molho algum depois de assadas, enquanto as cortadas na longitudinal absorviam até 10%? Por que legumes assados absorviam mais molho pelo lado que estivera em contato com a assadeira?

Essas perguntas não atraíam a mídia, simplesmente intrigada com a idéia de que a ciência tivesse algo a dizer a respeito de uma coisa tão corriqueira como molho de assado, e que um cientista apresentasse uma "equação do molho".[11] Elas me incomodavam, no entanto, porque perguntas não respondidas sempre incomodam um cientista.[12] Muito provavelmente as respostas tinham pouca utilidade para a ciência atual, como as observações de Rumford sobre as tortas de maçãs, ou o *insight* de Benjamin Franklin depois de ver os cozinheiros de navios jogarem a água engordurada no mar. O máximo que eu podia esperar era que algumas das respostas pudessem ser relevantes para os restaurantes e a prática da cozinha — em outras palavras, a ciência da comida.

Mastigação

A ciência da comida foi definida pelo satirista norte-americano Ambrose Pierce em seu *Devil's Dictionary*,[13] dicionário do diabo, como "desempenhar sucessivamente (e com sucesso) o ato de mastigação, umectação e deglutição" — em outras palavras, morder, mastigar, misturar a comida mastigada com saliva e engolir o resultado. Uma vez compareci a uma reunião sobre a ciência da gastronomia em que todo esse processo foi mostrado num vídeo de raios X de revirar o estômago, complementado com óculos, a começar da mastigação ritmada até a deglutição do bolo alimentar (Figura 8.3). Por sorte não são muitos os que encaram o ato de comer dessa maneira, a não ser que seus companheiros de mesa comam com a boca especialmente aberta. Uma vez que a comida desaparece na nossa boca, tudo o que importa é o gosto, ou *goût*.[14]

O responsável pela exibição do vídeo estava preocupado com o que acontece quando as pessoas têm problemas para comer e utilizava a fita para mostrar como é o ato "normal" de comer. Uma das conclusões a que chegou foi que tendemos a orientar simetricamente os pedaços de comida com a beirada mais longa paralela à linha dos dentes; e que os pedaços mastigados nas duas extremidades não se misturam. Se os gostos nas duas extremidades forem diferentes, como aconteceria numa fatia de torrada com, digamos, patê numa extremidade, quando começamos a mastigar, eles não se misturam. Uma ponta vai ficar no lado direito da boca, e a outra, no lado esquerdo. É claro que a maneira pela qual cortamos e apresentamos os alimentos pode afetar o gosto, embora, ao que eu saiba, esse aspecto da apresentação da comida tenha recebido pouca ou nenhuma atenção.

Há dois aspectos principais quanto à mastigação. Um é quebrar a comida em pedaços pequenos o suficiente para serem engolidos. O outro é liberar os gostos (experimentados pela língua) e aromas (experimentados pelo fundo do nariz),

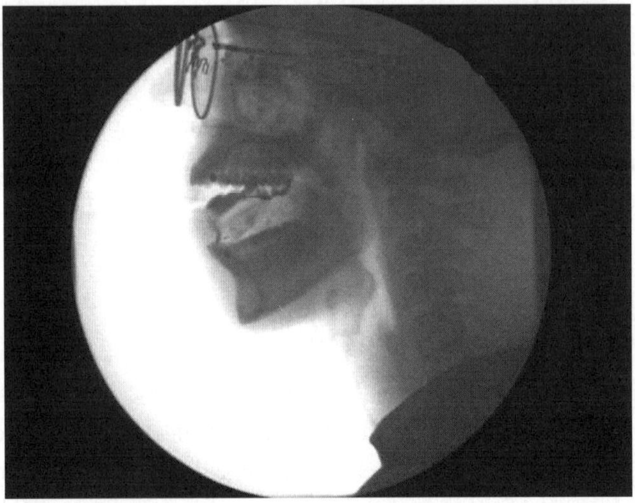

Figura 8.3: Vídeo de raios X de uma cabeça mastigando

sendo que os dois contribuem para a experiência final do sabor. Os gostos e aromas, por sua vez, promovem o fluxo de saliva, tornando a comida mais fácil de engolir.

As forças usadas para quebrar os alimentos são transmitidas tanto pelos dentes como pela língua, e são extraordinariamente difíceis de se modelar satisfatoriamente; muito mais difícil do que as forças necessárias para enviar um foguete para a Lua, que já foram modeladas diversas vezes com sucesso. Com "modelo" quero dizer escrever equações (que possam ser postas num computador) que prevejam o curso dos eventos. A palavra pode também ter um significado prático: a indústria de alimentos está cheia de instrumentos que "modelam" o jeito como comemos. A maior parte destes são instrumentos projetados para medir a textura. Eles vão do simples maturômetro de ervilhas, que não passa de um pino com uma mola, enfiado nas ervilhas para medir a dureza delas, até instrumentos complicados que imitam a ação de uma mandíbula mastigando. Todos esses instrumentos, sem exceção, são inúteis na prática, quando se trata de prever a textura, ou a "sensação na boca", de um alimento ao ser efetivamente comido.

O problema, em termos físicos, é que a mastigação é um processo altamente "não-linear": em outras palavras, os efeitos não são proporcionais à ação. No caso da mastigação, uma variação muito pequena na maneira pela qual mastigamos pode ter um efeito imenso no resultado. Uma mordida num biscoito, dada com uma força de 4,99kg, por exemplo, pode não conseguir partir o biscoito, enquanto uma força de 5kg pode despedaçá-lo. É difícil estudar processos não-lineares, mesmo num laboratório, e ainda mais difícil traduzir os resultados em situações práticas. Isso se aplica especialmente quando os efeitos avançam durante todo o processo, como acontece na mastigação, em que a quebra das partículas de alimentos é apenas o primeiro passo. À medida que são quebradas, as partículas se aglutinam numa massa chamada de *bolus* (bolo alimentar), cuja reação às forças exercidas pelos dentes e pela língua é também provavelmente não-linear. O bolo pode, por exemplo, "engrossar por cisalhamento", tornando-se mais firme à medida que é mastigado, ou "afinar por cisalhamento", em que, quanto mais for mastigado, mas líquido se torna.[15]

O bolo alimentar normal pode apresentar os dois comportamentos, fato que parece já ter sido conhecido do primeiro-ministro britânico do século XIX, sir William Gladstone, homem cuidadoso e paciente, que tinha ouvido a recomendação de mastigar cada bocado de alimento 30 vezes. Como resultado, o bolo alimentar normalmente engrossa por cisalhamento durante esse tempo, alcançando seu grau máximo de coesão depois de umas 30 mastigadas, ponto que o corpo recebe como sinal de engolir. Com mais mastigação, o bolo alimentar começa a afinar por cisalhamento e acaba se rompendo. Uma complicação a mais na análise do bolo alimentar é a presença da saliva, que torna pedaços sólidos de alimentos mais fáceis de quebrar. Os molhos têm um efeito semelhante, pois a presença de um líquido torna mais fácil esticar, dobrar e abrir rachas em superfícies sólidas.

No todo, sabemos muito menos sobre o que acontece durante a mastigação do que no interior das estrelas. Uma coisa sabemos, no entanto: é que a mastigação funciona não apenas para quebrar os alimentos até graus manejáveis, mas também para liberar os sabores. Essa é uma área sobre a qual estamos aprendendo um bocado, especialmente quando se trata de entender o que acontece quando as moléculas de sabor e aroma atingem a língua e o nariz, respectivamente.

Sabor — Uma Mistura de Gosto, Aroma e Dor

As moléculas liberadas do bolo alimentar durante o processo de mastigação induzem três sensações principais — gosto, cheiro e, surpreendentemente, dor.

O gosto se dá, evidentemente, na língua e no palato, que conseguem distinguir as cinco sensações básicas do gosto — amargo, doce, salgado, azedo e "umami", descrito como "tendo gosto de carne, de caldo completamente saboroso". Os gostos amargos são experimentados porque as moléculas que os induzem ligam-se a moléculas de proteínas específicas (chamadas de receptores), presentes numa membrana sensorial da célula. As células sensoriais ficam reunidas em "botões de gostos", que são abrigados em grupos de três a 15 nas saliências mínimas, mas visíveis, na língua, chamadas de papilas. Quando uma molécula se liga a um receptor (muitas vezes porque a molécula apresenta um formato que permite que ela se ajuste como uma "chave" na "fechadura" do receptor), as proteínas do receptor passam uma mensagem química para dentro da célula para dizer que houve a ligação. A reação da célula é emitir um sinal elétrico ao cérebro, que registra, "Ah, amargo!". Os gostos amargos estão lá por um motivo: avisar-nos para não comer um alimento em especial, porque é venenoso ("amêndoas amargas", por exemplo, contêm traços de cianeto). É surpreendente, então, que determinados alimentos de preferência geral (como cerveja e chocolate escuro) devam sua atração ao amargor, e não há qualquer explicação efetiva de por que isso é assim, embora seja digno de nota o fato de que a maioria dos alimentos amargos "preferidos" é farmacologicamente ativa. Temos uns 60 receptores diferentes para compostos com gosto amargo; quando uma pessoa não tem um desses receptores, ela fica "cega para o amargo", para o composto a que esse receptor reage. Mais ou menos um quarto da população, por exemplo, é "cega para o amargo", para o composto feniltiocarbamida, que é detectado como sendo incrivelmente amargo para os outros 75%. Outro quarto da população (principalmente as mulheres) parece sentir *demais* o sabor amargo, conseguindo detectar compostos amargos em níveis anormalmente baixos. Nessas pessoas, as papilas estão bem amontoadas e circundadas por uma única estrutura em anel, cuja função ainda não é conhecida.

Há papilas gustativas que reagem ao amargo por toda a extensão da língua, embora a maior parte esteja situada no fundo. As papilas que reagem ao doce estão concentradas mais para a ponta, o que não surpreende muito, sendo essa a parte da língua que primeiro entra em contato com a lactose (um dos açúcares mais doces) no leite materno.[16] Curiosamente, quase não se sabe da existência de "cego para doce", talvez porque o gosto pelo doce seja um traço de sobrevivência.

O outro "gosto" que usa um receptor é o controverso "umami", um gosto descrito por muitos como sendo "de caldo" ou "de carne", e que eu chamei de fator "uáu!" numa coluna de jornal. Ele é induzido pelo glutamato monossódico, o bem conhecido "MSG" (*Ajinomoto*), freqüentemente acrescentado à comida chinesa, em especial como "apurador de gosto". O MSG ocorre naturalmente em diversos alimentos, inclusive tomates e queijo parmesão. Existe no queijo sob a forma de cristais brancos, visíveis, que se dissolvem na água, deixando o queijo sem gosto.

O "umami" foi considerado um gosto em separado porque se descobriu um receptor para o glutamato na língua, mas ainda se discute se o MSG (e outros compostos que também se ligam ao receptor) por si só tem um "gosto" específico ou não. Talvez a própria escolha seja uma questão de gosto. Os outros dois "gostos" — salgado e azedo — usam tipos de receptores diferentes e são o efeito geral do ácido (para o azedume) ou do sal na língua, como um todo.

Os gostos podem se afetar uns aos outros de maneiras surpreendentes. Um deles é o bem conhecido efeito de reforço dado por uma pequena quantidade de sal na percepção do doce, motivo pelo qual receitas para pãezinhos doces muitas vezes especifiquem a adição de uma pitada de sal. O sal consegue também afetar a percepção do amargo. Uma vez participei da degustação de vinhos tintos em que nos pediram que avaliasse o amargor causado pela presença de taninos, componentes universais dos vinhos tintos. Deram-nos umas bolachinhas salgadas para comer e nos pediram que repetíssemos o teste. O amargor do vinho tinha decisivamente diminuído, razão pela qual, talvez, os vinhos tintos combinem com comidas salgadas.

Os alimentos amargos podem saturar os receptores do amargor e assim apagar o amargor de alimentos comidos depois, razão pela qual os *chefs* evitam tais sucessões. Tente beber um pouco de água tônica antes de comer o seu outro pedaço de chocolate escuro. O amargor do chocolate vai ser eliminado, deixando apenas gosto e sensação de cera.

Há também a bem conhecida relação entre um gosto por coisas doces e uma predileção por álcool. Esses dois materiais parecem ativar os mesmos sinais nervosos para o cérebro. Ao contrário, uma aversão induzida a coisas doces pode levar a uma aversão ao álcool, embora, ao que eu saiba, esse efeito até agora só tenha sido observado em camundongos.

O gosto é bastante complicado, mas essa complicação multiplica-se quando se chega ao aroma, em que há mais de três mil tipos de receptores a serem considerados, dois mil dos quais ativos em seres humanos. Temos esses receptores em comum, mas dificilmente duas pessoas apresentarão o mesmo conjunto. Mesmo para a limitada gama dos odores até agora estudados, há alguns para os quais apenas 10% da população tem receptores, outros para os quais 1% não tem o receptor, e uns 20 ou 30 odores entre esses dois extremos. É provável, então, que cada um de nós tenha uma experiência ligeiramente ou até muito diferente quando se tratar de perceber o aroma de uma refeição. Um caso interessante é o da trufa, descrito por Rossini como sendo o Mozart dos fungos, caso em que uns 40% da população são "cegos para tons" (não percebem os tons na música), ou seja, para o aroma central com o qual os *gourmets* enlouquecem. Mesmo para os que conseguem distinguir esse aroma, o efeito vai de uma excitação sensual à repulsão extrema.

Quando se trata da percepção de sabores, o aroma em geral é mais importante que o gosto. Isso pode ser mostrado muito claramente cortando-se uma maçã e uma cebola em cubos de tamanhos iguais e pedindo a um amigo que as entregue a você aleatoriamente, enquanto você mantém nariz e olhos fechados. Sem o aroma e as impressões visuais, a maior parte das pessoas acha impossível distinguir entre os dois alimentos, mesmo com sabores muito diferentes. Ainda que tenham indicações dos aromas, as pessoas nem sempre conseguem distinguir entre alimentos aparentemente dessemelhantes. Queijo *gruyère* e mel, por exemplo, são muito difíceis de se distinguir só pelo aroma.

Os aromas nos chegam por duas vias. A primeira é externa, como quando detectamos o cheiro de uma refeição logo no início. A segunda vem de dentro, quando o aroma atinge o fundo do nariz por via *retronasal* — ou seja, pelo fundo da boca e do nariz, depois de termos levado a comida à boca. Os aromas que nos chegam de fora parecem muito mais fortes quando inalamos, mas só recentemente um grupo de cientistas, liderado por Andy Taylor, na Universidade de Nottingham, descobriu por quê. Temos essa impressão não por inalarmos mais do aroma, mas porque o inalamos numa concentração que varia mais rapidamente. É a proporção pela qual a concentração do aromas varia no nariz, mais do que a concentração propriamente dita, o que determina quão forte percebemos o aroma.

O mesmo efeito acontece por dentro. Isso só foi descoberto pelo uso de um dispositivo inteligente de tecnologia desenvolvido por Andy e sua equipe, chamado de MSNose, embora eu prefira o nome ligeiramente mais surrealista de "Espaço Nasal". A técnica analisa aromas de alimentos liberados para o fundo do nariz durante a mastigação e mede a concentração deles no nariz, em tempo real (Figura 8.4).

O dispositivo faz isso recolhendo uma amostra de cada expiração à medida que o sujeito mastiga. A amostra é recolhida por um tubo inserido (sem dor) no nariz da pessoa. Isso dificilmente cria as condições ideais para um deleite gastronômico, mas vale pela causa da ciência, como descobri ao usá-lo para estudar os efeitos, sobre a liberação de sabores, de um biscoito mergulhado no chá. A premissa ou hipótese que estávamos testando era que o biscoito embebido no chá fica com um gosto melhor, e isso porque a bebida ajuda a liberar as moléculas aromáticas da matriz sólida do biscoito. O chá quente, esperávamos, produziria essa liberação aquecendo as substâncias aromáticas voláteis. Para fazer a coisa completa, no entanto, experimentamos chá frio, chocolate quente e frio, leite quente e frio e até suco de laranja. Ainda bem que fizemos isso tudo.

Meu orientador no uso do MSNose para esses experimentos foi Rob Linforth, que estava muito feliz e desempregado até que se uniu ao grupo de Andy, a partir de um papo descontraído fora da agência de notícias local, e que agora dirigia o uso da técnica. Rob exibe uma magnífica barba vermelha, com 30cm de comprimento, dividida simetricamente para revelar o fato de que raramente usa uma gravata, e era o material fotogênico ideal para os anunciantes que estavam patrocinando o projeto de pesquisa. A única pessoa que não achava isso era o próprio Rob, cuja excelência como cientista só se igualava ao horror a câmeras, especialmente quando interferiam na rotina tranqüila de seu laboratório.

Havia muito pouco tempo para usar o MSNose entre aplicações de pesquisas mais sérias, mas graças ao experimento de Rob conseguimos fazê-lo, e um experimento que devia ter levado semanas foi completado em apenas um dia, não obstante o estranho ata-

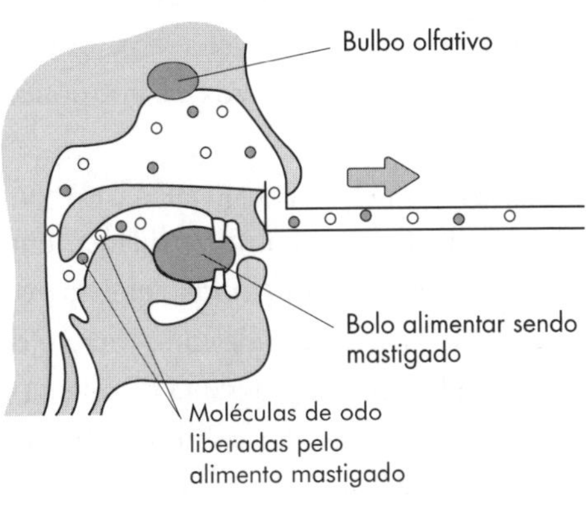

Figura 8.4: **"MSNose"**

Moléculas aromáticas de comida mastigada alcançam o bulbo olfatório (onde se dá o ato de cheirar) por via retronasal, isto é, pelo fundo da boca. O MSNose colhe amostras de cada exalação para analisar as moléculas aromáticas que atingiram o fundo do nariz naquela hora.

lho. Rob gentilmente sacrificou aquele dia, embora eu tenha sentido na época que o meu próprio sacrifício não ficava atrás, uma vez que eu tinha de comer 140 biscoitos com um tubo de aço inoxidável enfiado no nariz, mastigando um número determinado de vezes, enquanto Rob apertava botões e registrava e analisava tudo.

O resultado foi muito surpreendente. Acabou que o chá quente não tinha efeito algum sobre a concentração das moléculas aromáticas liberadas pelo biscoito e que alcançavam o fundo do nariz. Mais tarde descobrimos que isso era porque as moléculas aromáticas iam embora garganta abaixo com o líquido, antes que tivessem a chance de alcançar o nariz. As bebidas que funcionaram realmente bem foram o leite frio e, ainda melhor, o chocolate frio. Era mais fácil encontrar uma explicação retrospectiva do que prever esse resultado. A explicação a que acabei chegando era baseada no fato de que a maioria das moléculas aromáticas dissolve-se facilmente em gorduras e óleos, mas não em água (uma das razões pelas quais as comidas "sem gordura" são tão sem graça). O leite contém glóbulos de gordura que absorvem aromas dos biscoitos molhados, e que recobrem a língua e tendem a permanecer na boca quando o biscoito é comido. Esses glóbulos aos poucos vão liberando os aromas que absorveram do biscoito, mesmo que o biscoito propriamente dito já tenha há muito desaparecido garganta abaixo. O chocolate com leite, dentro da mesma hipótese, deveria ser ainda mais eficiente, pois contém sólidos de cacau, que são gordurosos e também iriam absorver as moléculas aromáticas do biscoito. Esses sólidos também permanecem na boca (dê uma olhada na boca de uma criança depois de ela ter tomado uma bebida achocolatada), e aos poucos irão liberar aromas absorvidos de um biscoito molhado.

Foi essa a hipótese que não conseguimos mais verificar, pois a máquina teve de ser devolvida para outras atividades. Entretanto, fazia sentido, e acabou tendo um grande sucesso com a mídia, que apareceu aos montes para uma série de sessões fotográficas, para grande consternação de Roy. Uma dessas sessões, uma transmissão ao vivo para o programa de café da manhã da televisão norte-americana CBS, dava provas incidentais sobre até que ponto os cientistas chegam quando um amigo do laboratório ao lado, na Austrália, ligou para dizer que tinha me visto na TV em Nova York, na manhã anterior.

O MSNose revelou facetas inesperadas sobre os modos pelos quais detectamos e interpretamos os aromas. Mostrou, por exemplo, que muitos dos aromas liberados por um tomate, quando o comemos, não estão presentes no fruto original. Os aromas que o nosso cérebro interpreta como sabores são produzidos principalmente depois de o tomate ter sido danificado pelo corte ou mordido, processos que fazem as células dentro do tomate arrebentarem, permitindo que o conteúdo delas se misture e reaja quimicamente.

Outro sucesso do MSNose diz respeito ao efeito do sabor doce na percepção do sabor de menta. A maioria das pessoas terá notado que o chiclete de hortelã vai lentamente perdendo o gosto à medida que é mastigado. Os mascadores de chicletes acham que o sabor pode ser renovado tomando-se um gole de alguma bebida doce. As experiências com o MSNose mostraram que a concentração das moléculas aromáticas de hortelã no nariz não muda durante todo o processo. Parece que o nariz vai aos poucos se acostumando com a presença do aroma mentolado, e a reação fica embotada. O açúcar, que não tem efeitos no nariz, no entanto estimula o cérebro a "notar" que ainda há sinais chegando, que dizem que ainda há aroma de menta presente. Esse é um caso extraordinário de como um sentido pode afetar outro. Há muitos outros. O mentol, por exemplo o componente ativo das balas mentoladas, pode modular nossas sensações de quente ou frio.[17] Uma solução de mentol em água morna vai parecer, na boca, mais quente do que água pura à mesma temperatura. Ao contrário, uma solução mentolada em água fria vai dar uma sensação *mais fria* do que água pura à mesma temperatura.

Alguns odores "puros", como o pineno (cheiro de pinho) e o cadeneno (zimbro, um importante componente do gim), podem até mesmo provocar uma sensação de dor. Os nervos envolvidos são chamados *trigêmeos*. É por meio desses nervos que sentimos a dor aguda de uma sinusite. Quando cheiramos o pineno, cadeneno ou uma pequena série de outros odores, os nervos trigêmeos são estimulados. Uma singularidade desse efeito, como ficou revelado por experiências cuidadosamente controladas, é que não conseguimos localizar a narina pela qual o odor está vindo.

Isso não constitui um grande problema quando comemos uma comida muito apimentada, quando a dor vem é da língua. A ardência das pimentas deve-se a uma família de compostos químicos sem gosto e sem odor, chamados de capsaicinóides (do grego *kapto*, mordida), fabricados e armazenados nas glândulas produtoras de sementes ao longo das nervuras da fruta.[18] As moléculas de capsaicinas ligam-se fortemente às superfícies das células trigeminais na boca, nariz, garganta e estômago. A tarefa normal dessas células é avisar ao cérebro de danos causadores de dor. As ligações das capsaicinas fazem com que as células enviem a mesma mensagem, mesmo que não haja danos reais. É isso que os viciados em pimenta estão querendo. De acordo com uma teoria não comprovada, o cérebro reage liberando endorfinas, analgésicos naturais que criam uma sensação de euforia com ausência de dor (a fonte do "barato dos adeptos da corrida"). Uma teoria alternativa, também não comprovada, atribui a atração por pimentas a um "masoquismo benigno", como o arrepio ao andar numa montanha-russa, na qual a pessoa pode ter a experiência de medo em segurança, sabendo que tudo vai acabar bem.

Como a Mastigação Libera o Sabor?

O efeito produzido por uma molécula, seja ela de dor, aroma ou gosto, só pode ocorrer se a molécula for liberada do alimento e conseguir alcançar receptores ou outros pontos na boca e no nariz. Como isso acontece? Essa pergunta, evidentemente importante para a gastronomia, foi o tema central do meu discurso na Filadélfia, mas não é uma pergunta feita com muita freqüência. Quando comecei minha pesquisa na literatura relevante, vi que as poucas respostas apresentadas não tinham sido comprovadas por testes experimentais. A hipótese comum parecia ser que as moléculas aromáticas se difundem do bolo alimentar e são levadas por correntes de ar (causadas pela respiração) para o fundo do nariz. O problema com esse ponto de vista é que o bolo alimentar em geral é uma mistura bastante aguada, enquanto a maioria das moléculas aromáticas dissolve-se em óleos, ou gorduras, que são mais provavelmente dispersos como gotículas ou partículas presentes no bolo alimentar.[19] Chamei a atenção da minha platéia para o fato de que isso deixa as moléculas aromáticas com dois problemas. O primeiro é chegar até a superfície da gotícula. O segundo é atravessar a barreira de água para o espaço de ar, acima.

Eu já tinha informações a respeito do primeiro problema por experimentos que fizera com o *chef* Fritz Blank em Erice. Havíamos preparado maionese aromatizada de duas maneiras: uma foi delicadamente misturada, e a outra, vigorosamente batida, para tornar menores as gotículas de óleo. O sabor da segunda maionese pareceu aos provadores muito mas forte, em parte porque as gotículas eram menores, e as moléculas de sabor levavam menos tempo para atingir a superfície por difusão, em parte porque havia uma superfície muito maior pela qual as moléculas podiam escapar.

Quando William Gladstone afirmou que mastigava cada bocado 30 vezes, ele estava provavelmente fazendo a coisa certa, de acordo com esse experimento, uma vez que a mastigação tende a quebrar os constituintes oleosos do alimento em gotículas cada vez menores, tornando mais fácil para as moléculas de sabor escaparem. Elas contudo ainda têm de fazer o trajeto por uma grande superfície aquosa. Não ficou claro para mim como isso poderia acontecer, até que me lembrei de alguns experimentos que realizara uns anos antes, relativos a um problema inteiramente diferente, o da flutuação de minerais em jazidas. Nessa técnica, o minério é esmigalhado, posto num tonel com água e detergente, e passam-se bolhas pela solução. As bolhas capturam as partículas desejadas de mineral e levam-nas para o topo do tanque, deixando para trás o material indesejável, como o quartzo. A minha tarefa consistia em investigar como as partículas eram seletivamente capturadas.

Chegou-se à conclusão de que as superfícies das partículas minerais eram semelhantes ao óleo (o termo técnico é *hidrofóbicas*). Quando uma bolha de ar chega perto delas à espessura de cerca de um micrômetro, a película de água entre as partículas de repente desmorona, permitindo que a bolha de ar grude à superfície sólida. "Será que a película aquosa que separa uma gota de óleo do ar num bolo alimentar vai desmoronar do mesmo modo quando a gota de óleo chegar à distância de cerca de um micrômetro da superfície?".[20] Pensei alto, para a platéia. "Será que a fina película de água entre a gotícula e o ar de repente vai arrebentar para deixar a gotícula e sua carga de moléculas aromáticas irem para o espaço acima?"

É claro que a película aquosa contém mais do que apenas água. Está cheia de sais, proteínas do alimento e carboidratos — tanto do alimento quanto da saliva. A presença desses materiais pode alterar a chance de uma película de água arrebentar; mas ninguém sabe disso, porque ninguém verificou. Especulei para a platéia, com algumas pessoas ainda comendo, que os aromas dos alimentos são liberados em grupos, carregados numa gotícula de cada vez, à medida que cada gotícula chega suficientemente perto da superfície do bolo alimentar para que a película de água entre ele e o ar arrebente (Figura 8.5). As moléculas aromáticas então conseguem difun-

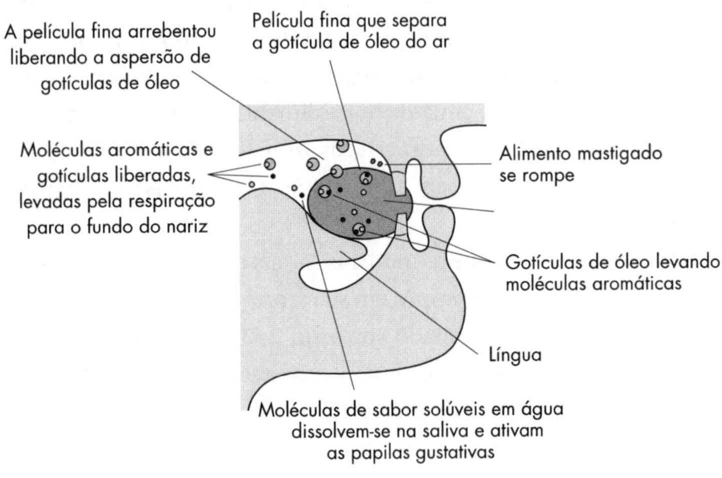

Figura 8.5: **Liberação de gosto e aroma de um bolo alimentar**

dir-se rapidamente para fora das gotículas, gerando eflúvios de aromas para o nariz, exatamente o que precisam para conseguir o efeito pleno, como Andy Taylor e seu grupo descobriram. Quando fiz essa sugestão, notei que os comensais retardatários tinham começado a mastigar a comida mais vigorosamente.

Meu anfitrião, Gary Beauchamp, notou depois da conferência que o mecanismo sugerido por mim dá margem também a outra possibilidade: a de que as próprias gotículas, e não apenas as moléculas que se difundem nelas, possam ser carregadas por correntes de ar e alcançar o nariz sob a forma de um aerossol, levando com elas não apenas os compostos aromáticos voláteis, mas também os não-voláteis, que poderiam não alcançar o nariz por qualquer outra via, mas que poderiam, dessa maneira, ter um papel no nosso sentido olfativo.

Um modelo como este é apenas o primeiro passo no processo científico. O panorama descrito pode parecer convincente, mas já houve inúmeros modelos que pareciam até mais convincentes e acabaram se mostrando incorretos. Eles remontam à noção de Aristóteles, segundo a qual os objetos só se movem se estiverem sendo empurrados ou puxados, ao modelo atômico de "bolo de frutas" de Thompson. Cada um deles teve crédito, na época, pois o modelo fazia sentido para muitas observações. Mas a verificação acabou provando que todos os modelos estavam errados.

Grande parte da "ciência" especulativa que aparece na mídia hoje em dia não passa da apresentação de um modelo desenvolvido para explicar algum conjunto de fatos conhecidos. Nenhum periódico científico sério aceitaria um modelo desses, a não ser que o autor tivesse feito um esforço para verificá-lo de algum modo, em geral confrontando suas previsões com a realidade. Eu poderia testar o meu modelo para a liberação de aromas, por exemplo, agitando um bolo alimentar e monitorando o espaço acima à procura de gotículas de óleo. Poderia também fazer passar uma corrente de ar por cima de bolo alimentar agitado, dirigir o ar diretamente para o MSNose e observar para ver se os aromas chegam em explosões. Ainda não fiz nenhuma dessas coisas, e sem a verificação, meu modelo permanece apenas isso — um modelo.

Os não-cientistas acham que os modelos — tais como os modelos para o comportamento da luz que Einstein propôs em sua teoria da relatividade restrita — são o *sine qua non* da ciência, o resultado supremo da mentalidade científica. Não é necessário, no entanto, um ato de gênio para arquitetar a maior parte dos modelos científicos — é só ter um pouco de imaginação. Essa imaginação pode ser alimentada por conhecimentos anteriores, *insights* ou até a lembrança de um sonho. Em alguns casos, os modelos podem mesmo ter sido o produto de um gênio autêntico. O valor real de qualquer modelo, no entanto, está em sua capacidade de passar por testes rigorosos. Sem isso ele não tem valor algum, não importa quão convincente possa parecer ao seu criador ou a outros. Não importa o quanto inspirada é a teoria da relatividade. Ela não teria valor algum caso suas previsões não tivessem se confirmado como verdadeiras.

Num plano um tanto mais abaixo, meu panorama de como os aromas dos alimentos são liberados só terá valor se for verdadeiro. Ele também não precisou de mim para ser desenvolvido, embora eu tenha sido o primeiro a enunciá-lo em público. Seis meses mais tarde mencionei esse esboço informalmente em outra conferência sobre alimentos e fui imediatamente acusado (de brincadeira) de espionagem industrial por um dos participantes, que tinha desenvolvido um panorama muito semelhante de modo totalmente independente. Muitas vezes acontece isso na ciência, razão pela qual "histórias" lineares de como uma descoberta levou a outra são tão enganadoras. Há uma comunidade de pessoas envolvidas em toda descoberta, e a maior parte dos membros dessa comunidade sabe muito bem, pelo menos num nível subliminar, quais as principais questões ainda não respondidas e terá pensado sobre que respostas poderiam ser as verdadeiras.

Minha hipótese sobre a liberação de aromas é agora pública, como qualquer aspecto da ciência deveria ser, para ser pensada, verificada, dissecada e usada, se outros assim desejarem, como um ponto de partida para novos trabalhos. Eu posso ou não fazer parte desse trabalho — depende, como os autores de histórias de detetives dizem, dos motivos e das oportunidades. Mesmo que essa perspectiva se prove verdadeira, poderá ou não ser importante no conjunto dos temas gastronômicos. Como a apresentação da comida num prato, é apenas o primeiro passo, e ainda deve ser mastigado, engolido e digerido.

capítulo 9

A física do sexo

Certa vez me pediram para dar uma palestra sobre qualquer assunto de minha escolha no clube de ciência de um colégio.[1] Sugeri "a física do sexo", tema sobre o qual tinha recentemente escrito um artigo, e fiquei um tanto espantado quando o organizador aceitou. Mais tarde me disseram que a platéia havia sido bem mais ampla que na maior parte das reuniões do clube de ciência. Também foi singular pelo fato de haver mais professores que alunos presentes.[2]

Até mesmo os alunos mais velhos eram surpreendentemente falhos em seu conhecimento sobre os aspectos físicos do sexo. O ponto alto, para mim, veio no final da conferência, quando um ansioso adolescente pediu para fazer uma pergunta particular: "É verdade", perguntou ele num sussurro conspirador, "que se a menina for virgem ela goza?"

Não sei como ele chegou a essa curiosa crença; mas pelo menos era uma crença relativamente inócua. Outras crendices de adolescentes podem ter conseqüências mais sérias. Um levantamento feito por clínicos gerais ingleses em abril de 2001 revelou que uma convicção corrente entre os adolescentes era que "pôr um relógio em volta do pênis antes do sexo faz com que a radioatividade mate os espermas". Outros adolescentes acreditam que ficar de pé sobre um catálogo telefônico durante o ato sexual evita a concepção, supostamente por causa de algum efeito imaginário da gravidade sobre o esperma.[3] Essa é uma idéia que vem desde Aristóteles. Ele julgava que os homens são concebidos no lado direito do útero, e as mulheres, no esquerdo. Recomendava então que as mulheres ficassem deitadas sobre o lado direito depois de fazerem sexo, se quisessem um menino, para que o esperma escorresse naquela direção.

As crenças de Aristóteles foram transmitidas para as parteiras numa curiosa confusão de informações e desinformações chamadas de *Aristotle's Complete Masterpiece*, que apareceram durante o século XVII e foram a fonte de informações sobre sexo mais amplamente usada no mundo anglófono até o final do século XIX.

Sua origem é desconhecida — só uma pequena parte de suas informações pode ser traçada até Aristóteles. O livro foi banido da Inglaterra durante muito tempo, por causa da natureza explícita de suas ilustrações. Ao comprar meu próprio exemplar, achei um recorte de jornal dos anos 1930 dentro dele, com a pergunta do leitor: "Onde posso comprar um exemplar do *Aristotle's Complete Masterpiece* e quanto devo esperar pagar por ele?" A resposta era um modelo de pragmatismo: "Você pode não comprar um exemplar do *Aristotle's Complete Masterpiece*. Você pode talvez pagar *three-and-sixpence* (três libras e seis *pence*)."

Mesmo em nossos dias o sexo é encarado como assunto um tanto ambíguo para ser discutido por um cientista fora do ambiente médico.[4] Descobri isso quando me pediram para proferir uma palestra antes do jantar numa sociedade científica, e escolhi outra vez "a física do sexo" como tema. A maior parte das pessoas pareceu gostar da fala, mas um membro da diretoria da sociedade passou o tempo todo com um ar de evidente e profunda desaprovação: tinha sido levado, pelo título, a achar que eu falaria sobre o papel das mulheres na física...

Mas eu falei a respeito dos problemas físicos que um espermatozóide tem de superar na corrida rumo ao óvulo, significando mergulhar, passar por túneis, surfar e até nadar de modo sincronizado. Em cada estágio, desde o lançamento impulsionado por foguete até a construção de um baluarte eletricamente defendido, a jornada da célula do esperma é um modelo de realismo político, e o esperma vencedor é aquele que tem maior domínio da física. As chances de sucesso de um determinado esperma são mais ou menos as mesmas de se ganhar na loteria federal, mas o prêmio é incalculável — a própria vida.

Primeira Etapa: Preparação para o Lançamento

As espécies mamíferas, como o homem, usam um lançador de foguetes para propelir espermatozóides no primeiro estágio de sua jornada. A sabedoria popular decreta que o ejetor deve estar ereto e rígido para executar sua função, mas sempre aparece alguém para ser diferente. Um desses rebeldes, um precursor dos caras sensíveis da atual *new age*, foi um australiano que resolveu, nos anos 1930, que as ereções eram uma forma desnecessariamente forçada de inserir esperma dentro de uma parceira, e que homens refinados deveriam se contentar em permitir que a parceira levasse para dentro de si o pênis flácido. Não contente em praticar essa valiosa política como indivíduo privado, ele insistia em proclamá-la em público todos os domingos, no *Sydney Domain* (programa de rádio bastante popular). Dentro do clima da época, isso tornava-se nada menos que pornográfico, e o pobre homem era devidamente arrastado para atrás das grades todos os fins de semana, para ser multado na segunda-feira e liberado, e tentava outra vez no domingo seguinte. É possível que os guardas que o prendiam ficassem horrorizados com o que poderia acontecer se suas mulheres ouvissem os argumentos dele e os levassem a sério. De todo modo, os argumentos foram esquecidos, e o lançador de foguetes continua sendo usado na posição ereta.

A ereção é uma questão de *hidrostática*, o ramo da física que trata da pressão de fluidos e da aplicação dessa pressão ao local certo. Nesse caso, trata-se da pressão sangüínea, gerada pelo bombeamento do coração para empurrar o sangue pelas artérias e fazê-lo voltar pelas veias.[5] No pênis, as artérias *cruzam* as veias. Os hormônios liberados durante a excitação sexual relaxam a musculatura lisa nas paredes das artérias.[6] Estas, distendidas, apertam as veias e impedem que o sangue que está entrando no pênis saia. O resultado é uma ereção mantida por pressão hidrostática. Pode-se obter o mesmo efeito ligando uma mangueira depois de pôr um grampo nela ou bloquear a saída.

Quando a pressão não consegue ser mantida, o resultado é a impotência, problema que, segundo dizem, Henrique VIII teve em sua relação com Anne de Clèves. Esse é um estado de saúde que meus amigos médicos garantem que hoje quase sempre pode ser curado. Uma "cura" do século XIX era uma lasca de bambu ajustada por cima do pênis, procedimento que devia ser incrivelmente desconfortável para as duas partes. Atualmente, um primeiro método, mais simples e mais confortável, é a aplicação rápida de um pequeno dispositivo de vácuo para induzir uma "ereção passiva".[7]

Para a maior parte dos homens, a libido é um incentivo suficiente para produzir uma ereção. Algumas pessoas, no entanto, nunca estão satisfeitas e buscam maneiras de acentuar a libido por intermédio de afrodisíacos.[8] Para infelicidade dessas pessoas, não existe esse negócio de substância afrodisíaca — o único afrodisíaco está na mente.[9] Isso não impediu que pessoas de ambos os sexos tentassem coisas como tripa, ruibarbo e pescoço de lesmas, em busca de gratificação sexual acentuada. Esses e outros recursos igualmente estranhos aparecem sob o título de "remédios simpáticos" — em outras palavras, têm uma semelhança imaginária com o pênis (por exemplo, aspargos, ginseng) ou com a vagina (por exemplo, ostras).[10]

Algumas substâncias consideradas afrodisíacas irritam as sensíveis membranas das mucosas. Um exemplo é a urtiga, que o autor romano Plínio sugeriu esfregar no pênis de touros de baixo desempenho. Isso pode explicar por que os antigos romanos corriam tão depressa. O remédio mais bem conhecido na classe dos "irritantes", no entanto, é a *cantaridina*, o princípio ativo na mosca-espanhola, ou seja, dos besouros-de-vesícula (cantáridas) do gênero *Cantharis* ou *Mylabris*. A cantaridina, antes listada como afrodisíaco por algumas companhias farmacêuticas comerciais, foi classificada como veneno de classe I em sua última aparição na *British Pharmacopoeia* de 1953. É um material muito perigoso, com uma dose tóxica de 3mg e uma dose letal de 30mg. Seus efeitos incluem boca seca, dor de estômago, sangue na urina e finalmente morte. O efeito maléfico da cantaridina pode não estimular a libido, mas na dose exata é capaz de provocar ereções. Num caso famoso, em 1869, diversos *batalhões* de tropas francesas no norte da África queixaram-se aos médicos de dores de estômago e ereção permanente. Ficou-se sabendo que estavam comendo as pernas das rãs locais, que se alimentavam dos besouros-de-vesícula predominantes na região.[11]

A reação britânica à cantaridina foi o cacau. No início dos anos 1950, as vendas de cacau subiram quando se espalhou o rumor de que o fruto tinha propriedades de acentuar a libido. A revista *New Statement* fez uma competição, em 1953, para o melhor poema comemorando o mito. O ganhador, "A poção noturna de Cupido", foi escrito por alguém com o apropriado nome de Stanley J. Sharpless (sem fio, cego):[12]

Nove e meia — boa hora para jantar;
— Chocolate, amor? — Claro, querido.
Helen acha delicioso.
John prefere-o à cerveja.
Derrubando a poção sépia,
O maridão pisca, diz:
— Quem vai para a cama?
— Não vou demorar — diz Helena, baixo,
As faces corando levemente.
Porque eles tropeçaram no segredo
De um amor que nunca acaba.
Arrebatados entre lençóis embolados.
O chocolate correndo em suas veias.

Achava-se que o cacau, como muitos "afrodisíacos", tinha o mesmo efeito nos dois sexos. Uma substância que tem o mesmo efeito tanto em homens como em mulheres, embora no sentido negativo, é o álcool, vasodilatador que pode contornar as inibições, mas que infelizmente relaxa também outras coisas no lado masculino da equação. Pelo lado feminino, uma proporção considerável acha que produz secura e desconforto.

Nenhuma droga até então conhecida consegue excitar a libido, mas há diversas que podem ajudar a produzir e manter a ereção que a libido não conseguiu estimular. Uma das mais antigas é a *papaverina*, cujos efeitos foram espetacularmente demonstrados pelo psiquiatra Charles Brindley numa reunião da Sociedade Britânica de Andrologia. Brindley, teatral de nascença, começou sua palestra abaixando as calças, injetando uma solução do fármaco na coxa e "demonstrando os resultados durante o tempo da palestra, uma hora". A dose exata de papaverina é crítica, e há casos registrados de pessoas que tiveram de voltar mais cedo das férias, com dor por causa de uma ereção que começara quatro dias antes. A idéia de tomar uma injeção como prelúdio para o sexo também não é agradável a muita gente. A maior parte preferiria um estimulante que pudesse ser ingerido pela boca. É essa, mais do que qualquer efeito afrodisíaco, a maior vantagem do Viagra® (citrato de sildenafil), substância que consegue fazer levantar até flores murchas.[13]

O Viagra® foi originalmente desenvolvido pela Pfizer Pharmaceuticals como um fármaco para tratar angina. De acordo com um relatório, seu efeito radical sobre o membro viril só foi descoberto depois de algumas pessoas refletirem por que todos os participantes homens dos testes deixaram de devolver as pílulas que sobraram depois do teste. O Viagra® recebeu a aprovação do FDA (US Food and Drug Administration) como tratamento de impotência no início de 1998 e já reuniu histórias consideráveis. Um *restaurateur* francês chegou até a desenvolver um picadinho de carne com molho de Viagra®, temperado com vinagre de figo e ervas. O criador desse prato, Jean-Louis Galland, disse que queria fazer seus fregueses ficarem felizes, especialmente os avôs e suas mulheres. Infelizmente para Galland e seus fregueses, as autoridades francesas resolveram que ele estava administrando remédios sem licença.

Segunda Etapa: Começa a Corrida

As contrações musculares dentro do pênis ereto acabam por lançar o esperma em sua jornada. O que é ejaculado passou por um processo semelhante ao do petróleo numa moderna bomba petrolífera, na qual diversos aditivos são incorporados à medida que o petróleo avança pela bomba, até que a mistura final que sai de lá esteja pronta para a ação.[14]

A fabricação das células de esperma (espermatogênese) ocorre nos testículos, dentro dos túbulos seminíferos. As células são transportadas pelo epidídimo, onde se tornam móveis, e depois pelo canal deferente, numa solução de sais e proteínas, até o ponto de projeção. A solução na qual são levadas é enriquecida pelas vesículas seminais com um fluido amarelo, alcalino, chamado plasma seminal. Essa solução contém hormônios, enzimas e metabolitos, muitos dos quais com função desconhecida.

O plasma seminal finalmente ejetado contém uns 200-400 milhões de espermatozóides retorcendo-se. A probabilidade de que um desses vá alcançar e fertilizar o ovo em qualquer mês é de aproximadamente 3:1 contra, o que significa que um casal normal tem 90% de chance de sucesso durante 12 meses de tentativa.[15] A probabilidade de um esperma em especial ganhar a corrida, no entanto, é mais baixa do que a probabilidade de uma determinada pessoa ganhar a megassena acumulada, com um único bilhete, na primeira tentativa.

Os espermatozóides humanos têm cerca de 60 micrômetros de comprimento, com uma cabeça achatada, em formato de cunha, como uma miniprancha de surfe.[16] Eles têm de nadar milhares de vezes o comprimento do próprio corpo para alcançar o ovo — o equivalente a uma pessoa nadar 1.500 metros. Durante pelo menos a metade da distância, o esperma tem de nadar através de algo com a consistência de uma gelatina rala. Primeiro, no entanto, tem de fugir do plasma seminal que o levou até o ponto de partida da corrida. Depois, tem de enfrentar o material gelatinoso chamado *muco cervical.* A natureza conspirou para que a tarefa de nenhum deles seja assim tão fácil.

O primeiro obstáculo é o próprio plasma seminal, que é inimigo da saúde do espermatozóide preso dentro dele e o matará, a não ser que ele fuja dentro de 20 minutos. O sêmen é depositado perto da entrada do colo do útero, sendo que o volume do sêmen é em média 3ml.[17] Uma geometria simples diz que a distância maior que um espermatozóide tem de nadar para chegar à superfície desse reservatório é de cerca de 9ml. A maioria dos espermatozóides consegue nadar cerca de 3ml por minuto numa solução aquosa, de modo que deveria chegar à superfície em uns três minutos. Infelizmente para aqueles espermatozóides otimistas, o plasma seminal, que percorre o pênis sob a forma líquida, assim que sai torna-se uma geléia.[18] Apenas os espermatozóides mais sortudos e vigorosos conseguem sair dessa geléia. Se os espermatozóides estiverem suficientemente próximos uns dos outros, eles podem exibir um "nado sincronizado" — um efeito hidrodinâmico no qual as "ondas" criadas por um espermatozóide afetam o movimento dos espermatozóides adjacentes, de modo que eles acabam nadando em uníssono. Esse fenômeno é usado para avaliar a qualidade de sêmen de touros.

Aqueles espermatozóides que escapam do fluido seminal são imediatamente confrontados com outra barreira — a coluna de muco que enche o canal do colo do útero e liga a vagina e o útero (Figura 9.1). Ele

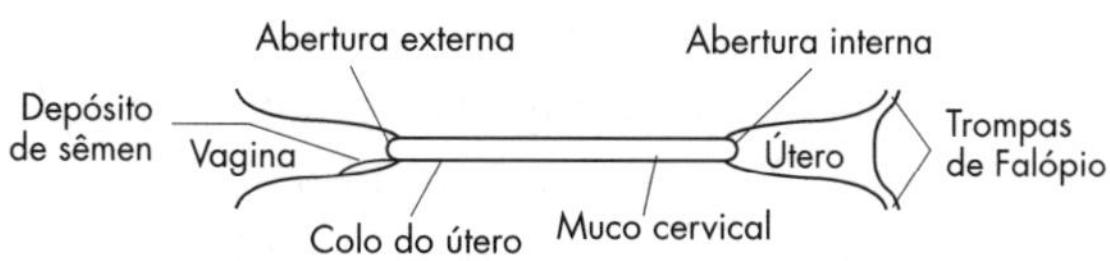

Figura 9.1: **Visão médica da vagina, colo do útero, útero e trompas de Falópio — uma corrida de obstáculos para o espermatozóide**

se estende entre os orifícios externo e interno. A consistência do muco varia sob a influência dos dois hormônios, progesterona e estrogênio. A progesterona torna o muco mais viscoso, enquanto o estrogênio o induz a absorver água e tornar-se menos viscoso. O equilíbrio entre esses dois hormônios varia durante o ciclo menstrual, e a consistência do muco cervical também varia com ele, tornando a penetração mais fácil no meio do ciclo, embora haja sempre uma chance de algum esperma encontrar um jeito de penetrar em qualquer estágio do ciclo.

Há diversos testes para a "adequação" do muco cervical, ou seja, a facilidade com que um espermatozóide consegue penetrar e nele nadar. O mais simples, chamado teste de Billings,[19] é o usado no planejamento familiar "natural", no qual a mulher recolhe uma pequena quantidade do próprio muco cervical entre o polegar e o indicador e mede o quanto ela consegue estendê-lo sem o romper. Quanto mais ele esticar, melhor será, do ponto de vista da chance de concepção. O grau de estiramento parece estar muito bem correlacionado com a concentração de água no muco, e é fácil de medir-se sem recorrer a equipamentos complicados. É tecnicamente conhecido como spinnbarkeit, para o qual a Organização Mundial da Saúde dá as seguintes categorias:

Tabela 9.1: **Categoria de estiramento para muco cervical**

Extensão do estiramento (cm)	*Categoria*
1	*0 (pior)*
1 — 4	*1*
5 — 8	*2*
> 9	*3 (melhor)*

Se houver um microscópio à disposição, pode-se, além disso, medir a "ramificação" (em inglês, *ferning*, como uma avenca), caso em que um pouco de muco é posto numa lâmina de microscópio, deixado secar, sendo o depósito cristalino resultante examinado ao microscópio.[20] Quanto mais "ramos" os cristais emplumados apresentarem, melhor é o muco.

O teste mais completo reproduz os estágios iniciais do processo de fertilização *in vitro* — literalmente, "no vidro" (ou em tubo de ensaio). O sêmen e o muco cervical são apresentados como películas finas presas entre uma lâmina de vidro de microscópio e uma lamela de vidro. Muco cervical em quantidade suficiente é posto no intervalo, de modo a cobrir metade da superfície, e uma gota de sêmen recém-coletado é então introduzida no lado mais afastado, de onde ele é atraído

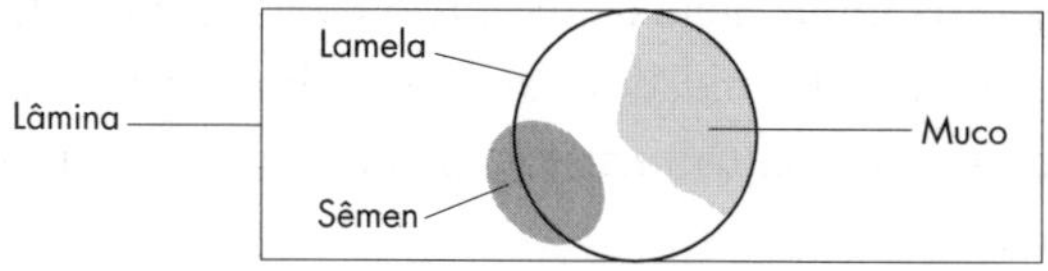

Figura 9.2: **Sêmen e muco sendo apresentados numa lâmina de microscópio**

pela ação da capilaridade, exatamente como o chá é sugado para dentro de um biscoito molhado (Figura 9.2).

Fui apresentado a esse procedimento pela doutora Eileen McLaughlin e sua equipe, na unidade de fertilização do Hospital St. Michael, em Bristol. Fiquei surpreso de ver ao microscópio que, mal o sêmen e o muco entram em contato, a interface entre os dois rapidamente desenvolve uma série de pontas agudas (Figura 9.3).

Os espermatozóides, disseram-me, entram no muco cervical pelas extremidades dessas pontas. No entanto, o que me intrigou foram as próprias pontas. Como se formavam e por que o espermatozóide deveria entrar apenas pelas extremidades delas?

Embora as interfaces líquido/líquido sejam a minha especialidade, eu só vira pontas assim numa ocasião anterior, quando mergulhei uma gotícula de óleo numa solução de proteínas. À medida que mais e mais moléculas da proteína competiam pelo espaço na superfície da gotícula, a pressão lateral[21] que elas geravam ao tentar empurrar as outras para fora do caminho era suficiente para fazer a superfície desabar numa série de dobras. Esse caso era diferente. Parecia que alguma coisa no sêmen estava reagindo quimicamente com alguma coisa no muco cervical para formar uma película superficial, que se dobrava espontaneamente.

A película superficial é obviamente importante, uma vez que poderia formar uma barreira à penetração do esperma. Para saber mais a esse respeito, resolvi verificar o que aconteceria se o sêmen fosse substituído por água. Para minha grande surpresa, o mesmo tipo de ponta apareceu. Fosse lá o que estivesse acontecendo, não envolvia substâncias químicas no sêmen. Minha idéia era que a proteína do muco estava se acumulando na interface muco/água do mesmo jeito que a proteína tinha se acu-

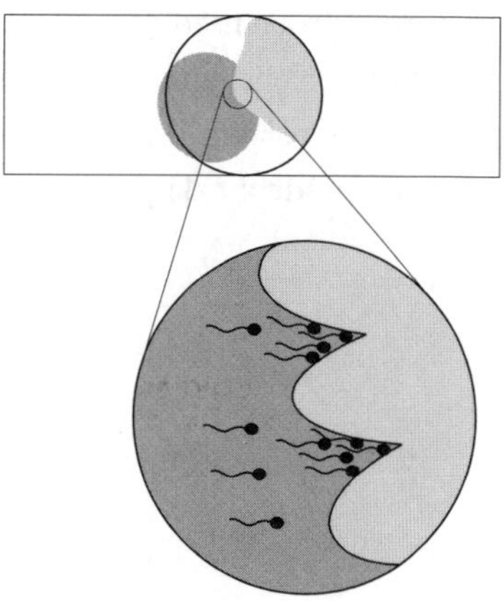

Figura 9.3: **A interface entre sêmen e muco, mostrando a formação das pontas**

mulado na superfície da minha gota de óleo. Isso fazia algum sentido quanto à física, considerando que as extremidades são provavelmente os pontos mais fracos numa estrutura dessas, sendo então mais facilmente penetráveis por um espermatozóide se retorcendo.

A minha experiência em química de superfícies me dizia que se houvesse acúmulo de proteína na interface muco/água, isso significava que devia haver também na interface muco/ar. Se fosse esse o caso, a película rígida de proteínas iria desabar em dobras assim que a água tocasse qualquer parte. Ao examinar mais de perto, fiquei gratificado ao descobrir que meu instinto científico, pelo menos uma vez, estava certo (Figura 9.4).

As dobras, que acabarão sendo cobertas com água (ou com sêmen), têm a probabilidade de rachar nas extremidades, expondo o muco subjacente. Para que um espermatozóide consiga abrir caminho até esse muco, ele precisa exercer uma pressão maior do que a *tensão de ruptura* do muco, isto é (aproximadamente) a pressão à qual o muco cede. As tensões de ruptura de materiais gelatinosos são medidas em unidades de pressão chamadas *pascais* (Pa). Só como referência, um folheto fino deitado numa escrivaninha exerce uma pressão de cerca de 100Pa. A pressão no pneu de um automóvel é de cerca de 200 mil Pa.

A tensão de ruptura do muco cervical no meio do ciclo é cerca de 60Pa, número característico para materiais gelatinosos que conseguem manter sua própria forma, mas que ainda são fáceis de manejar (como gel industrial para lavar as mãos). Para o muco cervical, a natureza fez a coisa muito bem feita. Uma tensão de ruptura de 60Pa significa que qualquer espermatozóide capaz de nadar mais depressa do que 2mm/min consegue atravessar a superfície.[22] Antes e depois do meio do ciclo a tensão de ruptura cresce rapidamente, de modo que o muco fornece uma barreira eficiente, embora não garantida, à fertilização.

A palavra final sobre se o espermatozóide consegue penetrar no muco cervical[23] pode vir da parceira mulher do casal, uma vez que se descobriu uma ligação

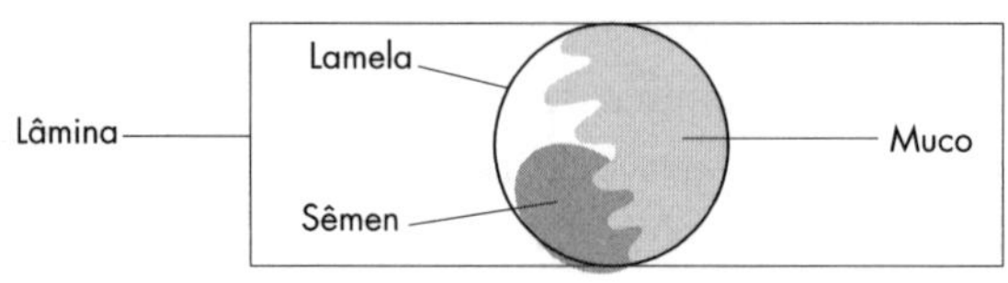

Figura 9.4: **Pontas formadas na interface ar/água, quando o sêmen ou a água entra em contato com o muco cervical**

entre o prazer dela[24] e a quantidade de esperma no muco cervical.[25] Isso pode ser em parte uma questão de orgasmo (há alguma evidência de que os espermatozóides são sugados durante o orgasmo), mas parece abarcar muitos outros fatores, inclusive a umidade e a receptividade da vagina. É claro que esses são fatores físicos, de modo que talvez a física tenha efetivamente a última palavra.

Terceira Etapa: Começa a Corrida

Depois que um espermatozóide penetrou, outros vão atrás. Eles não nadam em nenhuma direção específica, mas brincam de "seguir o chefe". Se diversos espermatozóides tiverem penetrado inicialmente em lugares diferentes, o resultado são filas de espermatozóides percorrendo faixas, muitas vezes com velocidades diferentes. O tipo de muco no qual isso ocorre é chamado de *muco estrada*. Esse é o "melhor" muco, dotado de propriedades que dão ao maior número possível de espermatozóides a chance de chegar ao útero depois de uma nadada de uns 30 micrômetros. Como, então, um espermatozóide consegue nadar nesse meio gelatinoso? Seria impossível, se os movimentos do nado de um espermatozóide fossem reversíveis (como o movimento do remo de um barco a remo, ou os movimentos de um nadador que esteja nadando com os "braços rígidos"), pois qualquer movimento que levasse o espermatozóide para a frente no meio viscoso seria cancelado por um movimento oposto, que o levaria de volta outra vez ao mesmo lugar (Figura 9.5).

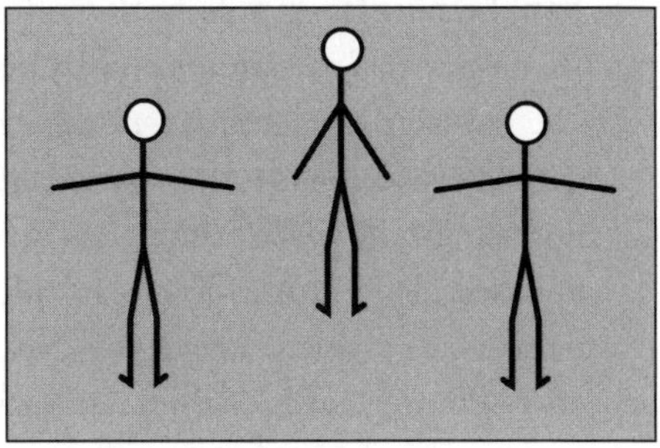

Figura 9.5: **O problema de nadar num meio viscoso usando movimentos reversíveis dos braços**
(Esquerda) posição inicial
(Centro) o corpo se movimenta para a frente à medida que os braços se movem para trás
(Direita) o corpo volta à posição inicial quando os braços se movem para a frente. Num meio de baixa viscosidade, o problema pode ser superado em parte fazendo-se o movimento propulsor mais rápido numa direção do que na outra, ou seja, puxando-se os braços para trás rapidamente e depois movimentando-os lentamente para a frente. Se a viscosidade dominar, essa técnica não funciona.

Ao perguntar a Eileen como os espermas conseguiam isso, ela me disse que essa era ainda muito uma questão de ponto de vista. Alguns autores acreditavam que a resposta estava na estrutura fina do muco, que contém longas moléculas filiformes, chamadas de *mucopolissacarídeos*. Esses autores afirmam que os mucopolissacarídeos formam pacotes de cerca de 0,5 micrômetro de diâmetro (um décimo do diâmetro da cabeça de um espermatozóide), tendo canais aquosos entre eles, pelos quais os espermas conseguem se esgueirar.[26] Outros autores acreditam que o próprio muco se movimenta. Alguns acreditam que as batidas da cauda dos espermatozóides estabelecem uma ressonância com a freqüência natural dos mucopolissacarídeos — como pessoas marchando por uma ponte, fazendo-a balançar; e que as ondas rítmicas que disso resultam no muco carregam o espermatozóide.[27] Ainda outros dizem que a batida rítmica dos *kinocilia* (pêlos minúsculos que forram o colo do útero) produz ondas que acentuam a migração dos espermas.[28]

Pode haver alguma verdade em cada uma dessas explicações. Para mim, porém, nenhuma delas foi completamente satisfatória, pois nenhuma levou em conta como moléculas grandes, filiformes, realmente se comportam em solução. Eu tinha tido certa experiência com esse tipo de comportamento como cientista de alimentos, quando estava estudando como as geléias adquirem consistência. A maior parte das geléias alimentícias tem como base a gelatina, uma longa molécula fina que oscila livremente na água quente. À medida que a água esfria, as moléculas de gelatina começam a formar uma rede tridimensional, que se mantém unida por elos que são fracos nos pontos nos quais as moléculas se cruzam umas com as outras, aleatoriamente. Se a geléia fraca for mexida nesse estágio, ela rapidamente se torna mais líquida; em outras palavras, ela se *afina por cisalhamento*.[29] A mexida perturba as ligações fracas e alinha as moléculas compridas ao longo de linhas de fluxo, de modo que elas passam umas pelas outras, deslizando com maior facilidade.

Eu sabia que o muco cervical, como a geléia comestível, é uma solução de longas moléculas dotadas de propriedades de afinar-se por cisalhamento, de modo que o muco mexido pelas batidas das caudas dos espermatozóides formaria uma trilha de viscosidade menor do que o muco em redor, uma linha de menor resistência para que os espermatozóides subseqüentes pudessem ir em frente. Isso explicava o efeito do muco estrada, mas não a capacidade de o espermatozóide de nadar pelo muco cervical, para começar. Eu estava expressando essa perplexidade em voz alta uma manhã, na sala do café do departamento. Minha nova aluna de doutorado, Rachel, estava ocupada, lendo suas mensagens eletrônicas, e ouviu de passagem minha questão. Mais tarde, naquele dia, entregou-me silenciosamente a separata de um artigo de 1976 que me dizia tudo o que eu queria saber.

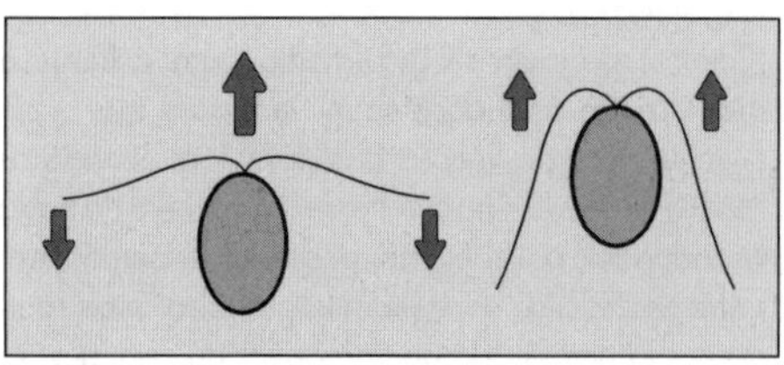

Figura 9.6: **Movimento do nado de *Chlamidomonas***

O artigo era a transcrição de uma palestra dada por E.M. Purcell, intitulada "Vida em baixos números de Reynolds" —

em outras palavras, a vida sob circunstâncias em que a resistência viscosa domina qualquer tentativa de movimento.[30] Organismos do tipo do espermatozóide conseguem nadar sob essas circunstâncias usando a cauda (ou *flagelo*) como um remo flexível, ou chicote. Isso foge do problema que uma pessoa nadando com os braços rígidos, ou um remador com remos rígidos, pode experimentar, pois um braço ou remo flexível consegue se encurvar para o outro lado durante a segunda parte do movimento.[31]

Alguns organismos pequenos, como as algas biflageladas *Chlamidomonas*, usam seus flagelos flexíveis dessa maneira para fazer o nado de peito (Figura 9.6). O esperma humano faz isso de uma maneira diferente, batendo seu único flagelo

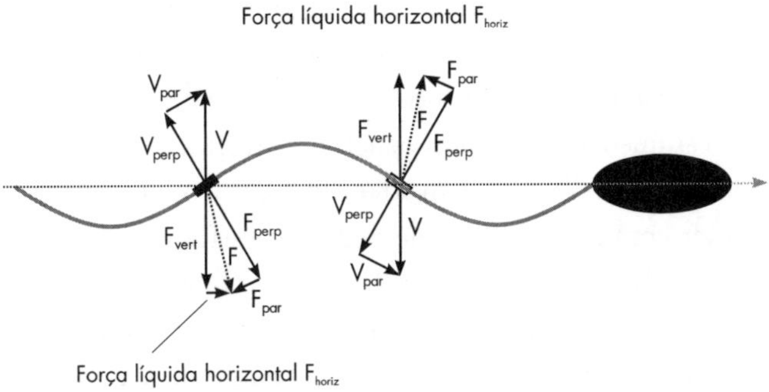

Figura 9.7: **Efeito da resistência viscosa sobre um flagelo**

O flagelo é a linha sinuosa. A porção do segmento mostrado como uma caixa retangular cheia está se movimentando para cima com velocidade V; a caixa aberta está se movimentando para baixo com velocidade V. Cada velocidade pode ser dividida em duas velocidades separadas — uma paralela ao segmento e a outra perpendicular a ele. O princípio é o mesmo do movimento do cavalo no xadrez, uma diagonal íngreme que também pode ser pensada como dois passos paralelos a um dos lados do tabuleiro, seguidos de um passo paralelo ao outro lado. Para o segmento retangular cheio, as duas velocidades separadas estão marcadas como V_{par} e V_{perp} (com uma nomenclatura semelhante para o segmento retangular vazio). As forças da resistência viscosa que se opõem a essas velocidades estão notadas de F_{par} e F_{perp}, respectivamente.

Agora, o macete. Recombinamos F_{par} e F_{perp} para dar uma força de resistência total de F e depois quebramos isso outra vez, mas agora numa força paralela ao eixo horizontal (F_{horiz}) e uma vertical ao eixo (F_{vert}). A força perpendicular age para baixo, e a paralela para a frente. Quando fazemos a mesma coisa para o segmento pontilhado, o componente perpendicular final F_{vert} da resistência viscosa age para cima, cancelando o efeito da resistência no segmento cheio. O componente paralelo F_{horiz}, no entanto, age para a frente, acrescentando o componente paralelo que está agindo no segmento cheio. A resistência viscosa total, então, funciona para empurrar o espermatozóide para a frente.

de um lado para o outro sob o impulso de um motor molecular. A batida da cauda funciona porque ela se encurva, de modo que uma onda bidimensional parece estar continuamente correndo ao longo dela. Purcell mostrou que uma cauda movimentando-se dessa maneira pode, incrivelmente, usar a resistência viscosa para lhe dar impulso para a frente. Explicação mais completa é dada na Figura 9.7. O diagrama pode parecer complicado mas, como acontece com muitos diagramas científicos, é relativamente simples de ser acompanhado, passo a passo.

Leva de 10 a 15 minutos para o espermatozóide humano mais *rápido* nadar o comprimento do colo do útero. Alguns espermatozóides conseguem fazer isso muito mais depressa por um processo chamado de *transporte rápido*, que leva partículas inertes em dois minutos. Ninguém sabe como esse processo funciona, mas o esperma que se aproveita disso não tem tanta sorte como pode parecer, porque o tempo que seus companheiros passam no colo do útero é necessário para as mudanças químicas que lhes permitem penetrar e fertilizar o ovo.

Esses espermatozóides que chegam ao útero ainda têm problemas a superar. O primeiro é parecido com aquele experimentado por surfistas em algumas praias — a água está cheia de tubarões. Os "tubarões" são células brancas produzidas pelo sistema imunológico e cuja tarefa é varrer células estranhas e outros materiais não reconhecidos como elas próprias. Nada pode ser mais esquisito que um espermatozóide num útero, e aquele que chega à entrada de uma das trompas de Falópio tem muita sorte mesmo. Das centenas de milhões de espermatozóides originais, agora só restam umas poucas centenas. A maior parte conseguiu chegar até o útero surfando nas ondas uterinas, induzidos pela prostaglandina presente no plasma seminal. As ondas parecem ir na direção do oviduto *e* do colo do útero, de modo que o espermatozóide tem de escolher a direção certa. Uma vez na trompa de Falópio, o espermatozóide começa a lutar por posição. Quando o ovo chega, está coberto de maquiagem — uma camada de gelatina tão grossa que é preciso todos os esforços do espermatozóide para penetrá-la (Figura 9.8).

O processo é complicado, envolvendo ação enzimática e bioquímica e mudanças estruturais. Num esboço, o esperma primeiro tem de ir perfurando a camada celular circundante (chamada de *cumulus oophorus*), usando uma combinação de movimentos mecânicos e dissolução química.[32] Uma vez atravessada essa etapa, o esperma encontra uma camada rígida, a *zona pellucida*, na qual a cabeça do esperma, que era a ponta da furadeira, fica perdida num complicado processo chamado de *reação acrossoma*. O esperma agora tem de percorrer a *zona* em sua condição mais ou menos vazia. Ele faz isso usando seu movimento assimétrico da cauda para balançar a cabeça com feitio de lâmina para trás e para a frente, gerando força sufi-

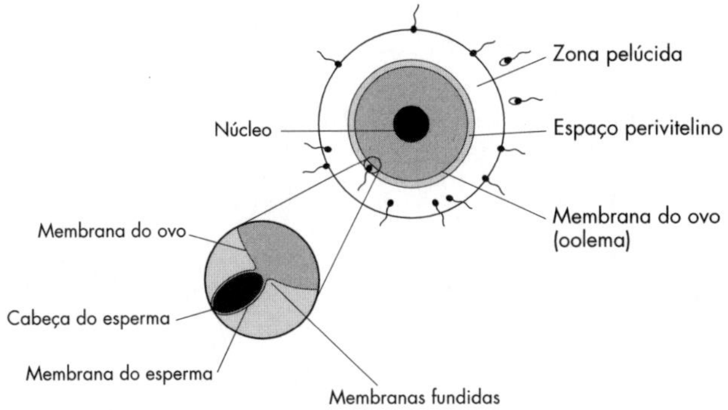

Figura 9.8: **Fertilização do ovo**

Essa é uma imagem muito simplificada, mostrando apenas as linhas principais. Até a própria imagem do ovo está simplificada. Na vida real, ele é rodeado de uma nuvem de células que incluem células *cúmulus,* que secretam uma matriz de ácido hialurônico, parecido com o material que lubrifica as articulações.

ciente para quebrar ligações moleculares individuais à medida que a cabeça age como alavanca e corta o caminho para passar.

O esperma acaba alcançando uma falha chamada *espaço perivitelino*, na qual a membrana fina que o circunda entra em contato com a membrana que circunda o ovo (*oolema*). As duas membranas se fundem e o esperma inteiro, com sua cabeça carregando o DNA, é engolfado pelo ovo. O espermatozóide vencedor é como um cavaleiro antigo, escalando os baluartes defendidos e por fim chegando à donzela lá dentro. Como muitos cavaleiros cautelosos, ele toma a precaução de virar a chave por dentro das portas assim que entra, liberando um jorro de cálcio que altera irreversivelmente a membrana do ovo para que outro esperma não possa entrar enquanto o vencedor estiver combinando o seu DNA com o do núcleo do ovo.

Uma nova vida acaba de começar. Talvez não seja mais do que a evolução darwiniana em marcha o que dita que o esperma com maior domínio da física seja o que tem a melhor chance de iniciar essa vida.

CODA

Tentei transmitir algo da sensação de ser um cientista, assim como a tarefa diária de descobrir como alguma pequena parte do mundo funciona. Nós nos divertimos do mesmo jeito que qualquer pessoa que exerça uma ocupação satisfatória e gratificante. Mas por trás do prazer e da animação sempre há uma verdadeira busca de propósitos. Como as histórias deste livro mostraram, há sempre a possibilidade de que uma resposta — até para a pergunta aparentemente mais trivial — ajude a produzir uma nova percepção da natureza do mundo no qual vivemos. Os cientistas se dedicam à produção desses momentos.

Os leigos muitas vezes imaginam os cientistas como gênios solitários, acima do restante da humanidade. Isso pode ser verdade para poucos, assim como para alguns músicos, artistas ou escritores. Para sorte da maior parte dos cientistas em ação, inclusive eu, é perfeitamente possível dar contribuições úteis à ciência sem ser um gênio. Isso porque a ciência é, em grande parte, uma atividade comunitária, para a qual contribuem pessoas com muitas habilidades diferentes. Dentre estas estão algumas que trabalham bem com as mãos, compiladores compulsivos e organizadores de fatos, buscadores persistentes de respostas para questões triviais, aqueles com uma "queda" para animais, pedras ou plantas, e muitos outros. Todos têm um papel a desempenhar. Nossa principal característica comum é uma abertura à crítica, embora algumas vezes com os dentes cerrados. Compartilhamos resultados e idéias nas publicações, que algumas vezes levam a novas críticas, produzindo uma consciência das questões importantes e funcionando como um banco de informações que passaram pelo teste da crítica, podendo levar a novos resultados. Sem tal participação comunitária não haveria esse recurso, e essencialmente não haveria ciência.

Se não houvesse ciência, isso seria importante? Para mim e para os meus colegas cientistas seria, é claro, porque a ciência é nosso meio de vida. É importante também para mim, pessoalmente, pois se não fosse pela invenção dos antibióticos modernos eu agora estaria morto. Isso e outros benefícios "práticos" para as nossas vidas e para os nossos estilos de vida são muitas vezes apresentados como as razões principais para apoiar a ciência e nela investir. Não se pode negar que estamos em situação muito melhor, nesse sentido, em função das descobertas científicas. Os resultados práticos da ciência estendem-se muito além dos campos biomédico e das comunicações, e são os que tendem a dominar as manchetes. Mesmo as prateleiras dos supermercados estariam relativamente vazias se os progressos científicos não nos tivessem permitido compreender e controlar os processos de deterioração nos produtos vegetais e animais.

Os benefícios práticos, no entanto, são sobrepujados na idéia de muitas pessoas pelos problemas práticos. Para que serve uma vida mais longa, ou mesmo uma prateleira de supermercado repleta, quando a vida e o estilo de vida são ameaçados por uma bomba atômica ou um vírus geneticamente modificado?

Algumas pessoas, ao deparar com problemas como esses, adotam a idéia radical de que essa ciência já devia ter sido reprimida, e que agora deveríamos detê-la, antes de afundarmos ainda mais. Outros acreditam que a melhor chance do homem (e possivelmente a única) é continuar buscando a maior compreensão do nosso mundo e das maneiras pelas quais poderíamos usar a ciência para o bem, e não para o mal.

Uma conciliação apoiada pela maioria das pessoas é encorajar o programa da ciência, mas apenas para a pesquisa científica voltada diretamente para as aplicações pacíficas. Dado que é impossível calar a nossa curiosidade humana natural, pergunta-se: não será pelo menos possível dirigir essa curiosidade para fins pacíficos? Infelizmente para aqueles dentre nós que desejam apenas paz e cooperação, a resposta é "não". Mesmo que toda a pesquisa militar direta fosse interrompida, isso representaria pouco, pois é simplesmente impossível prever aonde um progresso no conhecimento científico pode levar. Um ótimo exemplo ocorreu em 1939, pouco antes do início da Segunda Guerra Mundial, quando dois cientistas alemães publicaram a descoberta-chave que tornou possível a bomba atômica na revista inglesa *Nature*. Só quando os cientistas norte-americanos e britânicos começaram a especular se era possível construir uma bomba atômica foi que essa descoberta tornou-se significativa. Se as conseqüências tivessem sido óbvias, o grupo alemão não teria revelado aquela descoberta tão abertamente.

As conseqüências de qualquer descoberta científica muitas vezes não são evidentes, mesmo para o descobridor. Quando Rutherford conseguiu dividir o átomo (o primeiro passo no caminho para a bomba atômica), dizem que falou: "Quem acha que se vai obter algum benefício prático com a divisão do átomo está delirando." Nem ele estava procurando benefícios práticos. A principal razão para tentar dividir o átomo era descobrir o que estava dentro dele, e daí entender um pouco mais a respeito do material do qual nós e todo o Universo somos feitos. As conseqüências tecnológicas (até agora) incluíram não apenas a bomba atômica, mas usinas nucleares para a geração de energia (cuja utilidade ainda é discutível), novos métodos para revelar e curar doenças e tecidos anormais, e uma imagem mais verdadeira da natureza e da origem do Universo. No futuro, poderá haver energia atômica "limpa", pela fusão nuclear, e até maneiras de alcançar estrelas distantes e salvar a raça humana da extinção, à medida que acabarem as usinas de energia nuclear do próprio Sol. Quem poderia dizer, então, se as conseqüências da descoberta de Rutherford foram afinal "boas" ou "más"?

Eu mesmo acredito que a pesquisa científica incentivada pela curiosidade não é intrinsecamente "boa" ou "má". As motivações de cada cientista podem às vezes ser classificadas dessa maneira, mas em geral é tão difícil prever a resposta para qualquer pergunta séria, quanto mais as aplicações dessa resposta, que os juízos éticos sobre a questão ou sobre o questionador são simplesmente inapropriados. Esses juízos só aparecem quando começamos a pensar em como poderíamos usar as respostas, e eles envolvem não só os cientistas, mas toda a comunidade. São as aplicações que precisamos controlar, não o processo de descoberta.

Isso *não* quer dizer que os cientistas devam abdicar da responsabilidade, mas a responsabilidade deve ser posta exatamente em seu devido lugar — partilhar os conhecimentos com a comunidade mais ampla, de modo que essa comunidade e os líderes políticos possam formar juízos conscientes. Os cientistas não podem fazer mais do que isso, mas eles não deveriam fazer menos.

Uma das principais coisas que devemos partilhar, e espero que este livro tenha dado alguns passos nesse sentido, é como a ciência realmente funciona. O fato de que não podemos prever quais perguntas poderão produzir respostas triviais (ou resposta alguma) e quais podem produzir respostas significativas representa que precisamos de pessoas com muitas abordagens diferentes para conformar a variedade da qual emergem alguns dos resultados principais. O problema é semelhante ao da diversidade genética na natureza. Se acabarmos adotando uma monocultura científica, com todos trabalhando nas mesmas e poucas questões (aquelas consideradas importantes por políticos, homens de negócios ou tecnocratas), o resultado será ciência nenhuma.

Infelizmente, essa é a direção para a qual as coisas parecem estar caminhando. O rumo da ciência hoje em dia encontra-se amplamente sob o controle de comissões que distribuem verbas para projetos específicos. A pressão dos que dão o dinheiro (principalmente o governo e a indústria) significa cada vez mais que o apoio não vai chegar, a não ser que o candidato consiga demonstrar uma perspectiva razoável de obter um resultado "útil". A conseqüência inevitável é o foco em problemas para os quais a resposta ou é conhecida, ou previsível com tal segurança que mal vale a pena verificar. Questões genuinamente importantes são relegadas à margem, acabando por se extinguir. Conseqüentemente, a diversidade da ciência diminui todos os dias.

Esse processo teria algum mérito se as respostas a questões científicas específicas pudessem levar a progressos previsíveis na aplicação tecnológica. Como muitos dos exemplos neste livro mostraram, no entanto, as aplicações mais importantes do progresso da ciência raramente estão relacionadas com a motivação científica original. O bioquímico Hans Kornberg, ganhador do Prêmio Nobel, uma vez fez uma lista dos dez mais significativos avanços da medicina no século XX. Sete dos dez eram pesquisas que não tinham nada a ver com sua aplicação final.

A força que dá incentivo à pesquisa legítima vem da percepção que cada cientista tem de que uma questão é *importante* e se vale a pena investigá-la. Muitos problemas se mostram pouco importantes, mas nem sempre podemos dizer de antemão qual é qual. O que se pode fazer de melhor é encorajar a diversidade científica. Todas as tentativas de escolher previamente que questões vale a pena perseguir — e de jogar o foco apenas nelas — vão produzir um resultado ruim.

Junto com a diversidade vem a responsabilidade, que não é só do cientista, mas também da comunidade da qual ele faz parte. Neste momento, muitas vezes há cientistas deixados de lado. Por conseguinte, outros membros da comunidade podem se sentir desconfiados e desimportantes. Cabe a nós, como cientistas, partilharmos com o resto da comunidade o significado da ciência e o que ela pode e não pode fazer. Espero que este livro tenha pelo menos dado um pequeno passo nesse sentido.

APÊNDICE 1

Mayer, Joule e o conceito de energia

A implausível inspiração de Mayer para criar o conceito de "energia" veio da visão de um cavalo suado enquanto puxava uma carga morro acima. A idéia-chave era que o cavalo estava com calor não porque estivesse se movendo, mas por causa do trabalho físico que tinha de executar para gerar o movimento. Então ele transformou a questão da relação entre *calor* e *movimento* no problema da relação entre *calor* e *trabalho físico* necessário para produzir movimento. Depois de reformular a questão, tirou três conclusões de amplas conseqüências. A primeira delas: quando usamos calor para executar trabalho (por exemplo, fazer funcionar uma máquina a vapor) ou executar trabalho físico para gerar calor (por exemplo, quando esfregamos as mãos), um é literalmente transformado no outro. O trabalho se torna calor, e o calor se torna trabalho. A idéia era bastante extraordinária, mas Mayer ainda foi além, para deduzir que o calor e o trabalho devem ser conversíveis numa taxa constante. Caso contrário, argumentava, poderíamos usar uma pequena quantidade inicial de calor para executar quanto trabalho quiséssemos, simplesmente usando o trabalho produzido no início para gerar mais calor do que a quantidade com que tínhamos começado, e assim por diante. Esses processos não funcionam, ou então poderíamos fazer um Boeing 747 voar acendendo um fósforo.

Mayer tentou provar a tese dele montando um experimento numa fábrica de papel, na qual a polpa era mexida num enorme caldeirão por um cavalo girando em círculo. Medindo o aumento na temperatura da polpa, ele obteve um número para a quantidade de calor produzido por uma dada quantidade de trabalho mecânico executado pelo cavalo.

Os experimentos de Mayer são primitivos, e ele não recebeu crédito algum por eles nos manuais modernos, apesar de ter sido o primeiro a concebê-las ou tentá-las. Em vez disso, o crédito foi para um cervejeiro inglês chamado James Prescott Joule, que usou uma hélice movida por um peso que caía para mexer um balde de água, descobrindo que a temperatura da água subia duas vezes mais quando o peso caía duas vezes mais longe, de modo que duas vezes mais trabalho físico estava gerando o dobro do calor.

Joule merece o crédito, uma vez que foi o primeiro a realizar experimentos cujos resultados eram suficientemente precisos e reprodutíveis a ponto de se tornarem convincentes. É mais difícil, no entanto, rejeitar a afirmação segundo a qual Mayer foi o pioneiro em seu terceiro e mais importante *insight:* o de que calor e trabalho físico não só podem ser transformados um no outro, como são realmente formas diferentes da mesma coisa. Agora chamamos essa coisa de "energia".

O enunciado de Mayer tornou-se o que conhecemos agora como o princípio da "conservação de energia", marco da ciência moderna. No entanto, seu nome nunca é associado a ele. Mayer cometeu um pecado fundamental: não era do *métier*. Alguns cientistas do *establishment* na época defenderam sua primazia, mas outros, principalmente o cientista britânico Peter Guthrie Tait, derramou desprezo xenofóbico sobre o seu estilo um tanto metafísico de argumentação como "subversivo ao método da ciência experimental". Mesmo seu colega alemão, Hermann Helmholtz, inicialmente defensor da inovação de Mayer, depois zombou de sua "pseudoprova". Sob essas críticas, Mayer tentou o suicídio jogando-se de uma janela nove metros acima da rua. Por sorte, sua falta de habilidade experimental ficou mais uma vez comprovada, e ele sobreviveu à tentativa. Acabou sendo homenageado como inovador legítimo, embora seus métodos não tivessem o rigor necessário para convencer os outros da exatidão de suas notáveis hipóteses.

Mayer era um homem de idéias. Joule era um homem de ação, ansioso por confrontar suas idéias com fatos concretos. Se os experimentos de Joule para provar que o calor gerado por trabalho físico tem uma proporção direta com a quantidade de trabalho executado estivessem realmente corretos, então o resto da lógica de Mayer seria uma conseqüência disso.

Em primeiro lugar, no entanto, Joule teve de resolver o que significava "trabalho físico". Mayer tinha sido muito vago a esse respeito. É óbvio que "trabalho físico" é alguma coisa que fazemos quando movemos um objeto empurrando-o ou puxando-o — em outras palavras, aplicando uma força. Joule decidiu, aparentemente por intuição (e seguindo as idéias anteriores de Carnot, publicadas em 1824 sob o título de "Reflexões sobre a força motriz e o fogo"), que a quantidade de trabalho que executamos ao mover um objeto depende apenas da força que aplicamos e até que distância esse objeto é movido. Quanto mais empurrarmos, e quanto mais força tivermos de fazer para empurrar, mais trabalho estaremos executando. Em termos matemáticos simples: trabalho = força x distância. Do ponto de vista intuitivo, a definição faz muito sentido. Quando temos de empurrar um carro enguiçado, por exemplo, o trabalho que sentimos estar fazendo certamente vai depender da força que temos de aplicar e de até onde temos de empurrar o carro. Quanto mais longe empurrarmos, ou quanto mais força tivermos de fazer para empurrá-lo, mais trabalho sentimos estar fazendo.

A idéia intuitiva de "trabalho" está na base de quase toda a física moderna. Todas as nossas medidas de "energia", por exemplo, acabam tendo por base medir quanto trabalho a energia é capaz de produzir. Como a energia é agora considerada a essência do Universo, a definição precisa de "trabalho" é fundamental. A conjetura intuitiva de Joule, aparentemente tão simples, acabou sendo aquela que fornece uma imagem inteiramente autoconsistente, e é a que ainda usamos. É notável que toda a física moderna, rigorosa como é, tenha seus fundamentos numa suposição totalmente intuitiva.

Joule conseguiu demonstrar sua hipótese praticamente construindo seu famoso experimento com a hélice. Logo depois de tê-lo realizado, casou-se e levou sua esposa para uma lua-de-mel nas famosas cachoeiras de Chamonix, nos Alpes suíços. Pode-se imaginar a mortificação da moça ao descobrir que Joule tinha escondido um termômetro na bagagem, com a intenção de medir a temperatura da cachoeira à medida que a água caía a diferentes distâncias — comparável apenas à mortificação de Joule ao descobrir que qualquer aumento na temperatura era compensado pelos efeitos do ar frio, que levava embora o calor.

A intuição de Mayer agora foi ampliada para abranger a idéia de que todas as formas de energia podem ser transformadas umas nas outras. Todas elas, por exemplo, podem ser transformadas em calor e, portanto, usadas para cozinhar. O passo final foi dado por Einstein, ao mostrar que a própria matéria pode ser encarada como energia comprimida, diretamente transformável no calor de uma usina nuclear de energia ou no calor e na luz de uma bomba atômica. A lógica de Mayer foi formalizada hoje em dia na primeira das três leis da termodinâmica. Essa lei (bem conhecida, mesmo que seu significado nem sempre seja plenamente valorizado) afirma que a energia não pode ser criada nem destruída. A segunda lei determina que a conversão de qualquer forma de energia em trabalho nunca é 100% eficiente (alguma parte da energia é sempre convertida em calor), a não ser à temperatura de zero absoluto. A terceira lei diz que nunca conseguimos atingir o zero absoluto. Essas leis são equivalentes às leis do jogo no Velho Oeste:

1. Você não pode ganhar.
2. Você não pode empatar.
3. Você não pode sair do jogo.

APÊNDICE 2

O efeito da temperatura nas moléculas de alimentos

O efeito da temperatura sobre moléculas de alimentos depende da molécula. Há quatro tipos principais de moléculas a se considerar: água, gorduras, carboidratos e proteínas. Do ponto de vista do *chef*, a água foi a escolha infeliz da natureza para ser a base líquida universal, dieteticamente inócua, da nossa existência. Ela pode ser essencial à vida, mas o fato gastronomicamente infeliz é que a água não só é tediosa na sua contribuição para o sabor, como ainda por cima ferve a uma temperatura em que não acontece quase nenhum dos processos interessantes da culinária. A conveniência da temperatura é tal, no entanto, que a água fervendo é freqüentemente usada na cozinha como um método seguro e eficiente de transferir calor. Só a superfície do alimento atinge logo de início a temperatura de fervura, de 100°C. O segredo de se usar água em ebulição é controlar o tempo de cocção, de modo que o interior do alimento apenas aqueça até a temperatura ideal de cozimento (em geral bem abaixo de 100°C).

A água no alimento propriamente dito também muitas vezes contribui para outras modificações desejáveis. Ao cozinharmos arroz, massas ou batatas, por exemplo, a água funciona não apenas como um meio de transferir calor, mas também para ajudar a mudar a própria textura e palatabilidade da comida cozida.

Quando se desejam temperaturas mais altas, gorduras e óleos podem ser usados como meios de transferência de calor. Eles também participam como componente dietético importante de diversos alimentos. A maior parte dos sabores que percebemos é transportada pelo componente oleoso do alimento (é por isso que os alimentos dietéticos, sem gordura, têm tão pouco gosto). O óleo, ao ser digerido, libera duas vezes mais energia que uma quantidade equivalente de carboidrato.

Um óleo é simplesmente uma gordura no estado derretido, líquido. Há uma grande diferença, no entanto, entre os óleos encontrados em alimentos e os usados para lubrificar motores de carros. As moléculas dos óleos alimentares têm três per-

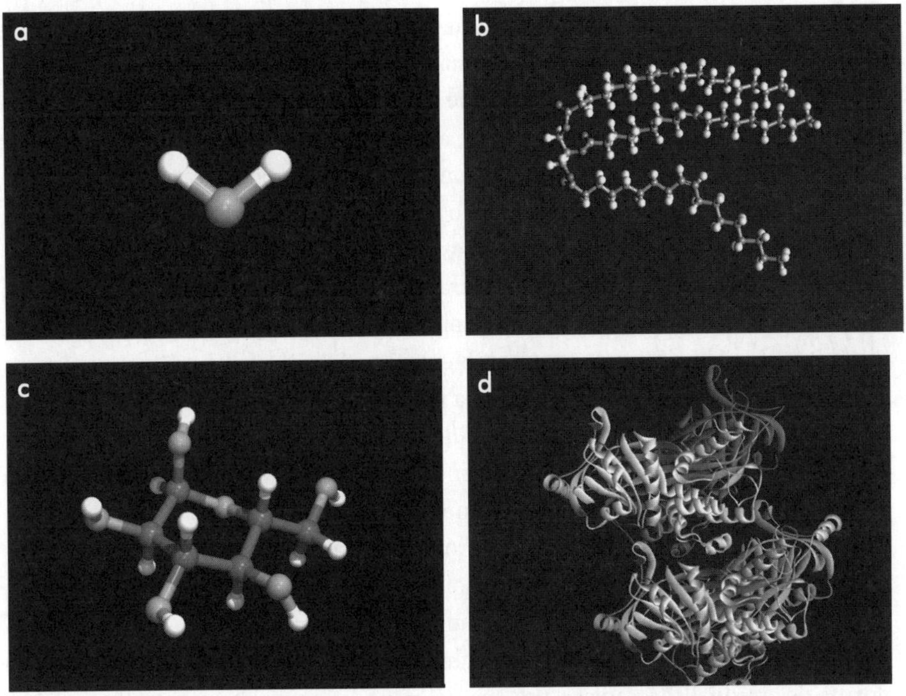

Figura A.1: **Imagens geradas por computador de diferentes tipos de moléculas de alimentos. Uma molécula consiste em átomos (representados aqui como bolas esféricas) unidos por ligações químicas (representadas aqui por bastões unindo os átomos)**

Esses diagramas têm como intenção mostrar os formatos e as complexidades correspondentes das moléculas que vão compor nossa comida.

a. Água — aqui há apenas três átomos — um átomo de oxigênio no centro, ligado a dois átomos de hidrogênio.

b. Gordura — as gorduras contêm três longas *cadeias de hidrocarbonetos* (isto é, cadeias de átomos de carbono ligados com átomos de hidrogênio presos a cada átomo de carbono), com todas as três presas a um *grupo-chefe* comum de glicerol (à esquerda do diagrama). Eles normalmente contêm várias centenas de átomos. A gordura mostrada é uma *gordura insaturada,* quer dizer uma ligação em pelo menos uma das cadeias é dupla. Isso significa que a própria cadeia se dobra, como se recebesse um chute na barriga. A cadeia mostrada aqui tem essas *duplas ligações* em duas de suas cadeias.

c. Carboidratos — os carboidratos são construídos de pequenas moléculas de açúcar, como a glicose, que abrange um anel de cinco átomos de carbono e um átomo de oxigênio, com outros átomos de oxigênio e hidrogênio presos na periferia. Eles contêm 24 átomos. A maior parte dos carboidratos (como o amido nas batatas e nos cereais) consiste em muitos anéis destes unidos numa linha, e pode conter dezenas de milhares de átomos.

d. Proteína — as proteínas, como a *albumina* do ovo mostrada aqui, pode também conter milhares de átomos, unidos em cadeias que conseguem se dobrar para formar hélices, folhas planas ou uma pasta aparentemente aleatória. A pasta pode ser resolvida quando nos concentramos nos formatos das cadeias, e não nas posições dos átomos individualmente. Aqui estão quatro moléculas de albumina com os formatos que elas adotam no espaço revelados por essa técnica.

nas unidas a uma espinha dorsal comum. Os óleos lubrificantes só têm uma. O formato das pernas afeta o comportamento térmico do óleo ou da gordura. Cada "perna" consiste de uma cadeia unida de átomos de carbono. A temperaturas suficientemente baixas, as pernas podem se arrumar lado a lado para formar um cristal sólido. As moléculas de gordura com pernas retas (gorduras "saturadas") se arrumam bem próximas, vibram pouco e exigem uma energia relativamente alta para separá-las. Aquelas que têm pernas dobradas (gorduras "insaturadas") juntam-se menos, são mais fáceis de separar e se fundem a uma temperatura mais baixa. Algumas, como o óleo de amendoim e de urucum, podem ficar sob a forma de óleos até mesmo à temperatura ambiente.

As moléculas de gordura e de água são relativamente pequenas, e o efeito da temperatura sobre o comportamento culinário delas é relativamente simples, consistindo em grande parte no congelamento ou na fusão. As moléculas de proteínas e carboidratos são em geral muito maiores. Uma molécula típica de gordura pode conter uns 200 átomos, ao passo que proteínas e carboidratos podem conter muitos milhares. A menor molécula de carboidrato, a glicose, chega mesmo a ser menor que uma molécula de gordura. As plantas armazenam glicose, no entanto, não como moléculas simples, mas principalmente como longas cadeias ligadas sob a forma de amido. Essas cadeias, por sua vez, acondicionam-se em estruturas elaboradas, em que camadas cristalinas se alternam com camadas amorfas, numa série de anéis concêntricos, lindos de se ver ao microscópio.

Toda essa beleza natural é desfeita quando cozinhamos alimentos amiláceos, como arroz, massas ou batatas. À medida que a temperatura sobe, as moléculas de água gradualmente se insinuam entre as cadeias de amido. O delicado equilíbrio energético entre a atração das cadeias por água ou pelas outras é gradualmente alterado até que, numa temperatura específica (62°C para o amido da batata), as cadeias de repente se separam enormemente para acomodar um influxo de água que faz os grânulos de amido passarem de partículas arenosas, duras, para uma geléia inchada, macia. Temperaturas mais altas não produzem qualquer efeito adicional — as batatas, por exemplo, podem ser cozidas confortavelmente a 70°C. Só leva mais tempo para o calor chegar até o centro.

Carne e peixe são fontes principais de proteínas, que geralmente exigem temperaturas mais baixas do que os carboidratos para a ruptura de suas estruturas. A energia necessária para romper a estrutura tridimensional de diversas cadeias dobradas de proteína, por exemplo, corresponde a uma temperatura de cerca de 40°C (daí nossa temperatura corporal ficar em torno de 37°C). Um bife de alta qualidade, como filé ou alcatra, consiste principalmente nas proteínas actina e miosina dos músculos, que adotam uma configuração estendida no músculo relaxado, mantida por ligações fracas. As proteínas do músculo encurtam-se quando suas ligações são rompidas, processo que torna a carne mais dura. Esses bifes não deveriam ser aquecidos no centro a temperaturas muito acima de 40°C, razão pela qual usamos tempos tão curtos de cozimento para eles.

As proteínas no tecido conjuntivo (as tiras e películas brancas na carne) exigem temperaturas muito mais altas para romper sua estrutura tridimensional. O principal componente do tecido conjuntivo é a proteína colágeno, que na verdade consiste em três cadeias de proteínas, enroladas umas nas outras para formar uma forte estrutura de corda, razão pela qual a carne com muito tecido conjuntivo exige uma temperatura de cerca de 60°C, além da presença de água. Uma combinação das duas converte o colágeno de três filamentos em uma gelatina de um só, muito mais macia e mais digerível. Infelizmente, a uma temperatura tão alta, as proteínas do músculo terão ficado muito duras. A solução, assim, é ou escolher carnes de alta qualidade ou aceitar um meio-termo na textura.

A temperaturas ainda mais altas, a energia cinética das moléculas pode se tornar maior do que a energia das ligações entre os átomos individualmente, na cadeia. A cadeia pode quebrar e as ligações ficarem disponíveis para formar novas ligações com outras moléculas. Isso é o que acontece no *douramento*, em que a energia cinética a temperaturas acima de 140°C é tão alta que as cadeias de proteína e de carboidratos conseguem formar novas ligações complicadas umas com as outras, produzindo novos materiais castanhos e saborosos. Começamos os assados de carne em altas temperaturas do forno para iniciar essas reações de douramento.

NOTAS

1. Como um Cientista Cozinha um Ovo? *(p.11-25)*

1. Essas pretensões são tratadas de modo muito divertido por Kingsely Amis em *The James Bond Dossier*, Jonathan Cape, 1956.

2. A vida notável de Nicholas Kurti está documentada em *Biographical Memoirs of the Royal Society of London*, 46, 2000, p.299-315.

3. Esse foi o tópico de um dos famosos discursos das noites de sexta-feira, apresentados na Royal Institution de Londres (fundada por Rumford). Nicholas quebrou a tradição ao ter sua palestra televisionada ao vivo e também por se recusar a ficar trancado antes numa sala, tradição desenvolvida depois que um palestrante no século passado (Charles Wheatstone) ficou com medo e fugiu antes de se apresentar ao público. A data real da transmissão foi sexta-feira, 14 de março de 1969. Infelizmente, a BBC destruiu a única fita desse evento histórico. Restou apenas o registro do roteiro, publicado nos *Proceedings of the Royal Institution* 42, nº 199.

4. S. Maunders, *Scientific and Literary Treasury*, 1841.

5. A vida de Benjamin Thompson já foi abordada em diversos livros. Um relato especialmente interessante é fornecido na inefável 11ª edição da *Encyclopaedia Britannica* (verbete sobre "Rumford, Benjamin Thomson, Count", *Encyclopaedia Britannica*, 11ª ed., Cambridge University Press, Cambridge, 1911). Quando Rumford recebeu o título, suas origens americanas se afirmaram e ele assumiu o título de "conde Rumford" em homenagem à cidade natal de sua mulher, Rumford, mais conhecida dos americanos sob o novo nome de Concord, Massachusetts, cidade natal de Thoreau, autor de *Walden*.

Rumford foi um observador insaciável das minúcias da vida; e um excelente exemplo de cientista que usou suas observações de fenômenos corriqueiros como base para o progresso dos nossos conhecimentos científicos. Sua filosofia pessoal, muito apropriada para este livro, era que: "... nas coisas e nas ocupações comuns da vida, as oportunidades [muitas vezes] se apresentam a partir da contemplação de algumas das mais curiosas operações da natureza ... um hábito de manter os olhos abertos para tudo o que estava acontecendo no curso normal das coisas da vida muitas vezes levou mais ... a dúvidas úteis e a esquemas sensíveis de investigação e melhoramentos do que todas as meditações mais intensas dos filósofos."

Uma das "coisas normais" na qual o próprio Rumford estava interessado era a culinária. Ele queria "inspirar os cozinheiros com uma idéia justa da importância da arte deles, e da ligação íntima que há entre os diversos processos com os quais eles estão diariamente lidando e muitas das mais lindas descobertas feitas por filósofos experimentais na época atual".

Harold McGee me chamou a atenção sobre o episódio de Rumford e o forno de pão. Aliás, McGee relatou-o em seu fascinante livro *The Curious Cook*, HarperCollins, Londres, 1992, p.22.

6. "Rumford, Benjamin Thompson, Count", *Encyclopaedia Britannica*, 11ª ed., Cambridge University Press, Cambridge, 1911.

7. Episódio fascinante por si mesmo pelo exemplo de como a ciência realmente funciona — não por experimentos definitivos e aceitação imediata de uma nova idéia, mas por provas e contraprovas, argumentos e contra-argumentos e, acima de tudo, pela divulgação, uma vítima por demais freqüente no mundo atual do segredo industrial e militar. O caso é discutido em quase todas as histórias da ciência, e para aqueles que têm uma formação científica, em P.M. Harman, *Energy, Force and Matter*, Cambridge University Press, Cambridge, 1982, e S.G. Brush, *The Kind of Motion We Call Heat*, North-Holland, 1976.

8. As observações de Rumford a respeito da perfuração de canhões foram registradas em seus *Collected Works*, vol.II, ensaio IX. Lido para a Royal Society em 25 de janeiro de 1798.

9. Relatados por ele em *Philosophical Magazine*, série 3, vol.XXVII, 1884, p.205 (reimp. em R.B. Lindsay, org., ibid).

10. As idéias de Mayer foram relatadas pela primeira vez em *The Motions of Organisms and their Relation to Metabolism*, publicado em 1824 (reimp. em R. Bruce Lindsay, *Energy: Historical Development of the Concept*, Dowden, Hutchinson Ross, 1975).

11. A noção do calor como movimento foi finalmente codificada por John Tindall em *Heat: A Mode of Motion*, 6ª ed., Longmans, Green & Co., Londres, 1880, livro no qual também é apresentada uma animada defesa da contribuição de Mayer.

12. A citação é de Albert Einstein e Leopold Infeld em *The Evolution of Physics*, Cambridge University Press, Cambridge, 1938. A presença de Infeld como co-autor dá outra percepção de como a ciência realmente funciona. Quando Einstein mudou-se para Princeton, exigiu como condição de sua contratação que fosse criado um segundo posto, para que ele tivesse alguém com quem conversar. Foi Infeld quem ganhou esse posto. A história mostra que até cientistas como Einstein não vivem em torres de marfim. A comunicação e a troca de idéias são elementos essenciais, para Einstein e para quase todos os cientistas que conheci.

13. Para ser preciso, a energia de uma molécula é dada por $k \times T$, onde k é um número chamado de constante de Boltzman. Para romper as múltiplas ligações fracas entre as cadeias que sustentam as estruturas tridimensionais das longas moléculas de carboidratos e proteínas normalmente é necessária uma energia de alguns kT. Para quebrar uma ligação química entre as cadeias é preciso uma energia de cerca de 80 kT.

14. A descoberta da convecção por Rumford foi descrita nas *Collected Works* de Rumford, vol.II, ensaio VII. Citado em W.R. Magie, *A Source Book in Physics*, Harvard University Press, Cambridge, MA, 1965, p.146.

15. Mais uma vez sou grato a Harold McGee por relatar a história de uma pesquisa feita pelo autor de livros de culinária norte-americana, Edward Behr, na qual a totalidade dos *chefs* consultados respondeu que um filé de peixe com o dobro da espessura de outro levaria menos de duas vezes de tempo para cozinhar (ver *The Curious Cook*, HarperCollins,

Londres, 1992, p.33). Harold produziu recentemente um modelo computacional da distribuição de temperatura num pedaço de carne cozida sob diversas condições (H. McGee, J. McInerney, e A. Harrus, *Physics Today*, nov 1999, p.30).

16. As soluções para a equação de Fourier para objetos com formas diferentes foram discutidas de modo compreensível por meu colega e muitas vezes companheiro na autoria de livros em assuntos culinários, Peter Barhan, em *The Science of Cooking*, Springer, 2000, p.43.

17. Nesse caso, a razão para a extensão da concordância entre a regra dos quadrados e as regras clássicas para os tempos de cozimento vem do fato de que, se o tempo de cozimento "t" for proporcional ao quadrado da espessura "d" de uma placa de carne, então um pequeno aumento Δd na espessura da carne significa que o tempo de cozimento vai aumentar por um fator $(d + \Delta d)^2 / d^2$. O problema, como os que aprenderam cálculo sabem, é que se $(\Delta d)^2$ for muito pequeno em comparação aos outros dois termos, e puder ser desprezado, o tempo de cozimento aumenta linearmente com a espessura, exatamente como foi previsto pela senhora Beeton (e pela minha mãe). Isso é demonstrado de uma maneira diferente por P.B. Fellgett em N. & G. Kurti (orgs.), *But the Cracking Is Superb*, Adam Hilger, 1988, p.40 (uma antologia sobre comida e bebida por *Fellows and Foreign Members of the Royal* Society).

18. Sua medida das temperaturas de ebulição no cozimento de ovos é relatada em N. & G. Kurti (orgs.), ibid, p.53.

19. Seus cálculos de tempos para cozinhar ovos e os comentários de Hervé This sobre o estabelecimento relativo das temperaturas de claras e gemas estão registrados em *New Scientist*, 13 jan 1998.

20. Para maiores detalhes, ver, por exemplo, H. McGee, *On Food and Cooking*, HarperCollins, Londres, 1985, e P.J. Barham, *The Science of Cooking*, Springer, 2000.

2. A Arte e a Ciência da Absorção *(p.26-42)*

1. Levantamento informal feito em conexão com o "projeto da capilaridade".

2. "Rede" foi definida ironicamente no *Dictionary of the English Language*, de Johnson, 1755, como "qualquer coisa reticulada ou entrecruzada a intervalos iguais, com fendas entre as interseções". São as fendas ou cruzamentos que contam; sem eles não haveria retícula. Durante os últimos 50 anos acreditou-se que esses ligamentos cruzados na massa de farinha de trigo eram formados por ligações de bissulfito. Só recentemente se descobriu (K. Tilley. *Journal of Agricultural and Food Chemistry*, vol.49, p.2.627) que eles são formados por ligações cruzadas entre os resíduos de tirosina, e que a idéia do bissulfito não tinha bases em provas concretas. Isso só vem mostrar que "explicações populares" têm tanta probabilidade de penetrar no universo científico como em qualquer outra área. A diferença é que na ciência pelo menos há um jeito de eliminar essas explicações.

3. Nem todos os telefonemas foram a respeito da absorção. Muitos dos que ligaram queriam saber sobre a ciência subjacente a outras atividades conhecidas, como culinária, banhos de sol e uso de telefones celulares. Os supostamente complicados e difíceis princípios científicos envolvidos nas respostas pareciam apresentar pouca dificuldade para os curiosos, uma vez que estavam sendo relacionados a alguma coisa com a qual o público já estava familiarizado.

4. "Hooke, Robert", verbete na *Encyclopaedia Britannica*, 11ª ed., Cambridge University Press, Cambridge, 1910. Os termos precisos das anotações de Hooke, tal como registrados no *Journal Book of the Royal Society* em 5 de novembro de 1662, foram: "Sir Robert Moray recomendou uma pessoa [Hooke] disposta a ser empregada como curador pela Sociedade, oferecendo-se para executar todos os dias em que eles se reunissem três ou quatro experimentos consideráveis, e não esperando qualquer recompensa até que a Sociedade consiga fundos que o permitam." Soube-se depois que "considerável" queria dizer "original". E os alunos de doutorado hoje acham que dão duro!

5. James D. Watson, *The Double Helix*, Penguin, Londres, 1970.

6. Francis Bacon, *The Novum Organun*, ou *A True Guide to the Interpretation of Nature*, G.W. Kitchen (trad. ingl.), Oxford University Press, Oxford, 1855. Um número surpreendente de pessoas ainda acha que a ciência funciona do modo sugerido por Bacon.

7. Thomas Kuhn, *The Structure of Scientific Revolutions*, 2ª ed., Chicago University Press, Chicago, 1970. [Ed. bras.: *Estrutura das revoluções científicas*, São Paulo, Perspectiva, 2003.]

8. Peter Medawar, *The Limits of Science*, Oxford University Press, Oxford, 1985.

9. "Drumkard's Walk Helps Unfold Secret of Polymers", *New Scientist*, 136, 12 dez 1992. Esse artigo resume de modo acessível os princípios das caminhadas aleatórias e mostra como surgem as relações dos quadrados e do fator de quatro que se seguem. Há também inúmeros websites que explicam a questão das caminhadas aleatórias em diferentes níveis de sofisticação.

10. E.W. Washburn, *Physics Review*, 17, 1921, p.374.

11. Esses termos constituem uma enorme fonte de confusão para não-cientistas (e para alguns cientistas!), mas não precisam ser. O princípio é muito simples. Uma *equação* descreve como uma coisa depende de outra. Se um carro estiver andando a 60km por hora, por exemplo, então a equação (distância em quilômetros) = 60 x (número de horas) mostra exatamente como a distância percorrida depende do tempo gasto.

Para evitar escrever tudo por extenso, os cientistas usam abreviações. "D" é uma abreviação comum para distância e "t" é a abreviação universal para tempo. A equação acima, então, fica D = 60 x t, que com um pouco de prática é muito mais fácil de se escrever e igualmente fácil de ler.

Um *gráfico* é simplesmente outra maneira de escrever uma equação para exibir visualmente como uma coisa depende de outra. Por convenção, a coisa de que a outra depende (nesse caso, o tempo) é traçada no eixo horizontal, e a coisa que depende dela (a distância) ocupa o eixo vertical. É muito simples mesmo.

12. Thomas Young, *Philosophical Transactions of the Royal Society of London*, 95, 1805, p.65. Ver também Thomas Young, *A Course of Lectures on Natural Philosophy and the Mechanical Arts* (2 vols.), J. Johnson, Londres, 1807. Young odiava símbolos matemáticos e escreveu suas equações inteiramente em palavras, o que torna a leitura de seus artigos incrivelmente difícil.

13. Pierre Simon Laplace, *Supplément au dixième livre du traité de mécanique céleste*, 1806. Traduzido para o inglês e anotado por N. Bowditch (4 vols.), Boston, 1829-39. Reimpresso por Chelsea Publishing, Nova York, 1966.

14. Isso tem freqüentemente levado a descobertas importantes e fundamentais. A versão popular segundo a qual Newton descobriu a lei universal da gravitação depois de ter sido atingido na cabeça por uma maçã infelizmente não tem qualquer fundamento (embora seja

interessante notar que a unidade moderna da força [o "newton"] é aproximadamente igual à força que a gravidade exerce sobre uma maçã de tamanho médio). É claro que há inúmeros exemplos reais de leis universais decorrentes da observação de fenômenos corriqueiros. Dentre eles estão: a descoberta de Galileu das leis do pêndulo depois de observar a oscilação de um candelabro na catedral de Pisa; a dedução de Mendel das leis da genética a partir de suas observação das ervilhas que cresciam em seu jardim; a hipótese de Rumford de que o calor é uma forma de movimento, conclusão a que chegou observando a enorme quantidade de calor gerada durante a perfuração de canhões no bronze (quem quer que já tenha tido a experiência de furar um pedaço de metal estará a par desse fenômeno numa escala menor). Nos tempos atuais, a teoria universal do caos — que domina temas tão diversos como a ascensão e queda de populações animais e os movimentos financeiros na bolsa de valores — originou-se dos esforços de Lorenz para compreender os modelos das condições atmosféricas.

15. Usei aqui o termo técnico "médio" para que meus colegas especialistas nesse campo não me trucidem. A maioria dos meniscos encurva-se de modos diferentes em direções diferentes, e o cálculo desse "médio" é usado para levar tal fato em consideração.

16. A equação é simplesmente:

$$\frac{L^2 = \Delta P \times R^2 \times t\,,}{4\eta}$$

em que "L" é a distância percorrida por um líquido de viscosidade "η" no tempo "t" ao longo de um tubo cilíndrico de raio "R" sob uma pressão "ΔP" (J.L.M. Poiseuille, *Comptes Rendus de l'Académie de Sciences*, Paris, 11, 961, 1.041 (1840); 15, 1.167 (1842)). Nota: o Δ é a abreviação científica usual para "uma variação em".

17. Experimentos relatados em L.R. Fischer, S.P. Carrington e J.A. Ordell, "Deformation Mechanics of Individual Swollen Starch Granules", in *Starch, Structure and Functionality* (P.J. Frazier, P. Richmond e A.M. Donald, orgs.), Royal Society of Chemistry, Londres, Special Publication, nº 205, 1997, p. 105.

18. O termo tem uma definição técnica precisa, que neste caso é simplesmente a força dividida pela área sobre a qual ela é aplicada.

19. O fenômeno é discutido de uma forma simples e divertida em *The New Science of Strong Materials*, J.E. Gordon, 2ª ed., Pelican, Londres, 1976, que também inclui uma fotografia do quase desastre do *Majestic*. Uma fotografia do desastre real do *Schenectady* pode ser encontrada em *Structures*, J.E. Gordon, Pelican, Londres, 1978.

20. O episódio foi publicado em todos os principais jornais britânicos no período 24-25 de novembro de 1998, assim como pelos noticiários de TV e rádio do mundo inteiro, e até achou um lugar no *Wall Street Journal*. Tornou-se também o assunto de diversos programas.

21. Len Fisher, "Physics Takes the Biscuit", *Nature*, 397, 469, 1999.

3. A Tao das Ferramentas *(p.43-68)*

1. Esse livro clássico foi reeditado por Jack Hill (Davi & Charles, Newton Abbot, 1982).

2. Aristóteles deduziu a lei da alavanca cerca de um século antes de Arquimedes, mas sua dedução só resiste ao exame crítico se admitirmos que o autor estava a par do moderno

"princípio das velocidades virtuais", o que provavelmente não é verdade (R.B. Lindsay, org., *Energy: Historical Development of the Concept*, Dowden, Hutchinson & Ross, 1975, p.32).

3. Rutherford gostava de contar repetidas vezes a história das experiências de Marsden. A versão aqui foi montada a partir de diversas fontes, sendo a principal *Rutherford: Simple Genius*, de David Wilson, Hodder & Stoughton, 1983, p.291.

4. Os contadores Geiger foram projetados para registrar a passagem de partículas, como a partícula alfa, que são emitidas durante o decaimento radioativo. Um leitor da revista australiana *Radio and Hobbies* (periódico mensal em que eu e muitos outros nos iniciamos na eletrônica) não sabia disso e escreveu para o editor perguntando o que os contadores Geiger contavam. O editor, com a maior cara-de-pau, respondeu: "Ora, *geigers*, naturalmente", e passou a explicar que geigers eram o que os cientistas modernos contavam para dormir. Chegou inclusive a mostrar a imagem de um deles:

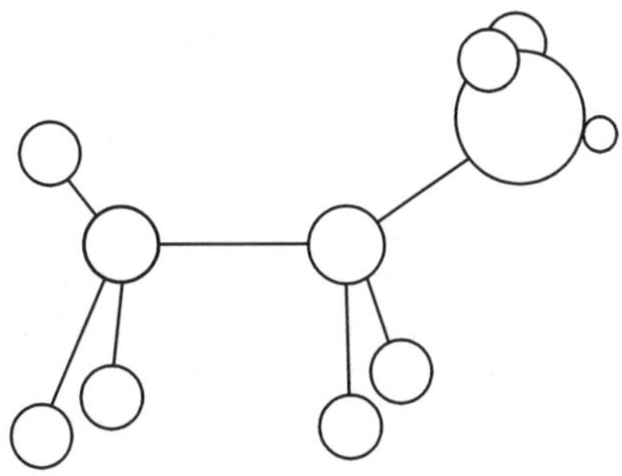

Figura N.1: **Um geiger**

5. As observações de Geiger e Marsden foram publicadas em junho de 1909, e o mundo inteiro pôde entender o que eles queriam dizer. Rutherford chegou primeiro, embora lhe tivessem sido necessários 18 meses.

Rutherford tentou *duas* representações do átomo — uma em que todas as cargas positivas estavam no meio, e outra em que todas as cargas negativas estavam no meio. No primeiro caso, as partículas alfa, positivamente carregadas, seriam repelidas ao se aproximar demais umas das outras. O segundo caso no entanto não foi descartado porque, embora as partículas alfa fossem atraídas para o núcleo, poderiam oscilar em torno dele e voltar na direção de onde tinham vindo, como um cometa ao redor do Sol. Quando Rutherford fez os cálculos matemáticos para os dois casos, as respostas resultaram as mesmas. Foi preciso outra prova para mostrar que a primeira resposta era a correta.

A representação de Rutherford para o átomo não se baseava simplesmente num vôo conceitual da imaginação, por importante que fosse. Houve muitos vôos conceituais igualmente brilhantes que aterrissaram na resposta errada. Rutherford, no entanto, usou sua representação para prever exatamente que fração das partículas alfa seria espalhada pelos diversos ângulos, descobrindo que suas previsões quantitativas coincidiam com as medidas de Marsden. Foi o argumento definitivo.

Rutherford propagou sua idéia não no prestigioso *Proceedings of the Royal Society*, como tinham feito Geiger e Marsden, mas numa reunião da Manchester Literary and Philosophical Society. Isso diz alguma coisa a respeito da posição dessas sociedades e do interesse público pela verdadeira ciência, na época.

6. Infelizmente as potências atualmente encarregadas de fornecer apoio à ciência vêem as coisas do ponto de vista oposto, e na maioria das vezes realizam seus financiamentos com base nas chances de sucesso *a priori*. Isso levou a jogos interessantes, em que os cientistas primeiro fazem os experimentos e depois pedem o dinheiro, usando a quantia para custear secretamente a rodada seguinte.

7. Ver W.L. Goodman, *History of Woodworking Tools*, Bell, 1964.

8. Os aborígines australianos usaram pedras com orifícios no meio para fazer com que as lanças ficassem retas, mas aparentemente não deram o passo seguinte de fixar cabeças de machados etc. de modo semelhante.

9. Minha pesquisa em velhos artigos científicos, livros e enciclopédias revelou que nenhum cientista jamais "provou" que trabalho = força x distância. Aconteceu que a quantidade conservada (força x distância), identificada como importante por Galileu, aos poucos foi sendo identificada com a palavra "trabalho", de modo que por volta de 1855, 150 anos depois da morte de Galileu, os cientistas já tinham seqüestrado de vez a palavra da linguagem comum. A nova definição foi aceita sem questionamento por cientistas como Joule, ao estabelecer a equivalência entre calor e trabalho.

10. Os cientistas chamam a força usada para movimentar uma carga, na ausência de atrito, de força de conservação, uma vez que a carga movida pode em princípio ser usada subseqüentemente para mover uma outra, de modo que o esforço não se perde. As forças de atrito, no entanto, são não-conservativas, uma vez que o trabalho usado para gerar calor é em geral perdido.

11. Ver *Mark's Standard Handbook for Mechanical Engineers*, 8ª ed., McGraw-Hill, 1978, p.12-29. A força efetiva depende da potência 2,5 da densidade da madeira, e é também proporcional ao diâmetro do prego e do quanto ele está enterrado.

12. Esta, junto com outras fórmulas por demais numerosas e impressionantes para serem mencionadas, são fornecidas em Henry H. Ryffel (org.), *Machinery Handbook*, 23ª ed., Industrial Press, Nova York, 1988, p.1.278.

13. Stuart Burgess indicou outros pontos interessantes, que cito aqui com sua permissão: 1. uma boa maneira de se apertarem parafusos é primeiro aquecê-los e depois apertá-los manualmente. Ao esfriar, eles encolhem, tornando-se pré-tensionados; 2. muitos parafusos são feitos de metais macios, sendo facilmente danificados por chaves de fenda empedernidas, e ainda mais por empedernidos usuários de chaves de fenda; 3. as arruelas de mola são boas para indicar a pré-carga correta dos parafusos; 4. parece que há à disposição uma chave de fenda especial, com um ressalto na seção média do cabo, de modo que a mão que aperta desliza por um círculo maior do que aquele formado quando simplesmente se torce. Isso gera um verdadeiro ganho mecânico de "alavanca".

14. Ver a edição completa do *Oxford English Dictionary*.

15. O carrinho de mão na China é discutido em Joseph Needham, *Science and Civilisation in China* (resumido por Colin Ronan), Cambridge University Press, Cambridge, 1978, p.75.

16. Lascas de pedras descobertas na bacia do Nigewan, na China, por exemplo, foram datadas como tendo 1,36 milhão de anos (*Nature*, vol.413, p.413).

17. *Formulas for Stress and Strain*. R.J. Roark, 3ª ed., McGraw-Hill, 1954.

18. Stuart Burgess afirma que "uma chave de fenda é, na verdade, uma chave de boca usada em linha". Deixo ao leitor decidir entre Stuart e Jeff.

19. A maior parte dessas informações eu tirei de T. Baumeister, E.A. Avallone, e T. Baumeister, III, *Mark's Standard Handbook for Mechanical Engineers*, 8ª ed., McGraw-Hill, 1978.

4. Como Somar a Conta do Supermercado *(p.69-79)*

1. Esse é um princípio que os cientistas usam o tempo todo. O truque é reconhecer quais números são significativos e quais não são. A incapacidade de se fazer essa distinção pode levar à ruína científica, como aconteceu com o divertido físico Felix Ehrenhaft, anfitrião freqüente de Einstein e outros.

Ehrenhaft passou muito tempo de sua vida tentando medir a carga do elétron, usando uma técnica na qual uma nuvem de gotículas mínimas de água era aspergida entre duas placas horizontais de metal carregadas. A maior parte das gotículas caía lentamente sob o efeito da gravidade. Às vezes, no entanto, uma gotícula apanhava um elétron perdido, liberado por um raio cósmico de passagem. A gotícula carregada começava então a se mover na direção da placa de cima, positivamente carregada. Medindo-se a velocidade do movimento, o experimentador podia calcular a carga elétrica. O problema era que algumas das gotículas, sem saber das intenções do experimentador, inconvenientemente escolhiam apanhar mais de um elétron. Ehrenhaft sabia que havia essa possibilidade e fez muitas medidas, calculando a carga de cada gota e procurando um fator comum que pudesse ser a carga correspondente a um único elétron. Ele traçou uma distribuição de freqüências de seus resultados, mostrando quantas vezes cada valor particular da carga ocorria. Seus resultados para 500 experimentos isolados são redesenhados aqui, o mais fielmente possível, a partir do conjunto completo de dados reproduzidos no excelente livro de G. Holton, *The Scientific Imagination: Case Studies*, Cambridge Univesity Press, Cambridge, 1978, p.74.

Agora sabe-se que a carga de cada elétron individual é de $4{,}80 \times 10^{-10}$ unidades eletrostáticas, e parece óbvio, em retrospecto, que o primeiro (e maior) pico de Ehrenhaft corresponde a gotas carregando apenas um elétron, enquanto os picos subseqüentes (um tanto deslocados por causa de um artifício experimental desconhecido) corresponderam a gotículas carregando duas, três, quatro etc. elétrons. A dispersão nos resultados (uma coisa que todos os cientistas já experimentaram) poderia se dever à poeira, pares de gotículas grudadas, correntes de convecção no ar ou qualquer uma de inúmeras outras razões.

Ehrenhaft não viu isso dessa forma. Ele acreditou que *todos* os seus resultados deveriam ter o mesmo peso, uma vez que não via qualquer razão para acreditar em um mais do que em outro e que eram todos exatos até o terceiro, quarto e até quinto algarismo significativo, de modo que cada minúsculo passo horizontal representava não um erro experimental, mas o acréscimo de mais outro elétron. Acabou calculando que a carga do elétron era cerca de cem vezes menor do que realmente é. Quanto mais experimentos ele fazia — e fez milhares —, menor a carga elementar do elétron parecia se tornar.

Nesse meio tempo o norte-americano Robert Millikan estava realizando experimentos parecidos com os de Ehrenhaft, mas optando por se concentrar apenas nos algarismos mais significativos e desprezando outros números, por se tratar de variações experimentais e, portanto, não significativos. Usando essa abordagem, obteve o valor correto para a carga do elétron, o que lhe valeu o Prêmio Nobel de física em 1923. Enquanto isso, o pobre Ehrenhaft continuou mais 20 anos afirmando que deveria haver "subelétrons" com cargas muito menores — mas ninguém o escutou.

Há questões estatísticas muito profundas aqui, entre elas: até que ponto as expectativas prévias deveriam influenciar as análises estatísticas, e se fosse o caso, como deveriam ser compensadas? Muitas dessas questões permanecem sem solução até hoje.

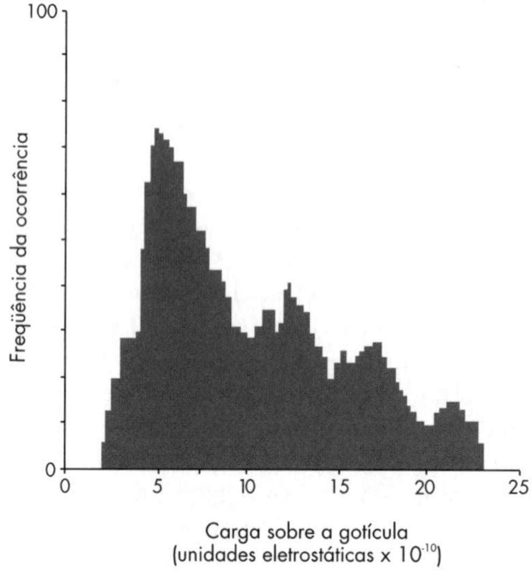

Figura N.2: **Resultados das primeiras 500 medidas de Ehrenhaft para as cargas de gotículas de água**

2. Pode-se facilmente mostrar como isso é equivalente à *soma de metade do número de itens ao total na coluna dos "reais".* Se o total na coluna dos "reais" for P, e o número total de itens for N, então o limite inferior é R$P e o limite superior é R$ (P + N). A média dos dois é R$ (P + (P+N)/2, que vai dar R$ (P + N/2), que é a mesma coisa do que somar metade do número de itens (N/2) a P.

3. Um número surpreendente de cientistas chegou à conclusão correta depois de ter feito dois erros que se cancelaram mutuamente. Um caso famoso foi quando os cientistas norte-americanos Gorter e Grendel estavam tentando medir a composição da delgada membrana que envolve todas as células vivas. Acabaram por concluir (corretamente) que a membrana tinha exatamente duas moléculas de espessura. Este foi um resultado importante e determimou os rumos da biologia celular moderna. Só 30 anos mais tarde alguém chamou a atenção para o fato de que o artigo de Gorter e Grendel continha dois erros, ambos de um fator de dois, que por sorte se anulavam. Ver E. Gorter e F. Grendel em *Journal of Experimental Medicine*, vol.41, 1925, p.439.

4. Os cadernos de Robert Millikan estão agora preservados em 97 arquivos no California Institute of Technology Archives.

5. Quando mostrei essas distribuições de freqüências ao meu colega Jeff Odell, sua sugestão imediata foi que eu deveria tentar uma transformada de Fourier. Essa é uma técnica da matemática, agora tornada mais fácil com o advento dos potentes computadores, para revelar padrões subjacentes, ou periodicidades. Imagens de sondas espaciais são invariavelmente tratadas desse modo, antes de serem liberadas para o público.

Eu estava muito tentado a experimentá-las com as contas do supermercado, especialmente depois que, como Jeff chamou a atenção, existe um ótimo jeito experimental de se fazerem as transformadas de Fourier, que é pegar um slide de 35mm do objeto (aqui, o gráfico da distribuição de preços do supermercado) e passar um feixe de laser por ele. A luz será defletida pelos ângulos diferentes por um fenômeno chamado de *interferência*, sendo que cada ângulo vai corresponder a uma periodicidade específica na distribuição dos preços. No final, no entanto, tudo ficou muito confuso.

Você pode fazer suas próprias transformadas de Fourier simplesmente olhando para o reflexo de um feixe de luz de um CD. Escolha uma cor para observar e procure o reaparecimento dessa cor enquanto move o CD. Cada reaparição corresponde a uma periodicidade diferente. As que aparecem nos ângulos mais rasos correspondem ao intervalo entre faixas adjacentes; as mais de dentro correspondem aos intervalos entre cada segunda faixa, entre cada terceira faixa etc.

6. As próprias estatísticas dos métodos que sugeri merecem um ensaio focalizando o que quisemos dizer quando falamos "em média".

O "em média" com a qual a maior parte das pessoas está familiarizada é tecnicamente chamada de "média". Se os números na coluna dos "centavos" estiverem distribuídos aleatoriamente, faz sentido dizer que o valor "médio" é aproximadamente R$0,50, por exemplo (49,5, para ser exato). Faz também sentido falar de "média" se os números não estiverem distribuídos aleatoriamente, desde que a distribuição seja uniforme.

"Médias" correspondem a expectativas, mas nem sempre são apropriadas para uma determinada situação. O número "médio" de corcovas num camelo, por exemplo, é de 1,5, mas nunca ninguém viu um camelo com uma corcova e meia — eles sempre têm ou uma ou duas corcovas.

Evitei falar de "médias" quanto a preços em geral de um supermercado, uma vez que a distribuição desses preços é muito cheia de pontas. Há inúmeros truques matemáticos para lidar com distribuições pouco uniformes como essas, a maioria dos quais está bem distante da minha alçada, e provavelmente da dos leitores também. Uma que está ao alcance de todo mundo, no entanto, é o foco na *moda*, isto é, o valor que aparece com maior freqüência. Foi o que fiz nos métodos simples que sugeri para comparar os preços entre os diferentes supermercados.

5. Como Arremessar um Bumerangue *(p.80-91)*

1. O bumerangue de madeira mais antigo descoberto na Austrália foi datado por carbono radioativo como tendo 10 mil anos. O recorde de idade para bumerangues, no entanto, vai até um, feito de dente de mamute, que está agora na Polônia, e foi datado em 23 mil anos. Os bumerangues parecem ter sido inventados independentemente em diversos locais, inclusive o Egito, onde muitos deles foram achados num anexo à tumba de Tutancâmon, entre os quais alguns com pontas de ouro.

2. Dentre esses destaca-se o material ultraforte, Kevlar, usado em coletes à prova de bala e nas espaçonaves, e "tomado emprestado" nessa ocasião das lonas de freio de um bombardeiro Mig russo, pelo entusiasta de bumerangues búlgaro Georgi Dimanchev.

3. O relato é de J. Dawson, *The Australian Aborigines*, edição fac-símile, AIATSIS, 1881.

4. O recorde de 149,12m (há muito superado) foi estabelecido por Michel Dufayard em Shrewsbury, em 1992.

5. Sean Slade conta a história da época em que fazia um bumerangue de plástico policarbono transparente. Deu-se ao trabalho de polir as superfícies e aguçar as beiradas, e só depois de o ter arremessado é que percebeu que não tinha a menor idéia de onde ele iria aterrissar no regresso. Os passantes se deliciaram com a visão de um homem frenético, correndo de um perseguidor inteiramente invisível.

6. Às vezes o bumerangue é usado para caçar patos, ocasião em que paira acima de um bando, parecendo ser um gavião, e faz com que os animais saiam da água para o solo, onde são abatidos com uma pancada.

7. O tempo máximo de vôo foi alcançado por John Gorski, nos Estados Unidos, com um bumerangue que pegou uma ascendente térmica sobre o rio Potomac, voltando a uma distância de 27m do arremessador depois de incríveis 17 minutos e 6 segundos. Infelizmente, era um arremesso de treino, de modo que o tempo não valeu como recorde mundial.

8. Este é um assunto complexo. A explicação clássica é que o ar flui com maior rapidez por cima de um lado de uma asa (o lado de cima, no caso de um aeroplano; o lado "de dentro", no caso de um bumerangue) do que sobre o outro, criando uma pressão mais baixa no lado em que o fluxo é mais rápido (princípio de Bernoulli). O leitor poderá observar esse efeito segurando duas folhas de papel próximas uma da outra e soprando entre elas. As folhas serão atraídas uma para a outra.

Essa explicação clássica foi recentemente contestada por David Anderson e Scotrt Eberhardt num livro chamado *Understanding Flight*. Anderson, um físico do Fermilab, alega que a ascensão é muito simples — não passa de uma força de reação, como descrita pela terceira lei do movimento de Newton (para toda ação há uma reação igual e contrária). A asa empurra o ar para baixo, de modo que este então empurra a asa para cima. Não examinei com detalhes o argumento de Anderson, mas é provável que ele tenha razão. Isso não significa que Bernoulli esteja errado. As duas explicações produzem a mesma equação — apenas a representação é diferente.

9. Os desenhos decorativos foram descritos por Philip Jones, curador de uma coleção de mais de três mil bumerangues aborígines no South Australian Museum, em seu livro, ricamente ilustrado, *Boomerang: Behind an Australian Icon*, Wakefield Press, Austrália do Sul, 1996.

10. Quando contei a história do Duncan MacLennan ensinando aborígines a arremessarem bumerangues, Sean Slade imediatamente acrescentou a história de Andy Furniss, um bem conhecido entusiasta britânico dos bumerangues, que estava perambulando de carona pela Austrália e foi largado no meio do nada. Enquanto esperava pela carona seguinte, pegou um bumerangue e começou a arremessá-lo a esmo. Um aborígine local apareceu e perguntou: "Que é essa coisa?". Andy disse-lhe o que era e começou a lhe ensinar como arremessá-lo. Justo quando o homem estava pegando o jeito, um ônibus cheio de turistas norte-americanos apareceu, e os turistas começaram a fotografar o que achavam ser um aborígine ensinando um homem branco a arremessar um bumerangue.

11. Esses exames costumavam ser chamados pelo título tecnicamente correto de varredura por ressonância nuclear magnética. O "nuclear" se refere aos núcleos dos átomos de hidrogênio na água presente nos tecidos; esse nome foi mudado quando os pacientes (e a mídia) erradamente associaram "nuclear" à idéia de armas nucleares, que adquirem sua energia rompendo os núcleos de átomos muito maiores. A varredura por ressonância nuclear magnética delicadamente inclina o único próton girando no núcleo de um átomo de hidrogênio.

12. O raciocínio para isso se aplica com a mesma validade para bumerangues com mais de duas asas.

13. Uma das regras da Sociedade dizia: "As decisões dos juízes são definitivas, a não ser que uma maioria realmente esmagadora da multidão presente grite contra. Linguagem ofensiva e obscena não poderá ser usada pelos concorrentes ao se dirigirem aos árbitros ou, inversamente, pelos árbitros ao se dirigirem aos concorrentes (a não ser quando atingidos por um bumerangue)."

14. O exemplo mais espantoso de simplificação das regras físicas quando se muda o ponto de vista do observador foi quando a física alemã Emmy Noether observou que a lei da conservação do momento linear deriva diretamente do fato de que as leis da física não mudam quando o ponto de observação é desviado linearmente no espaço; e que a lei da conservação do momento angular significa que as leis da física não se alteram quando o ponto de observação muda no espaço. Se Emmy Noether não recebeu um Prêmio Nobel, isso mostra alguma coisa a respeito da orientação masculina que a ciência tinha no início do século XX (e infelizmente ainda tem).

15. Essa matemática foi apresentada num artigo de divulgação do físico holandês Felix Hess (*Scientific American*, 219, 1968, p.124-36) e minuciosamente elucidada pelo mesmo autor em uma tese de doutorado com 500 páginas, publicada sete anos mais tarde. Bob Reid tornou a física acessível no "The Physics of Boomerangs" (*Mathematical Spectrum*, vol.17, 1984-5, p.48, publicado pela Universidade de Sheffield), e amplificou sua descrição de como os bumerangues se deitam numa recente edição do *British Boomerang Society Journal* (verão 1998, p.19). Uma descrição mais detalhada, passo a passo, foi também apresentada por E.C. Zeeman no maravilhoso "Gyroscopes and Boomerangs", na Royal Institution Mathematics Masterclass, que tinha como objetivo "fornecer material científico para crianças de 13 anos".

16. A razão matemática para isso é que o momento de inércia em torno do eixo de rotação deve ser pelo menos 30% maior do que o momento de inércia imediatamente superior em torno de um eixo perpendicular ao eixo de rotação; do contrário, a rotação pode se transferir de um eixo para o outro com resultados desastrosos.

17. A física das rãs em levitação é descrita por Michael Berry e André Geim no *European Journal of Physics*, vol.18, 1997, p.307.

6. Agarre como Puder *(p.92-101)*

1. A.G. Macdonell, *England, Their England* (MacMillan, 1933; The Reprint Society, Londres, 1941), p.122-4. Apesar do intervalo de tempo, nada mudou, graças a Deus. Acrescentei algumas palavras explanatórias (por exemplo, "o poeta", para o senhor Harcourt) para esclarecer o contexto sem violentar o sabor: o da vida na aldeia que, apesar de tudo, ainda existe.

2. Trata-se de um artigo de Peter McLeod e Zontan Dienes, publicado na *Nature*, vol.362, 4 de março de 1993, p.23.

3. O psicólogo e escritor Oliver Sacks conta a história de gêmeos idênticos que eram "videntes", capazes de "simplesmente ver" números e como se correlacionavam. Sua capacidade de visualizar números era tal que, quando Sacks acidentalmente deixou cair uma caixa de fósforos, um deles deu uma olhada na pilha espalhada e disse imediatamente: "Cento e onze." Seu irmão imediatamente comentou: "Trinta e sete, trinta e sete, trinta e sete." Sacks contou os fósforos; eram mesmo 111 (3 x 37). A habilidade inconsciente de cálculo dos gêmeos era extraordinária. Eles conseguiam, por exemplo, calcular em poucos segundos se um número de 12 algarismos era ou não primo, uma coisa para a qual os cientistas ainda não têm um algoritmo (isto é, um conjunto de regras que orientem o cálculo). Desse modo, não há nada de intrinsecamente impossível com o postulado de McLeod e Dienes, de habilidades mentais inconscientes que nos ajudem a apanhar uma bola. Só que o princípio de orientação dos cientistas (conhecido em filosofia como a navalha de Occam), ao escolher entre duas explicações em tudo iguais, é o de aceitar a mais simples. Isso não significa que a explicação mais simples seja sempre a certa; mas a navalha de Occam, por experiência, é o procedimento que nos dá melhores chances de escolher a explicação certa. A explicação de McLeod e Dienes usa o lado cego da navalha de Ockham.

4. O jornalista que conseguiu publicar a equação de "apanhar a bola" na primeira página do jornal fez uma tentativa corajosa de explicar o que a equação significava em termos leigos. O resultado lembra um pouco a famosa tentativa do presidente Kennedy em declarar em alemão: "*Ich bin ein Berliner.*" Sem entender o que estava dizendo, usou uma palavra que parecia a certa, mas que resultou, traduzida, em "eu sou uma rosca". Todos os alemães na platéia perceberam o erro de Kennedy. Apenas alguns poucos leitores do meu amigo jornalista pegaram o erro na equação, porque só uns poucos conheciam a linguagem da matemática. É uma pena, porque a matemática dá uma imagem de como as coisas acontecem, uma imagem valendo bem mais do que as mil palavras que uma descrição verbal usaria. A descrição nesse caso era como o nosso ângulo de observação muda quando corremos para apanhar uma bola. A equação foi descrita pelo jornalista como:

$$\frac{d^2(\tan\theta) = 0\text{, onde } \theta \text{ é o ângulo de observação, t é o tempo, e d, a distância}}{dt^2}$$

Se ele soubesse ler a linguagem em que a equação está escrita, teria visto que a distância não entra aí em lugar algum; "d" não é um símbolo num sentido convencional, e a expressão ($d^2/\Delta t^2$) só tem sentido se tomada como um todo. Ela significa "aceleração" (Newton a teria escrito pondo dois pontinhos em cima do θ). O que a equação está dizendo é que, quando corremos para apanhar uma bola, avaliamos a pegada de tal maneira que o grau de inclinação da nossa cabeça não acelera nem desacelera (isto é, é igual a zero).

5. O livro foi recentemente atualizado e reimpresso. Ver S.P. Thompson, e M. Gardner, *Calculus Made Easy*, St. Martin's Press, Nova York, 1999.

6. J.D. Miller, *Daedalus* 112 (2), 1983, p.29-48; J.R. Durrant, G.A. Evans, e G.P. Thomas, *Nature*, 340, 11, 1989. A abordagem de Aristóteles era razoável e sensata na compreensão do movimento, mas as flechas em vôo pareciam constituir uma exceção, uma vez que não havia nada que as empurrasse. Aristóteles estava tão convencido da exatidão de sua abordagem,

no entanto, que acabou concluindo que o arco devia empurrar o ar, mesmo de longe, e o ar então empurrar a flecha. Os aristotélicos de hoje seguem Aristóteles na tentativa, perfeitamente razoável, de aplicar o bom senso a situações em que a natureza decretou que ele não deve ser aplicado. A história da ciência está coalhada dessas situações, e poderia ser dito, de fato, que consiste amplamente nas tentativas do homem entender e resolver esses conflitos entre o bom senso e a realidade.

7. O mesmo princípio se aplica aos diversos satélites que agora estão em órbita *geoestacionária* e que parecem pairar acima de um ponto na superfície da Terra. Vistos do espaço, eles zunem em torno da Terra uma vez em cada 24 horas. A Terra, no entanto, está rodando à mesma velocidade, de modo que o satélite parece estacionário ao ser observado de um ponto diretamente abaixo, na superfície do planeta.

8. Essa descoberta de Galileu é discutida em R. & B. Tricker, *The Sciences of Movement*, Mills & Boon, 1968, livro repleto de idéias intrigantes que consultei para escrever este capítulo. Ele lança uma luz interessante sobre como mesmo os maiores cientistas podem cometer erros, e também podem ter sorte: "... a hipótese de que a velocidade de um corpo aumenta uniformemente com a distância percorrida durante a queda era aceita de modo geral. O próprio Galileu a adotou, no princípio. Ao mesmo tempo, em seus cálculos iniciais ele também cometeu um erro, que neutralizou aquele outro, chegando ao resultado correto: a distância percorrida durante a queda de um corpo num determinado tempo seria proporcional ao quadrado do tempo ...". (Mais tarde percebeu o erro no cálculo anterior e também se deu conta de que a hipótese da "velocidade uniforme" estava errada.)

9. A fórmula da parábola toma a forma (distância vertical) = (constante) x (distância horizontal)^2. Como o trajeto horizontal de um projétil tem velocidade constante, a distância horizontal percorrida é proporcional ao tempo de vôo, de modo que a equação pode ser escrita (distância vertical) = (outra constante) x (tempo)^2, ou seja, a distância percorrida na queda é proporcional ao quadrado do tempo. Uma parábola é uma das "seções cônicas" originalmente descritas pelo matemático grego Pappus. Seus formatos podem ser obtidos cortando-se um cone em ângulos diferentes. Uma dessas seções é o círculo (obtido cortando-se o cone paralelo à base). Outra é a elipse (obtida cortando-se o cone em ângulo com a base). A parábola é uma terceira, obtida cortando-se o cone paralelo ao lado.

10. Como os matemáticos acabaram demonstrando, é a tangente do ângulo que precisa variar a uma taxa constante, em vez do ângulo propriamente dito. A nossa deixa de infância, de usar o ângulo, em vez da tangente, funciona bem porque, para ângulos pequenos, o

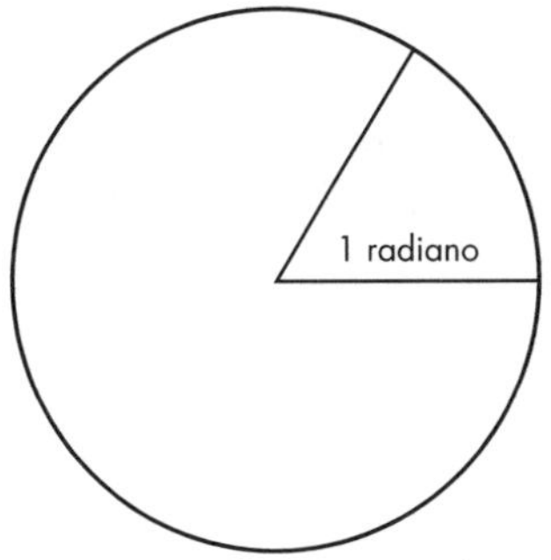

Figura N.3: **Um ângulo de um radiano**

ângulo é proporcional à tangente, e chega a ser quase igual à tangente se o ângulo for expresso em unidades "naturais", e não nos conhecidos graus que arbitrariamente dividem um círculo em 360 partes iguais e que vem de um sistema de contagem babilônico com base no número 60. A unidade "natural" é o radiano. Um ângulo de um radiano corresponde à fatia do círculo em que o comprimento do arco da circunferência é igual ao comprimento do raio (Figura N.3).

A tabela a seguir mostra quanto a tangente de um ângulo está próxima do próprio ângulo quando este é expresso em radianos.

O erro na aproximação é de cerca de 10% ou menos para ângulos até 30°, mas piora rapidamente para ângulos maiores, o que pode em parte explicar por que achamos tão difícil avaliar a posição das bolas altas.

11. A equação ($\tan\alpha = g/2v$) leva diretamente àquela publicada por McLeod e Dienes ($d^2(\tan\alpha)/dt^2 = 0$), uma vez que a expressão ($g/(2 \times v)$) tem um valor constante para qualquer pegada em particular, de modo que a velocidade com que o próprio ($d(\tan\alpha)/dt$) varia com o tempo (ou seja, $d^2(\tan\alpha)/dt^2$) é zero. Também sob essa forma a equação foi originalmente publicada por S. Chapman (*American Journal of Physics*, 36, 1968, p.868-870) e P. Brancazio (*American Journal of Physics*, 53, 1985, p.848-855). As duas referências são citadas no artigo subseqüente da *Nature*. É provável que tenha sido a diferença nas formas o que levou McLeod e Dienes a não notar a evidente interpretação física que discuti neste capítulo.

12. Essa é a terceira lei do movimento de Newton ("A toda ação corresponde uma reação igual e contrária"). Em outras palavras, se empurramos alguma coisa, ela empurra de volta com a mesma força. Do ponto de vista do "alguma coisa" (por exemplo, o chão) ela está nos empurrando, e nós a estamos empurrando com a mesma força. Depende do ponto de vista.

7. Espuma do Banho, Espuma da Cerveja e o Significado da Vida *(p.102-21)*

1. Neste capítulo tentei fazer uma descrição de como a ciência realmente funciona, o que em geral não acontece com estratégias pré-planejadas, porém, com mais freqüência, por uma combinação de atenção sobre as questões importantes, presteza em aceitar novas idéias que possam ser relevantes para essas questões e pura persistência obstinada em seguir as conseqüências dessas idéias.

Tabela N.1: **Proximidade de ângulos e radianos**

Ângulo (graus)	Ângulo (radianos)	Tangente do ângulo
10	0	0
10	0,18	0,18
20	0,35	0,36
30	0,52	0,58
40	0,70	0,84
50	0,87	1,19
60	1,05	1,73
70	1,22	2,75

Para resumir focalizei o trabalho sobre o qual eu tinha conhecimento direto do que estava acontecendo, e mesmo assim só consegui mencionar alguns dos cientistas envolvidos. Relatei a maior parte dos incidentes do ponto de vista de como vi as coisas na época, sendo que nem sempre eu estava ciente de tudo o que acontecia. Outras pessoas podem muito bem ter visto tudo de modo diferente, ou com outra ênfase. Em outras palavras, para citar a introdução de Lawrence Bragg em *The Double Helix*, "isso não é uma história, mas uma contribuição autobiográfica para a história que [poderá] algum dia ser escrita". (Bragg era o chefe do laboratório Cavendish durante o período em que James Watson e Francis Crick conceberam a estrutura de dupla hélice para o DNA [1951-53]. J.D. Watson, *The Double Helix*, Atheneum Press, Londres, 1968.)

2. Um bom ponto de partida são os artigos na *Current Opinion in Colloid and Interface Science* (fevereiro de 1999).

3. Durante o programa de rádio da BBC com Sidney Perkowitz, discutimos a ciência das espumas por algum tempo. Aqueles sábios que acreditam que o público só está interessado nos aspectos mais espetaculares da ciência talvez quisessem observar que esse programa, tratando de assunto aparentemente tão despretensioso, tornou-se o quarto "Escolha da Semana" da rádio BBC.

4. Newton publicou suas observações sobre as cores das bolhas de sabão em *Optiks* (G. Bell & Sons, Londres, 1730), um relato maravilhosamente legível de sua engenhosa (embora incorreta) teoria corpuscular da luz.

5. Mesmo com a ajuda de um potente microscópio, o olho humano só consegue ter resolução de objetos que estejam separados por um micrômetro, mais ou menos. Consegue, no entanto, perceber a presença de objetos muito menores, pela capacidade que eles têm de espalhar a luz, razão pela qual os faróis de um carro são tão vividamente evidentes num nevoeiro, mesmo que o observador não consiga distinguir os formatos de cada gotícula de água de modo independente.

6. A interessantíssima biografia de Langmuir está em *The Selected Papers of Irving Langmuir*, vol.12, Pergamon Press, 1962.

7. São muitas e variadas as histórias a respeito de Langmuir. Ele procurava ciência em tudo ao seu redor e nunca andava sem um caderno e ferramentas de medidas. Em certa ocasião que se tornou famosa consumiu o suprimento todo de papel higiênico de uma pousada remota em que estava hospedado, realizando um experimento. Também era um aviador amador entusiasmado e gostava de fazer uma brincadeira que envolvia encontros com nuvens. Certa vez passou com as rodas tocando o topo de uma nuvem e ficou pasmo de ver que as marcas das rodas permaneceram na nuvem. Ao seguir essa observação, acabou desenvolvendo novos métodos de modificação climática, principalmente referentes a "semeadura de nuvens", jogando gelo seco na nuvem para iniciar a precipitação.

Um cientista que trabalhara no mesmo andar que Langmuir me contou que o laboratório dele era uma fonte constante de surpresas. Uma vez o cientista entrou e foi imediatamente envolvido por uma tempestade de neve criada artificialmente por Langmuir e seu colega Vincent Shaefer, como parte de seus experimentos de modificação climática.

8. A destrutiva natureza oxidante da atmosfera no início da Terra levou a se especular que moléculas orgânicas complexas não poderiam ter sido formadas, tendo sido, na verdade, "semeadas" via condritos carbônicos, como o meteorito Murchison descoberto na Austrália central. O meu colega professor Richard Pashley descobriu materiais com atividade na superfície no centro desse meteorito, datado de cerca de 200 milhões de anos antes da

formação da Terra (D.W. Deamer, e R.M. Pashley, "Surface Properties of Amphilic Components of the Murchison Carbonaceous Chondrite", *Origins of Life and Evolution of the Biosphere*, 19, 21-38 (1989).

9. O livro foi modestamente intitulado *Colloid Science* (A.E. Alexander e P. Johnson, Oxford University Press, 1947).

10. As propriedades aderentes das células falciformes foram estudadas por Evan Evans na Universidade de British Columbia, em Vancouver. Evan, um ex-engenheiro, voltou sua atenção para as propriedades mecânicas das células vivas, no que ele rapidamente se tornou autoridade mundial e muito temido em conferências por suas perguntas arrasadoramente diretas e pela recusa em aceitar respostas evasivas. Em seus estudos sobre células falciformes, Evans descobriu que a incapacidade delas de se recuperarem da deformação era um fator importante, talvez mais importante do que sua propriedade aderente.

11. O único ainda vivo é Theo Overbeek, ainda cientificamente ativo à época em que este livro estava sendo escrito — um recorde notável.

12. Essas forças surgem da superposição de nuvens de íons carregados que se unem em torno de cada grupo-cabeça. Por esse motivo, as forças são tecnicamente chamadas de forças de "dupla camada".

13. Um cientista holandês mostrou-me isso ao me levar numa visita pelos bares de Amsterdã, mostrando que algumas cervejas mantinham o colarinho muito bem, enquanto o de outras sumia mais rapidamente. A diferença, descobriu ele, foi que as espumas que se desfaziam mais rapidamente continham dióxido de carbono "natural", oriundo do processo de fermentação, enquanto as mais duráveis tinham sido produzidas com nitrogênio de um cilindro de gás. O dióxido de carbono, ao contrário do nitrogênio, se dissolve em água, portanto consegue escapar para a atmosfera nas películas de água que envolvem as bolhas, de modo que as bolhas numa espuma "natural" encolhem rapidamente com o tempo. Continuei encontrando esse cientista em conferências durante os 20 anos seguintes. Estava muitas vezes acompanhado da mulher, uma senhora de aparência ameaçadora, e mais ameaçadora do que nunca numa conferência na Bulgária, em que os organizadores locais apresentaram uma trupe de jovens dançarinas casadouras para nosso divertimento no jantar da conferência. O marido ficou fascinado, mas a mulher pareceu não ter gostado muito.

14. O trabalho de Tabor e sua escola foi resumido por Israelachvili em seu excelente livro *Intermolecular and Surface Forces*, Academic Press, 1985. O termo "forças de superfície" refere-se simplesmente às forças de atração e repulsão a curtas distâncias entre superfícies cuja interação domina diversos dos processos da vida, incluindo a automontagem. Em sua introdução, Jacob chama a atenção de que os gregos só precisaram de duas dessas forças para explicar todos os fenômenos naturais. Uma era o Amor, a outra, Ódio.

15. Seu livro (com B.W. Mahanty) sobre as forças de Van der Waals é *Dispersion Forces*, Academic Press, 1978.

16. Como cientista, Pasteur é famoso principalmente por ter descoberto os princípios da esterilização (que levou, entre outras coisas, ao processo de "pasteurização" e de vacinação com vírus atenuados, ou seja, vivos, mas enfraquecidos). Contra os conselhos dos colegas, ele dramaticamente aplicou sua vacina de raiva não testada em 1885 num menino de nove anos, Joseph Meister, que tinha sido mordido por um cão raivoso. Meister sobreviveu e tornou-se o guardião do Instituto Pasteur, morrendo 55 anos mais tarde ao preferir suicidar-se a franquear o túmulo de Pasteur às tropas nazistas invasoras.

17. Ao descobrir isso, Pasteur não estava tentando conhecer o formato das moléculas, do mesmo modo como os cientistas que iniciaram a revolução da espuma não estavam tentando conhecer as origens da vida. Foi um insight, como tantas vezes na ciência, nascido de uma tentativa de resolver um problema inteiramente diferente. A questão foi apresentada pela indústria vinícola francesa, cujos representantes queriam saber se o recém-descoberto ácido racêmico, um subproduto de alguns processos industriais na região francesa da Alsácia, era o mesmo que ácido tartárico (o principal componente da "crosta" cristalina na rolha, formada por um bom vinho).

18. De uma forma mais técnica, as soluções de ácido tartárico que Pasteur estudou desviavam o plano de luz polarizada, enquanto as soluções ácidas racêmicas, aparentemente idênticas, não. Pasteur atribuiu a diferença ao fato de que o ácido racêmico é de fato uma mistura dos dois ácidos, um dos quais é o tartárico, e o outro cujas moléculas são a imagem especular das do ácido tartárico, e que desviam o plano de luz polarizada na direção oposta da do ácido tartárico, de modo que o efeito final não aparece na mistura.

Se Pasteur tivesse sido uma sépia ele poderia ter visto esses efeitos diretamente, uma vez que os olhos das sépias são adaptados para reagir à rotação de um feixe de luz que tenha passado pelas presas de outro modo invisíveis. Mas como não era sépia, Pasteur teve de usar uma invenção relativamente nova, chamada polarímetro. Pode-se fazer um polarímetro grosseiro pegando-se dois pares de lentes de óculos de sol polaróides (legítimos), pondo um atrás do outro e olhando através dos dois juntos para uma luz brilhante. Se uma das lentes for rodada, haverá um ponto em que a luz é praticamente apagada. Isso acontece porque a primeira lente seleciona as ondas de luz que vibram numa direção, mas a segunda está posicionada de modo a só deixar passar as ondas de luz que vibram a 90° dessa direção, e a apagar todas as ondas de luz que vibram na direção original. Caso se ponha um pedaço de plástico transparente, ou uma solução concentrada de açúcar, entre as duas lentes, a luz reaparecerá, porque esses dois materiais desviam o plano de luz polarizada.

19. Meu primeiro e único artigo sobre o efeito Kerr foi publicado no *Journal of the Chemical Society*, 1963, p.4.450.

20. A imagem de um microscópio de varredura por sonda me foi fornecida muito gentilmente por meu colega da Universidade de Bristol, professor Mervyn Miles, autoridade mundial em imagens de moléculas biológicas por meio dessa técnica e excelente pianista do show de Natal do departamento.

21. As citações de Franklin foram tiradas da coletânea de seus artigos. O lago em que ele fez a experiência, no parque comunal de Clapham, chamava-se Mount Pond, e foi cavado por seu amigo (e banqueiro!) Henton Brown.

22. A carta foi transmitida pelo seu amigo à Royal Society, que imediatamente a publicou (com ligeiras modificações) nas *Philosophical Transactions of the Royal Society*, vol.LXIV, 1774, p.447. Como era fácil conseguir publicar um trabalho, naquela época...

23. A idéia remonta ao venerável Bede, que deu esse sábio conselho em seu *Ecclesiastical History*, livro 3, capítulo 15 ("Lembrem-se de jogar no mar o óleo que lhes dei, quando imediatamente os ventos se abaterão e um mar calmo e sorridente irá acompanhá-los pelo resto da viagem"). Infelizmente não funciona com águas que além de perturbadas sejam "psicóticas". O meu contemporâneo australiano Bill Mansfield descobriu isso nos anos 1950, quando repetiu a experiência de Franklin com o objetivo de usar a película superficial para reduzir a taxa de evaporação da água de represas australianas. Em vez de azeite de oliva, usou um material com superfície ativa, parecendo cera, chamado ácido esteárico. Este, ao contrá-

rio do azeite de oliva, espalha-se indefinidamente na superfície da água, a não ser que seja confinado, mas a idéia do Bill era pôr uma quantidade bastante grande de ácido esteárico na superfície da represa para formar uma camada compacta de moléculas, com as paredes da represa limitando o espalhamento. Foi uma idéia inteligente que funcionou bem em escala de experimento, mas fracassou numa escala maior, pois os ventos fortes formaram cristas grandes o bastante para romperem a camada de ácido esteárico e exporem a camada de água. Se a idéia tivesse funcionado, teria sido uma vitória notável, quase sem poluição. O ácido esteárico é uma molécula natural que se degrada com bastante facilidade, e, em todo caso, uma camada de ácido esteárico contendo material suficiente para cobrir uma represa ainda conteria apenas alguns gramas do material.

24. Experimentos de lorde Rayleigh na "banheira" foram registrados nos *Proceedings of the Royal Society*, vol.XLVII, março 1890, p.364.

25. Seus experimentos foram registrados em *Nature*, vol.43, 1891, p.437.

26. A primeira descrição da cuba de Langmuir parece ter sido feita pelo próprio no *Journal of the American Chemical Society*, vol. 39, p.1.848.

27. A força de repulsão entre os grupos-cabeças carregados eletricamente em geral ultrapassa as forças de atração de Van der Waals entre as caudas em todas as distâncias.

28. As moléculas podem mesmo ser apanhadas numa lâmina de vidro que seja erguida pela superfície. Uma segunda camada pode ser apanhada por cima da primeira passando-se a lâmina outra vez pela superfície, e o processo pode ser repetido infinitamente, desde que ainda haja moléculas para serem apanhadas. Essa técnica, originada por Irving Langmuir e Katherine Blodgett, ao menos é conhecida pelo nome dos dois, e é chamada de técnica de Langmuir-Blodgett. Teoricamente, poderia ser usada para fabricar dispositivos eletrônicos em "película fina" com características singulares, mas apesar de diversos esforços, pequenas imperfeições nas películas se revelaram problemas quase insuperáveis.

29. Essa substância é uma candidata ideal para a técnica de Langmuir-Blodgett. Usei-a no início da minha carreira para fazer camadas múltiplas de colesterol que mostraram cores brilhantes de interferência na luz refletida.

30. Os usos iniciais da cuba de Langmuir para medir formatos de moléculas foram resumidos por Alex numa revista (*Annual Reports of the Chemical Society*, vol.41, 1944, p.5).

31. A contribuição de Margaret Thatcher para a ciência foi relatada por H.H.G. Jellinek e M.H. Roberts no *Journal of the Science of Food and Agriculture*, vol.2, 1951, p.391.

32. Haydon descreveu seu trabalho inicial sobre as *BLMs* com seus muitos colaboradores numa revisão tipicamente minuciosa no *Journal of Membrane Biology*, vol.4, 1974, p.1. Tornou-se uma figura paternal, ou pelo menos uma figura de tio, para muitos alunos que passaram pelo seu laboratório, e as histórias a respeito de sua inclinação natural para assumir a liderança eram incontáveis. Uma, que ele costumava contar contra si mesmo dizia respeito a seu esporte preferido, o alpinismo, que ele estava praticando sozinho na Isle of Skye. Acampado na base de um penhasco, puxou conversa com um colega de acampamento e ofereceu-se para guiá-lo numa subida. Parece que o colega não era um alpinista, mas Denis adotou com ele uma maneira muito persuasiva e, como descobri ao trabalhar com ele, nunca aceitava um não por resposta.

Partiram na manhã seguinte com Denis à frente, e seu relutante acompanhante amarrado atrás. Denis tinha de fazer a maior parte do esforço e ficou aliviado quando chegou a uma plataforma alta onde se sentou, esperando que seu companheiro aparecesse. Esperou algum tempo, e por fim puxou o resto da corda, para descobrir que ela estava sustentando um peso morto. Alarmado, começou a puxar a corda, e depois de algum tempo a outra extremidade apareceu. Estava amarrada numa imensa pedra. Quando Denis espiou pela beirada da plataforma, avistou a pequena figura de seu ex-acompanhante correndo ao longe. Eu muitas vezes uso essa história como uma metáfora para mostrar como alguém se sente sendo cientista.

Denis morreu de câncer alguns anos depois da publicação dos nossos resultados. Em sua *Biographical Memoir* para a Royal Society (*Biographical Memoirs of Fellows of the Royal Society*, vol.36, 1990, p.199-216), ele me descreveu como "persistente", verdadeiro cumprimento para um cientista.

33. Os artigos originais de Plateau infelizmente são difíceis de se obter. Acabei rastreando-os nos *Annual Reports of the Smithsonian Institution* de 1864-66!

34. Os resultados de Plateau, ao lado de muitos outros fatos fascinantes sobre a ciência das bolhas de sabão, foram popularizados numa série de palestras, "destinadas aos jovens", reunidas por um notável cientista vitoriano chamado Charles Vernon Boys, inventor da câmara de alta velocidade. Boys, além de cientista experimental de primeira linha, foi um dos primeiros humoristas científicos, cujas atividades incluíam a criação de gigantescos anéis de fumaça que lançava sobre passantes desavisados da janela de seu laboratório no primeiro andar da London's Royal Institution. Ele é principalmente famoso entre os cientistas de superfícies por convencer a Society for the Promotion of Christian Knowledge de que o livro de suas palestras, *Soap, Bubbles and the Forces that Mold Them*, era um assunto adequado para ser impresso por ela. Tenho a sorte de possuir uma primeira edição desse livro, que foi publicado em 1890 (o ano em que Rayleigh publicou os resultados de seus experimentos da "banheira"), o único livro que conheço dedicado a um professor de ciências de escola.

35. Ver, por exemplo, D.W.R. Gruen e M.H. Roberts em *Journal of the Science of Food and Agriculture*, vol.52, 1980, p.391.

36. Este fenômeno é conhecido como "efeito hidrofóbico" e tem sido objeto de uma quantidade enorme de pesquisas. Sob o ponto de vista técnico, ocorre porque a entrada de uma molécula de óleo em água líquida força a água a adotar uma estrutura mais ordenada, diminuindo sua entropia, um processo oposto ao espontâneo. Como isso acontece, no entanto, permanece um mistério. O problema é que o efeito sobre a energia do sistema é composto de diversas variações diferentes, cada uma delas enorme, mas que vão em direções diferentes, de modo que o efeito total é ínfimo. Para o cálculo desse efeito ínfimo, no entanto, é preciso conhecer cada uma das variações enormes com uma precisão incrível, ainda bem além das possibilidades da atual geração de modelos de computadores.

37. Ver Jacob Israelachvili, John Mitchell e Barry Ninham no *Journal of the Chemical Society*, Faraday Transactions, vol.72, 1976, p.1.525.

38. Ver, por exemplo, T.N. Zemb, I.S. Barnes, P.J. Derian, e B.W. Ninham, *Faraday Transactions of the Royal Society of Chemistry*, vol.81, 1990, p.20.

39. Esses líquidos para lavar pratos são formulados para limpar bem, mas também para fazer espuma. A espuma é estabilizada por moléculas com um formato diferente daquelas que contribuem para a limpeza, e só estão lá como um extra opcional, projetado para impressionar o comprador quanto à eficácia do produto, mas estabilizado por moléculas cujos formatos significam que elas têm muito pouca ação de limpeza.

40. A interação entre duas BLMs (*black lipid membranes*) foi registrada na *Royal Society of Chemistry Faraday Discussion*, 81, 1986, p.249.

8. Uma Questão de Gosto *(p.122-41)*

1. Brillat-Savarin é um dos nomes mais conhecidos na gastronomia. Seu notável livro, cujo título em geral é abreviado para *Physiologie du goût*, foi publicado pouco antes de sua morte. A palavra francesa *goût* (gosto) reflete a experiência completa do sabor, que é mais do que uma combinação de gosto e aroma. Talvez seja uma indicação a respeito de posicionamentos culturais o fato de o livro de Brillat-Savarin só ter sido traduzido para o inglês em 1884 (a tradução da autora de culinária Mary Fisher, de 1949 é atualmente considerada a melhor). Se não fosse por esse livro, seu nome só estaria agora num prato chamado "Brillat-Savarin", um método de servir cordeiro cortado em pequenos pedaços, acompanhado de batatas *duchesse* (purê de batatas com manteiga e uma gema), *foie gras*, trufas e pontas de aspargos verdes na manteiga. Fico com água na boca só em pensar nesse prato, que é outro exemplo de que boa comida é tanto uma questão de expectativa como de experiência.

A reverência do Brillat-Savarin com respeito aos efeitos posteriores ao ato de comer foram retratados por Rossini, ele próprio *gourmet* nada desprezível, em quatro peças musicais coletivamente intituladas *A vida de gourmet*, e com a intenção de representar o processo da digestão. Os subtítulos eram, em seqüência, *Satisfação interrompida, Excessos, Sucos* (uma peça que combinava o som de sucos gástricos em franca atividade com alguma repetição em locais inesperados) e *Alívio*. Acho que sou a única pessoa do mundo a ter a gravação desse pouco conhecido conjunto de peças, feita especialmente para mim pelo gentil compositor britânico Malcolm Hill.

2. Ver Filippo Tommaso Marinetti, *The Futurist Cookbook*, Londres Trefoil, 1989. Um relato extremamente divertido de "Food as a Performance Medium" foi publicado por Barbara Kirshenblatt-Gimblett em *Performance Research*, vol.4, p.1, 1999.

3. Blumenthal é o proprietário e *chef* do restaurante Fat Duck em Bray (perto de Windsor), no Reino Unido. Sou grato a ele por muitas informações e muitas conversas divertidas sobre estilos de culinária.

4. Especialistas profissionais em sabor têm um conceito parecido de "fechar a brecha" entre dois aromas diferentes para melhorar a impressão geral.

5. Essa "explicação" é reconhecidamente especulativa, e Gary Beauchamp, diretor do Monell Chemical Senses Institute lançou algumas dúvidas a respeito.

6. Experimentos na Emory University Health Sciences relatadas em www.sciencedaily.com./. Talvez uma interpretação alternativa seja a de que o cérebro odeia o tédio e corta os sinais presentes há muito tempo. É óbvio que esse procedimento tem um valor de sobrevivência, uma vez que estamos sendo constantemente bombardeados por uma profusão de aromas diferentes. Sou grato ao meu amigo e colega, o doutor Alan Parker, do Firmenich Plc., por insistir nesse e em diversos outros pontos a respeito deste capítulo.

7. Uma boa quantidade de trabalhos interessantes nessa área está sendo produzida pelo Monell Chemical Senses Institute na Filadélfia, Estados Unidos, chefiados por Gary Beauchamp, e pelos laboratórios de pesquisas de Firmenich Plc. em Genebra, na Suíça, chefiados por Tony Blake, uma fonte de informações em muitos assuntos relativos aos sentidos.

8. Outra maneira de enganar as pessoas com café instantâneo é acrescentar à infusão um pouco de cardamomo moído e coar o resíduo antes de servir.

9. Esse projeto foi patrocinado por Bisto, fabricante de uma série de "molhos" instantâneos. A diferença entre os molhos comerciais e os preparados cozinhando-se um pouco de farinha em caldo de carne baseia-se principalmente no fato de que o amido em geral vem

de uma fonte diferente no molho comercial, e este é "sem gordura", uma vantagem para a saúde, mas uma desvantagem quando se trata de sabores que só dissolvem em gordura.

10. Barham é o autor de *The Science of Cooking* (Springer-Verlag, 2000) e foi também quem me apresentou ao mundo maravilhoso da ciência gastronômica.

11. A "equação do molho" é a seguinte:

$$\% \text{ absorção de molho} = \frac{(W - (D/S) \times 100}{D},$$

onde W é o peso úmido (não cozido) do alimento, D é o peso seco (cozido) e S o fator de encolhimento. Publiquei detalhes da equação em "The Theory of Gravy", *Annals of Improbable Research*, vol.7, 6, nov/dez 2001, p.4.

12. Não tive a oportunidade de voltar a essas perguntas, embora tenha passado as informações para alguns *chefs* e também publicado os dados nos adequadamente intitulados *Annals of Improbable Research.*

13. *The Devil's Dicitionary, The Enlarged Devil's Dictionary*, Bierce Ambrose, Penguin, 1967.

14. O vídeo foi mostrado pelo professor Robin Heath, da Royal London School of Medicine and Dentistry. Robin faz um estudo particular sobre problemas com alimentação surpreendentemente comuns, sobretudo entre as pessoas mais idosas. O principal problema, ele me disse, é uma incapacidade crescente de secretar saliva em quantidade suficiente, dificuldade muitas vezes exacerbada por determinados fármacos. Robin fez um levantamento sobre que alimentos os pacientes acham mais fáceis de comer e ficou surpreso ao descobrir que o duro e quebradiço biscoito de gengibre vinha entre os primeiros da lista. Esses biscoitos conseguem suportar um peso de 5kg ao serem suspensos como uma ponte sobre uma fenda, de modo que Robin tinha todo o direito de ficar surpreso. Acabou descobrindo que nenhum de seus pacientes pensara em lhe dizer que mergulhava o biscoito no chá para torná-los macios, antes de comê-los.

15. O bolo alimentar se torna mais coeso à medida que mastigamos, o que faz com que mais dificilmente seja distorcido. Os termos que usei para descrever esse fenômeno têm um significado científico mais preciso, que pode ou não se aplicar com rigor.

16. Isso só é verdade se o bebê lamber antes de sugar. Uma vez iniciada a sucção, o leite é enviado para o fundo da boca.

17. Detalhes sobre isso podem ser encontrados em Barry Green, *Physiology and Behaviour*, vol.35, 1985, p.427.

18. Essa ardência é medida em "unidades Scoville", uma medida da concentração dos capsaicinóides. A popular pimenta mexicana *jalapeño* chega a ter um peso de cinco mil unidades Scoville, mas para pimenta ardida de verdade, tente a *habanero*, do tamanho de um polegar (chega a 300 mil). A capsaicina pura registra tremendos 15 milhões. Como muitas das moléculas de aroma, os capsaicinóides são solúveis em óleo, mas insolúveis em água ou cerveja gelada. Para os que não são viciados em pimenta, ou para os viciados que já tiveram a sua dose, o segredo de limpar a ardência da pimenta da boca é beber bastante leite. O coco também funciona, porque é carregado de óleo. O consumo exagerado de pimenta, aliás, pode causar hemorróida.

19. Meus resultados desses experimentos foram relatados em *Colloids and Surfaces*, vol.52, p.163.

20. A idéia original de que as gotículas aromáticas podem de alguma maneira ser "aspergidas" de um bolo alimentar me foi sugerida pelo professor Robin Heath.

9. A Física do Sexo *(p.142-55)*

1. O objetivo da minha palestra e deste capítulo foi tornar a ciência acessível e usar a jornada do esperma para mostrar que a ciência não se encontra dividida em compartimentos estanques rotulados de "física", "biologia", "química" etc. Não tive a intenção de dar respostas científicas a problemas sexuais, embora um número surpreendente de pessoas me tivesse feito perguntas exatamente a esse respeito. Minha resposta sempre foi que não estou qualificado nessa área e que nunca trabalhei nisso profissionalmente. O máximo que sou capaz de oferecer são informações que as pessoas podem usar para ajudá-las a formular a pergunta certa para alguém adequadamente qualificado.

2. Os professores homens de meia-idade podem ter apresentado um interesse especial. De acordo com meu colega da Universidade de Bristol, professor Shah Ebrahim, homens de meia-idade que praticam sexo três ou mais vezes por semana têm menor probabilidade de derrames ou ataques cardíacos do que aqueles que não têm vida sexual ativa (estudos continuados em 2.400 homens do País de Gales, relatados no *World Stroke Congress*, em novembro de 2000). Os resultados do Ebrahim estão em confronto direto com a crença de John Harvey Kellogg, inventor dos sucrilhos Kellogg's, de que aqueles que praticam sexo, mesmo para objetivos de procriação, deveriam limitar suas atividades, sob o risco de insanidade (J.H. Kellogg, *Plain Fact for Old and Young*, Senger, Burlington, IA, 1882).

3. Essas histórias foram relatadas num levantamento de *Doctor*, jornal semanal para profissionais da medicina (citado em *The Editor*, 21 de julho de 2001).

Comunicações de equívocos nos conhecimentos dos adolescentes sobre o sexo são infinitas. Duas das minhas favoritas vêm de Miami. Uma adolescente grávida atendida numa clínica de Miami Beach insistiu que o contraceptivo falhara. "Que método você usou?", perguntaram a ela. "Geléia", respondeu a garota. "Que tipo de geléia?". "Uva."

A mesma clínica fez uma demonstração de como usar camisinha para um garoto de 17 anos. "Eu tenho feito tudo errado há uns dois anos", disse ele. "Achei que tinha de fazer um furo nela para que os testículos não explodissem."

4. A história da investigação sobre sexo é relatada pelo pesquisador norte-americano Vern Bullough em *Science in the Bedroom* (Basic Books, 1994). O professor Bullough afirma que grande parte do estigma ainda associado à pesquisa sobre sexo remonta à doutrina de santo Agostinho segundo a qual "o pecado de Adão e Eva é transmitido de pais a filhos pelo ato sexual, que por virtude da lascívia que o acompanha, é inerentemente pecaminoso". Minha crença pessoal é de que muita gente no mundo ocidental ainda acredita implicitamente nessa doutrina, mesmo que não o faça de modo explícito.

Algumas das pessoas na palestra à qual me referi ficaram um tanto chocadas quando apresentei um estudo feito por cientistas suecos que convenceram um casal a fazer amor no hospital, num aparelho de imagem por ressonância magnética, do tipo daqueles usados para estudar anomalias no cérebro. Nesse caso, os órgãos sexuais do casal foram o foco da atenção. Só se pode admirar a concentração do casal, pois conseguiram praticar o ato sexual enquanto eram bombardeados por uma série de instruções dadas por microfone.

5. A pressão sangüínea é mantida dentro dos limites "normais" pela distensão elástica dos vasos sangüíneos a cada bombeamento. Se não fosse por isso, a pressão arterial sistólica (a mais alta das duas leituras normalmente mencionadas) ficaria incrivelmente alta, porque os líquidos são praticamente incompressíveis. Uma das causas da pressão arterial alta é um endurecimento gradual das paredes dos vasos sangüíneos, que não conseguem se dilatar suficientemente.

6. Na verdade, eles estimulam a liberação de óxido nítrico. É esse ácido que produz o relaxamento. Este acaba sendo destruído pela adrenalina, caso contrário os homens teriam ereções o dia inteiro.

7. Os pesquisadores do Instituto Novosibirsk de Pesquisa na Rússia afirmam que esse tratamento, combinado com o uso de laser de infravermelho para irradiar a cabeça do pênis durante cinco minutos a cada vez, acaba levando a uma situação em que o dispositivo de vácuo não é mais necessário, pois o tratamento com o laser produz uma "massagem das veias, o que leva ao aumento do metabolismo e da nutrição do tecido".

8. Provou-se recentemente que o ginseng *reduz* o número de espermatozóides que entram no muco cervical. Um dos "afrodisíacos" mais estranhos, descrito no *Kama Sutra*, consiste em uma mistura em pó da planta *Vajnasunhi* seca (é o nome em sânscrito e não consegui descobrir o equivalente em inglês), o arsênico vermelho (As_2S_2) e o enxofre. Ateia-se fogo à mistura. Se a Lua, vista através da fumaça extremamente venenosa, aparecer dourada, então a experiência erótica será bem-sucedida. Há um tanto de física fascinante envolvida nesse caso, uma vez que a Lua só vai aparecer dourada se as partículas da fumaça forem do mesmo tamanho que os comprimentos de onda da luz azul-verde (cerca de 500nm), de modo que espalharão essa luz, mas deixarão a extremidade vermelho/amarelo do espectro relativamente inalterada. A mistura é também pouco comum pelo fato de que pode ser transformada num *anafrodisíaco,* acrescentando-se excremento de macaco a ela e jogando-a em cima da moça. Isso garante que a jovem não será dada em casamento a alguma outra pessoa, o que não surpreende muito.

9. No entanto, há substâncias que podem causar orgasmos em algumas pessoas. O antidepressivo clomipramine faz algumas mulheres terem orgasmos ao bocejarem ou espirrarem (*New Scientist*, 27 de março de 1998, p.27). Uma amiga de uma delas perguntou-lhe o que estava tomando. Ela respondeu "pimenta-do-reino" (*New Scientist*, 20 de junho de 1998, p.56). Outros antidepressivos têm efeito contrário. Pelo menos um terço das pessoas que tomam antidepressivos da linha do Prozac® sofre perda de libido ou tem dificuldade em atingir orgasmo (*New Scientist,* 29 de setembro de 2001, p.17).

10. A série era bem grande. Nas palavras do pequeno poema aforístico de Piet Hein (*Grooks*, The MIT Press, Cambridge, MA, 1966: "Tudo é côncavo ou convexo, / Então seja lá com o que você sonhe, terá algo a ver com sexo).

11. Episódios relatados por J. Meynier, *Archives of Military Medicine and Pharmacology*, vol.22, 1893, p.52.

12. *New Statement and Nation,* 7 de novembro de 1953.

13. *British Medical Journal*, vol. 313, 1999, p. 274. O *site* da FDA para a informação dos consumidores sobre os aspectos médicos do Viagra® é http://www.fda.gov/cder/consumerinfo/viagra/default.htm.

O Viagra® funciona diminuindo a degradação do óxido nítrico. Não é o único fármaco administrado oralmente que pode ajudar os portadores de impotência. Durante um teste clínico descobriu-se que o Losartan, um fármaco usado para combater a pressão arterial alta, ajudava cerca de 90% dos que padecem desse problema (Carlos Ferrario, et al., *American Journal of Medical Sciences*, vol.321, 2001, p.336).

14. Usei esse exemplo da ejaculação com algum sucesso para ensinar as leis do movimento de Newton a uma — de outra forma relutante — classe de alunos de primeiro ano na universidade. A velocidade com que a ejaculação emerge pode ser calculada pela aplicação da segunda lei do movimento de Newton (força = massa x aceleração), que pode ser usada para calcular a velocidade vertical de um projétil a partir da altura máxima que ele atinge. Nesse caso, o "projétil" é uma colher de chá do que foi ejaculado. A única exposição por escrito que consegui encontrar a respeito da altura que ele consegue alcançar aparece no *Complexo de Portnoy*, de Philip Roth, em que se diz que Portnoy atingiu a lâmpada. Informações de outras fontes, no entanto, revelaram que é pouco provável que o homem médio consiga lançar sua colher de chá de material ejaculado mais de uns 30cm para o ar. Nesse caso, a segunda lei de Newton diz que a velocidade inicial deve ser por volta de 2m/s, isto é, em torno de 7km/h, o que é uma velocidade de caminhada rápida.

Isso não cria muito problema na Terra, mas acrescenta uma peculiaridade interessante à questão de fazer amor no espaço. Esta não é só acadêmica — a Nasa agora começou a distribuir kits de teste de gravidez para o pessoal feminino na Estação Espacial Internacional, admitindo desse modo que um grupo de homens e mulheres fechados juntos por mais de cinco meses no espaço pode ir um pouco além de ler medidas e apertar botões.

De acordo com o técnico da Nasa, Harry Stine (em G.H. Stine, *Living in Space*, M. Evans, 1997), a agência já efetuou experiências em terra sobre a viabilidade de se fazer amor no espaço. As experiências foram realizadas num tanque de flutuação, embora os nomes dos voluntários infelizmente não sejam de domínio público. A conclusão foi que fazer amor em condições de falta de peso é quase irrealizável, mas se torna muito mais fácil com a presença de uma terceira pessoa mantendo um dos corpos parados.

As baleias já descobriram isso há zilhões de anos, e muitas espécies usam esse método até hoje. Em termos físicos, a terceira pessoa (ou baleia) fica lá para se defender contra a primeira lei do movimento de Newton, que diz que se você empurra alguma coisa ela vai continuar acelerando, a não ser que haja uma força de equilíbrio que a impeça.

No espaço, há uma outra das leis de Newton a ser considerada — a terceira lei, que diz que ações e reações são iguais. Esse princípio explica por que uma bala disparada por um canhão produz um coice que manda o canhão para trás. O princípio se aplica do mesmo modo a gases e prevê, por exemplo, que o combustível incandescente ejetado por um foguete irá produzir um coice que vai mandar o foguete para adiante. Aplica-se também a líquidos, inclusive aqueles produzidos durante a ejaculação.

O grau exato de coice pode ser calculado pelo princípio da conservação do momento, que diz que o impulso para frente (ou seja, massa x velocidade) do material ejaculado deve ser equilibrado pelo impulso para trás do corpo que o está ejetando. De acordo com os meus cálculos, se um homem pesando 60kg ejeta 3g de material ejaculado a 7km/h, ele recuará numa velocidade inicial de (0,003 x 7/60) = 0,00035km/h. Dentro de um campo gravitacional, isso não tem muita importância. Se o esperma for direcionado para baixo, por exemplo, o homem recuará para cima por uma distância máxima de cinco micrômetros, e não será trazido de volta à Terra sob a influência da gravidade. No espaço, no entanto, o homem pode continuar a se mover, percorrendo um metro a cada três horas, até bater numa das paredes da nave espacial. Se a nave espacial tiver 3m de comprimento, ele pode levar até 24 horas para alcançar a parede mais distante — exatamente o tempo adequado para a libido se preparar para outro turno.

15. Casos foram relatados por C. Tietze no *International Journal of Fertilization*, vol.13, out/dez 1968, p.385.

16. As dimensões reais são normalmente 4,5 micrômetros de comprimento por 2,5 micrômetros de largura por 1,5 micrômetro de espessura.

17. O sêmen na verdade não penetra no orifício externo se a mulher estiver deitada de costas. O colo do útero relaxa depois, para que o sêmen mergulhe no depósito.

18. A reação de gelatinização ocorre quando as proteínas de uma glândula acessória entra em contato com as enzimas secretadas por outra glândula acessória. Em termos técnicos, a molécula de ligação cruzada é ε-(γ glutamil), lisina da vesícula seminal, e a enzima é uma transglutaminase dependente de cálcio.

19. O teste de Billings e a "ramificação" são descritos em *World Health Organization Laboratory Manual for the Examination of Human Semen and Sperm Cervical Mucus Interation*, 4ª ed., Cambridge University Press, Cambridge, 1999.

20. Na primeira vez em que vi esse teste, ninguém sabia me dizer o que eram aqueles cristais. Mandei analisá-los e descobri que eram cloreto de sódio — em outras palavras, o sal de cozinha, o principal sal nos nossos fluidos corporais. Mas então por que o sal comum iria formar cristais parecendo agulhas, ramificados, em vez dos pequenos cristais cúbicos que encontramos em nossos saleiros? A resposta é que as superfícies dos cristais, idênticas a olho nu, são quimicamente diferentes. Os mucopolissacarídeos prendem-se preferencialmente a algumas das faces, evitando que elas cresçam mais, de modo que o cristal cresce desigualmente em direções diversas. Agora sabemos que esse princípio de crescimento controlado de cristais está presente em toda a natureza. Parece ser ele o responsável, por exemplo, pelo desenvolvimento dos formatos das conchas marinhas.

Não ficou claro por que a "ramificação" está relacionada com a "boa qualidade" do muco. Supostamente é uma questão da hidratação e desdobramento do mucopolissacarídeo, que afeta tanto a consistência do muco como a capacidade de as moléculas se prenderem a diferentes faces do cristal. Isso é assunto para uma tese à espera de um candidato.

21. L.R. Fisher, E.E. Mitchell, e N.S. Parker, "A Critical Role for Interfacial Compression and Coagulation in the Stabilisation of Emulsions by Proteins", *Journal of Colloid and Interface Science*, vol.119, 1987, p.592.

22. Ainda parece ser uma questão em aberto qual a proporção de espermatozóides que penetram no muco cervical é realmente capaz de fertilizar o ovo. Robin Baker, em *Sperm Wars* (Basic Books, 1997) estabelece a proporção em apenas 10%.

23. A força que um esperma, nadando a 3mm/min, consegue exercer é dada por:

Força = 6p x raio da cabeça x viscosidade do meio x velocidade do esperma = 10^{-10} Newtons

O mesmo resultado foi obtido por experimentação direta, em que espermatozóides com motilidade foram presos numa mola minúscula, e a força gerada foi calculada a partir da deflexão da mola. A pressão que essa força produz é simplesmente a força dividida pela área da seção transversal da cabeça, e chega a 300Pa (ou seja, cerca de um tricentésimo da pressão atmosférica).

Uma representação simplificada da penetração do esperma é a de que essa pressão faz com que o espermatozóide nadando possa abrir caminho através de qualquer coisa que tenha uma tensão de ruptura de menos de um terço desse valor, ou seja, 100Pa.

24. Resultado de um levantamento feito por Jacky Boivin; da Cardiff University, relatado em *New Scientist*, 12 de setembro de 1998, p.20.

25. Em geral pensamos a natação em termos de conservação de momento. Um nadador "joga" água para trás e ganha um impulso equivalente para frente. Se o nadador parar de movimentar os braços, deslizará para frente sob seu próprio impulso por diversos comprimentos do corpo antes de ser levado a parar pela resistência da viscosidade da água. Quando uma pessoa é levada para frente sob o seu próprio impulso, diz-se que ela está sob a influência das *forças da inércia*. A importância relativa das forças de inércia e das forças da viscosidade é dada pelo *número de Reynolds*, que é simplesmente a razão entre as duas forças. Para uma pessoa nadando, o número de Reynold fica entre dez mil e um milhão, o que explica por que a pessoa consegue deslizar para a frente com seu próprio impulso, sem ser levada a uma parada repentina pelas forças da viscosidade. Para um espermatozóide nadador, no entanto, o número de Reynolds fica entre 0,1 e 0,01, e as forças de viscosidade predominam. Sob essas condições, o espermatozóide só consegue "deslizar" com seu próprio impulso por uma distância dada por:

$$\text{distância} = (2 \times \text{velocidade inicial} \times \text{raio}^2 \times \text{densidade}) \, / \, \text{viscosidade do líquido}$$

Essa fórmula nos diz que um espermatozóide que esteja nadando a 3mm/min só consegue "deslizar" três micrômetros na água, ou seja, cerca de 1/20 de seu comprimento antes de ser parado pela resistência viscosa na cabeça. Caso se acrescente a resistência viscosa na cauda, agora parada, a distância vai ser ainda mais curta.

26. Ver o artigo de I. Carlstedt, e J.K. Sheehan, em *Symposium of the Society for Experimental Biology*, vol.43, 1989, p.289.

27. Ver *The Cervix*, J.A. Jordan, A. Singer, W.B. Saunders (orgs.), Londres, 1976, p.169.

28. V. Davajan, R.M. Nakamura, e K. Kharma. *Obstetric and Gynecological Survey*, vol.25, 1970, p.1; E. Odeblad, *Acta Obstetrica et Gynecologica Scandinavia*, vol.47, 1968, p.57.

29. Isso foi relatado por W.C. Ford, F.A. Ponting, E.A. McLaughlin, J.M. Rees, e M.G. Hull, em *International Journal of Andrology*, vol.15, 1992, p.127. Ainda não há explicações sobre por que a natureza fez com que o muco cervical se afine por cisalhamento, mas um dos resultados é que ele consegue impedir a penetração de bactérias da vagina para o útero, uma vez que as bactérias são pequenas demais, e seus movimentos são insuficientemente vigorosos para induzir a afinação por cisalhamento.

30. Esse artigo pode ser encontrado no *American Journal of Physics*, vol.45, p.3.

31. Ver o artigo de D.M. Phillips, em *Journal of Cell Biology*, vol.53, 1972, p.561. Os flagelos de bactérias também usam a resistência viscosa para se impulsionar para a frente. Os flagelos, nesse caso, são hélices rígidas, ligadas a um disco rotatório levado por um motor molecular na base da cabeça (esses motores são os únicos exemplos que conheço do uso da roda na natureza).

32. Ver G.N. Cherr, A.L. Yudin, e D.F. Katz, *Development, Growth and Differentiation*, vol.32, 1990, p.353.

ÍNDICE REMISSIVO

Este livro foi composto pela Futura Editoração,
em Minion e Futura e impresso pela
Geográfica Editora em outubro de 2004.